**BARBARA SALADIN /
NADINE BURANASEDA /
ANNE GRIESSER**
Wer mordet
schon am Rhein?

MORD AHOI! Die »MS Rheinperle« ist ein Kreuzfahrtschiff der Extraklasse. Sie trägt Urlauber, Bordcrew, Hund und Kapitän von Basel bis Amsterdam. Aber nicht ohne Verluste! Denn schon vor dem Ablegen kommt es zu ersten Störfällen. Was hat es beispielsweise mit dem Selfie von Mann und Wolf in Graubünden auf sich? Wer wohnt in dem unheimlichen Haus am Breisacher Rheinufer? Was hat Chuck Norris mit der netten Barkeeperin zu tun? Und warum muss der Beikoch in Mannheim immer weinen? An Bord des Schiffes, am romantischen Flussufer und in den schönen Städten am Rhein erleben die Leser nicht nur raffinierte Verbrechen, sie erhalten zusätzlich jede Menge informative Freizeittipps zur jeweiligen Region. Diese helfen gerade Durchreisenden, nichts Wichtiges am Weges- und Uferrand zu verpassen.

Barbara Saladin lebt in Thürnen/Schweiz, wo sie als freie Autorin (Kriminalromane, Kurzgeschichten und Sachbücher), Journalistin und Texterin arbeitet. Sie liebt sowohl die Wälder und Weiden der Schweizer Jurahügel als auch Wellen, Watt und Weite der Nordseeküste – und natürlich den Rhein.

Nadine Buranaseda lebt in Bonn. Ihr Schreibtalent wurde schon im Hörsaal entdeckt. 2005 veröffentlichte sie ihren ersten Krimi, dem bis heute mehr als ein Dutzend folgten. Nach zwei Bonn-Krimis arbeitet sie aktuell an einem brandneuen Thriller.

Anne Grießer studierte Ethnologie und Literaturwissenschaft. Heute lebt sie ihre kriminelle Ader in Freiburg aus. Als Autorin von aktuellen sowie historischen Romanen schwingt sie die Feder und als Krimi-Entertainerin so manches blutige Theaterrequisit.

**BARBARA SALADIN /
NADINE BURANASEDA /
ANNE GRIESSER**

Wer mordet schon am Rhein?

11 Krimis und 125 Freizeittipps

GMEINER SPANNUNG

Besuchen Sie uns im Internet:
www.gmeiner-verlag.de

© 2016 – Gmeiner-Verlag GmbH
Im Ehnried 5, 88605 Meßkirch
Telefon 07575/2095-0
info@gmeiner-verlag.de
Alle Rechte vorbehalten
1. Auflage 2016

Lektorat: Claudia Senghaas, Kirchardt
Herstellung: Mirjam Hecht
Umschlaggestaltung: U.O.R.G. Lutz Eberle, Stuttgart
unter Verwendung eines Fotos von: © zettberlin/photocase.de,
© Björn Wylezich/Fotolia.com
Grafik Rheinkarte Seite 6: © Ingo Buranaseda
Druck: CPI books GmbH, Leck
Printed in Germany
ISBN 978-3-8392-1967-6

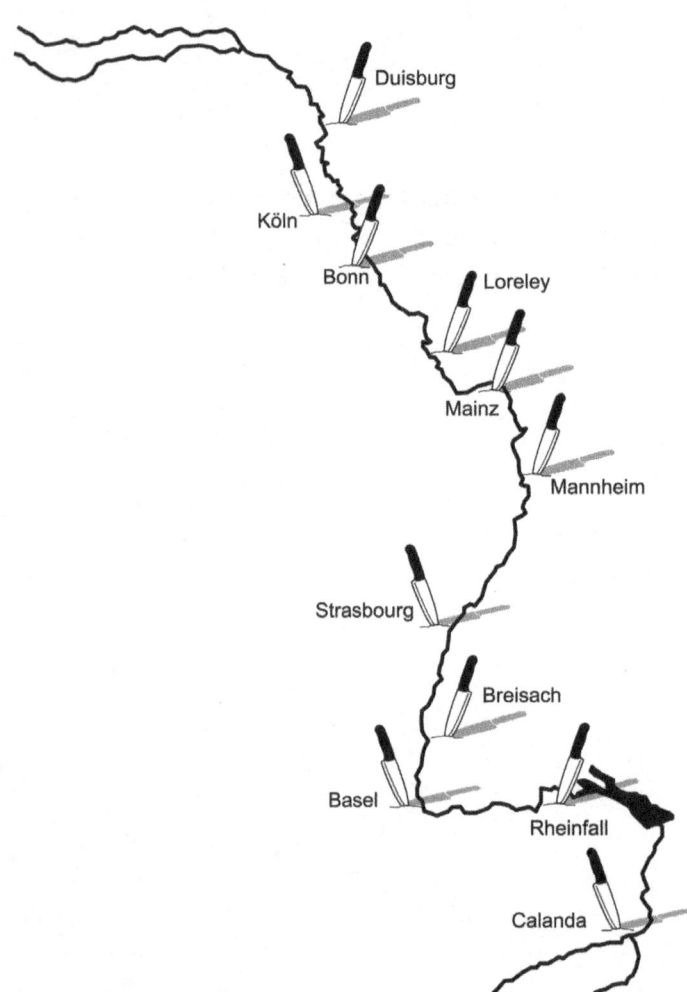

Duisburg

Köln

Bonn

Loreley

Mainz

Mannheim

Strasbourg

Breisach

Basel

Rheinfall

Calanda

INHALT

Nicht nur für Flussurlauber, sondern für alle Rheinliebhaber

Vorwort der Autorinnen

Am Anfang stand eine Idee. Vage zuerst, wie sich Ideen manchmal zeigen, wenn sie gerade geboren wurden. Aber wir wussten, dass wir sie eines Tages realisieren: Irgendwann würden wir miteinander ein Buch schreiben.

Am Anfang unserer Freundschaft, die uns gemeinsam schon in verschiedenste Ecken Deutschlands und der Schweiz geführt hat, stand das Treffen der »Mörderischen Schwestern« im Herbst 2009 in Düsseldorf. In der Landeshauptstadt von Nordrhein-Westfalen trafen sich an die hundert Mitglieder dieser Vereinigung zur Förderung des von Frauen geschriebenen Kriminalromans, um zu debattieren, sich weiterzubilden und zu feiern. Drei jener Frauen, die zum ersten Mal an einem solchen Treffen teilnahmen, waren wir. Und als wir eines späten Abends von der Düsseldorfer Altstadt über die Oberkasseler Brücke zurück zur Jugendherberge liefen, wurden wir Freundinnen.

Die Idee zum Buch hatten wir ein paar Jahre später während eines gemeinsamen Schiffsausflugs von Bonn rheinaufwärts. Darum war auch klar, dass der Rhein als verbindendes Element eine tragende Rolle im Buch spielen würde. Mit der Reihe »Kriminelle Freizeitführer« des Gmeiner Verlags fanden wir das passende Format für unser Projekt.

Stolz stellen wir Ihnen nun unser »gemeinsames Kind« vor. Wir nehmen Sie mit auf eine Reise den Rhein hinunter: vom Zusammenschluss der Quellflüsse Vorder- und Hinterrhein in den Schweizer Bergen über den Hochrhein, den Oberrhein – wo wir miteinander ein Schiff besteigen –, den Mittelrhein und den Niederrhein bis zur Sprachgrenze, an der aus dem Rhein der Rijn wird, und er sich allmählich weitet, um mit der Nordsee eins zu werden.

Durch alle elf Kurzkrimis, die wir schwesterlich untereinander aufgeteilt haben, zieht sich als roter Faden die »MS Rheinperle«. Sie ist eines jener Kreuzfahrtschiffe, von denen man auf dem Rhein zwischen Basel und Rotterdam so viele sieht. Manchmal ist sie Haupthandlungsort, manchmal spielt sie nur eine Nebenrolle und gleitet hitchcockgleich durchs Bild. Die »Rheinperle« gibt es in Wirklichkeit nicht, ebenso wenig wie die Gäste und das Personal, die Sie durch das Buch begleiten werden. Und wie immer gilt: Ähnlichkeiten mit lebenden oder toten Personen (und Hunden) sind rein zufällig und nicht beabsichtigt.

Da Ihnen ein paar Figuren in mehreren Kurzkrimis begegnen, empfehlen wir, das Buch chronologisch, also von vorne nach hinten und damit von Süd nach Nord zu lesen. Wenn Sie sich nicht gerne etwas vorschreiben lassen, dann dürfen Sie selbstverständlich auch mittendrin anfangen – jede Geschichte ist auch für sich allein verständlich und in sich abgeschlossen.

Mit den Freizeittipps, die wir Ihnen am Ende jeder Geschichte servieren, möchten wir Ihnen die Vielfalt näher bringen, die an den Ufern des Rheins zu finden ist. Zum Teil beschränken sich die Tipps auf eine Stadt, zum Teil beziehen sie sich auf die Region.

Um den gesamten Rhein abzudecken, hätten wir mindestens 110 Kurzkrimis schreiben und 1.250 Freizeittipps vorschlagen können. Deshalb erfolgte die Auswahl rein subjektiv, und wir konzentrierten uns bei den Krimi-Handlungsorten auf Anlegestellen und Landgänge, die von dem einen oder anderen Kreuzfahrtschiff auch in Wirklichkeit angelaufen werden. Ob Altbekanntes oder Geheimtipps: Kommen Sie zu Gevatter Rhein und lassen Sie sich von ihm und seiner Umgebung verzaubern.

Barbara Saladin (Thürnen BL), Nadine Buranaseda (Bonn) und Anne Grießer (Freiburg im Breisgau), im Frühjahr 2016

BARBARA SALADIN

PETER UND DIE WÖLFE

Calanda, Kanton Graubünden

2012 tauchte es auf: Das erste Wolfsrudel kam zurück in die Schweiz. Nachdem Meister Isegrim in der Eidgenossenschaft in den 1870er-Jahren ausgerottet worden war, begann er 120 Jahre später wieder allmählich zurückzuwandern. Zuerst vereinzelt, fast zufällig. Immer klammheimlich. Bis sich 2012 das erste Rudel am Calanda ▮ bildete. Von da an warf das Alphaweibchen dort jährlich Junge, und die Bilder, die Fotofallen von flauschigen spielenden Wolfswelpen lieferten, entzweiten die Schweiz. Die einen sahen den Wolf als mystisches Tier, projizierten ihre Naturfantasien in ihn, oder aber begrüßten seine Rückkehr mit der pragmatischen Begründung, dass es sein gutes Recht sei, dorthin zu wandern, wo er sich wohlfühlte. Für die anderen war er eine Bestie, die Schafe und wohl bald auch arglose Wanderer killte und nichts anderes verdiente, als dass man ihr das Fell über die Ohren zog – und das möglichst bald.

Peter gehörte zu den Befürwortern der Wölfe. Er mochte sie und hoffte jedes Mal, wenn er am Calanda unterwegs war, dass er endlich einmal einen von ihnen zu Gesicht bekäme. Und er war quasi täglich am Calanda unterwegs.

Unter den Einheimischen zählte Peter allerdings zur Minderheit, die die einst hier heimischen Urväter der Hunde wieder willkommen hieß – oft war die Angst um die eigene Schafherde oder vor touristischen Einbussen, wenn Schreckgeschichten die Runde machten, zu groß. Doch obwohl er keiner großen Lobby angehörte, hielt Peter keineswegs mit seiner Meinung hinter dem Berg. Das tat er nie. Den Mund konnte er selten halten, und mit diesem Charakterzug hatte er sich schon zahlreiche Feinde geschaffen.

Peter blieb stehen. Er war den lang gezogenen Serpentinen, in denen der Wanderweg sich bergwärts schlängelte, mal wieder zu schnell gefolgt, und der Schweiß drang ihm fast sturzbachartig aus den Poren. Schließlich war er nicht mehr zwanzig, und obwohl sein drahtiger Körper durchaus trainiert war, spürte er viel zu oft, dass er auf die Sechzig zusteuerte.

Er stützte sich am Stamm einer schmächtigen Lärche ab, atmete die Luft bis in die hintersten Winkel seiner Lungen ein und ließ den Blick übers Tal schweifen, das sich zwischen den Bäumen zeigte. Fläcki, sein Hund, unterbrach den motivierten Bergwärtstrab ebenfalls und sah ihn erwartungsvoll an. Dann schüttelte er sein grauschwarz geschecktes Fell und kehrte zurück, um sich zu Füßen seines Meisters niederzulassen.

Weit unten im Tal flossen die gletscherkalten Wasser des Rheins unablässig ihren Weg meerwärts. Eben erst am Tomasee **2** entsprungen und den Canyon der Rheinschlucht **3** passiert, respektive unter dem Rheinwaldhorn **4** den Berg verlassen, vereinigten sich der Vorder-

und der Hinterrhein bei Reichenau **5**. Von da war es noch weit, verdammt weit bis zur Nordsee.

»Gemeinsam sind wir stark«, flüsterte Peter halblaut vor sich hin, als er das Vermischen der verschiedenen Farbtöne von Vorder- und Hinterrhein durch seinen Feldstecher betrachtete. Von Gemeinsamkeit spürte er selber nicht viel in seiner Umgebung – leider. Wenn das so weiterging, war Fläcki wohl bald der Einzige, der zu ihm hielt, dachte er bitter. Seit er in den Beizen immer wieder Partei für das Wolfsrudel ergriff, war er daran, es sich auch noch mit seinen letzten Freunden zu verscherzen. Ähnlich hatten seine Ex-Kollegen reagiert, vorher noch, als er seine Arbeit verloren hatte. »Das hat man davon, wenn man das dumme Maul nicht halten kann«, hatten sie geraunt, als er im großen Industriebetrieb unten im Tal die Kündigung erhalten hatte. Offiziell, weil seine fachlichen Kompetenzen nicht ausreichend waren – nach mehreren Jahren im Betrieb –, Peter war allerdings überzeugt, dass das Arbeitsverhältnis beendet worden war, weil er sich mit dem Vorarbeiter überworfen hatte und durch niemanden davon abbringen ließ, für seine Rechte zu kämpfen. Aber das bestätigte ihm natürlich niemand. Seine Ex-Arbeitskollegen schwiegen und machten einen Bogen um ihn. Und seit die Wölfe da waren und er mit dem Rudel sympathisierte, taten die Kameraden vom Männerchor und seine Jazzfreunde dasselbe.

Fläcki kläffte kurz auf und holte seinen Meister so aus den düsteren Gedanken zurück in die Sonne, an den Berg. Hier oben fühlte Peter sich wohl, hierher floh er immer, wenn er es in seinen eigenen vier Wänden in einem Wohnblock an der Talsohle nicht mehr aushielt oder wenn er sich mit seiner Frau nicht verstand. Seit die Arbeitslosenunterstützung ausgelaufen war und Marianne ihr Pensum als Reinigungskraft drastisch erhöht hatte, um den Lebensunterhalt der beiden irgendwie bestreiten zu können und den Gang zum Sozialamt zu verhindern, hatten die Spannungen inflationär zugenommen. Auch jetzt würde sie wohl schimpfen, wenn sie wüsste, dass er mal wieder durch den Bergwald strich, nach Wolfsspuren suchte, den Tannenhähern beim Anlegen ihrer Wintervorräte zusah und Ameisen beim Straßenbau beobachtete, anstatt sich um seine Zukunft zu kümmern.

Welche Zukunft denn bitteschön, wenn keiner einen wollte, weil man das unsichtbare Brandzeichen des Querulanten auf der Stirn zu tragen schien? Wehmütig schweifte Peters Blick über das Rheintal bis hinunter nach Chur **6**. Unterhalb der Kantonshauptstadt verließ der Rhein den Kanton Graubünden und machte sich an Bad Ragaz **7** und Sargans **8** vorbei als Grenze zwischen der Schweiz, Liechtenstein **9** und später Österreich auf den Weg zum Bodensee. Peter seufzte hörbar. Der Rhein … Zu Mariannes Fünfzigstem vor drei Jahren hatte er ihr eine Flusskreuzfahrt auf dem Rhein schenken wollen, von Basel bis runter nach Amsterdam und zurück. Doch wenige Tage vor ihrem Geburtstag hatte er diese verdammte Kündigung in den Händen gehalten, und sein Leben hatte sich schlagartig verändert. Seitdem war der Traum seiner Frau eben ein Traum geblieben, und um ihr diesen Wunsch einmal zu erfüllen, hätte Peter sogar die Ameisen Ameisen und die Wölfe Wölfe sein lassen. Naja, vielleicht.

In die Stille am Calanda mischte sich allmählich ein Nebengeräusch. Aus der Ferne näherte sich ein Auto über den steinigen Weg. Peter sah sich um. Ob das der alte Flurin war, der nach den Schafen oben bei seiner Majensäss sah? Diesem wollte er nicht unbedingt begegnen, denn auch Flurin hielt Peter, da dieser ein Wolfsfreund war, mittlerweile für einen Verräter.

Bald fiel dem Wanderer auf, dass der Motor des Autos anders klang als das Tuckern von Flurins altem Subaru. Voluminöser, kräftiger. Als der BMW-Offroader um die Ecke bog, erkannte er ihn: Er hatte den Wagen bereits am Abend zuvor gesehen, auf dem Parkplatz vor dem Lokal, in dem die anderen über die Wölfe geredet und lautstark den Abschuss des Rudels oder allermindestens seine starke Dezimierung gefordert hatten. Peter hatte es gehört, als er am Automaten Zigaretten geholt hatte. Sonst ging er längst nicht mehr in die Beiz, aber die Zigaretten kaufte er noch dort. Im Geheimen, damit Marianne nicht rauskriegte, dass er wieder mit Rauchen angefangen hatte.

Als das Auto ihn passierte, hob Peter die Hand zum Gruß, weil er nun mal Menschen grüßte, wenn er sie traf. Auf dem Land machte man das halt. Der BMW-Fahrer grüßte nicht zurück, sondern hüllte den Fußgänger in eine riesige Staubwolke.

Peter verbrachte den ganzen Tag an der Flanke des Calanda. Zu Mittag teilte er sich mit Fläcki eine Cervelat und ein Stück Brot. Abends war er rechtzeitig zu Hause, sodass Marianne, als sie von der Arbeit kam, nicht merkte, dass er sich von Stellenbüros und Temporärfirmen ferngehalten und sich nicht um seine

Zukunft gekümmert, sondern seinen Tag am Berg verbracht hatte. Allerdings ohne den Wölfen auf die Spur zu kommen.

Am nächsten Morgen brach Peter frühmorgens wieder auf, diesmal von Haldenstein **10** aus, aber am selben Bergmassiv. Heute wollte er bis zur Calandahütte **11** hinauf, die in sattgrünen Alpweiden auf über 2.000 Metern klebte und einen atemberaubenden Blick über Chur und die Bündner Berge bot. Unter der Woche war – zumindest am Vormittag – noch weitgehend Ruhe bei der Hütte, und die Ruhe war das, was Peter an den Bergen liebte und brauchte.

Da stand es dann plötzlich auf einem entlegenen Waldparkplatz vor ihm und glänzte im Morgentau: Das Auto, das ihn tags zuvor mit Straßenstaub überzuckert hatte. An den beschlagenen Fenstern konnte Peter unschwer erkennen, dass es bereits am vergangenen Abend hier abgestellt worden sein musste. Eigenartig. Die Nummernschilder des BMW verrieten eine Herkunft aus dem Unterland. Peter näherte sich dem Fahrzeug und versuchte, einen Blick ins Innere zu erhaschen, aber er konnte nichts Außergewöhnliches entdecken. Fläcki schnüffelte an der Fahrertür und zog die Luft in kurzen schnellen Stößen hörbar durch seine Nasenlöcher. Vor Aufregung sträubte er das Fell.

»Da ist nichts, was uns was angeht«, sagte Peter zu ihm und wandte sich ab. Er musste zweimal pfeifen, bis Fläcki ihm gehorchte und bei Fuß kam. Doch als sie weitergingen, fiel Peter auf, dass sein Hund sehr nervös war. Er rannte von einer Seite des Sträßchens zur anderen und wieder zurück, als verberge sich ein ganz besonders spannender Geruch in dem längst verwitterten und verdreckten, einst mit Bitumen aufs Straßenbett gepappten Kies. Fast sah es aus, als werde der Hund gehetzt. Fläcki musste irgendetwas riechen, das ihn äußerst beunruhigte. Und damit auch Peter.

Lauerte irgendwo eine Gefahr?

Peter zwang sich, ruhig zu bleiben. Aber er kannte seinen Hund und wusste, wie er normalerweise reagierte, wenn er die Fährte eines Wildtiers aufnahm. Deshalb wusste er auch, dass es hier etwas anderes als ein Reh oder Hirsch sein musste, das Fläcki in helle Aufregung versetzte.

Peter kam es plötzlich vor, als werde er beobachtet und als lauere irgendwo in der Nähe etwas Unbekanntes. Wenn nicht sogar etwas Bedrohliches.

Ein Knacken im Unterholz schreckte Hund und Mensch gleichsam auf. Fläckis Nackenhaare sträubten sich noch mehr. Peters Erleichterung, als ein Eichelhäher laut keckernd davonflog, währte nicht lange. Seine Unruhe blieb, alle Muskeln hatten sich in äußerster Alarmbereitschaft angespannt. Das Unheilschwangere schien ganz in der Nähe, und doch bemühte er sich, nicht an Gespenster zu glauben, sondern tief durchzuatmen und seine Wanderung fortzusetzen.

Der Weg führte an einer Felswand entlang, über die leise rieselnd ein in einzelne Tropfen zerstäubter Wasserfall zu Tal spritzte. Farn und Moos klebten am blanken Stein. Auf der anderen Seite des Sträßchens gähnte der bewaldete Abgrund, wo sich ein paar kümmerliche Tannen an den Fels krallten. In der Tiefe, unsichtbar im grünen Dämmerlicht, rauschte ein Bergbach.

Als die Felswand rechterhand etwas zurückwich, erreichte Peter einen alten Bretterverschlag, der einmal zum Lagern von Holz erbaut worden war und sich zwischen Straßenrand und Gestein duckte. Fläcki blieb wie angewurzelt stehen, klemmte seine Rute zwischen die Flanken und weigerte sich, sich dem Verschlag zu nähern, obwohl Peter und er schon Dutzende Male daran vorbeigewandert waren.

Peter nahm den Hund an die Leine und zerrte ihn vorwärts. Doch es war nichts zu machen: Das Tier streikte.

»Was ist denn los mit dir?«, schalt Peter seinen Hund. Doch seine Stimme klang irgendwie fremd und verfehlte damit die beruhigende Wirkung total. Erst da fiel ihm auf, dass auf dem Sträßchen einige Gesteinsbrocken und etwas Geröll lagen, die sich offensichtlich aus der Felswand gelöst hatten und zu Tal gedonnert waren. War es dieser kürzliche Steinschlag, der Fläcki in Alarmbereitschaft versetzte?

»Unsinn«, sagte Peter halblaut zu sich selber. Seine Stimme krächzte. Es musste etwas anderes sein. Vielleicht verbarg sich etwas hinter dem Verschlag, den Fläcki mit ängstlichen Augen fixierte, als könnte er im nächsten Moment von der Bruchbude angefallen werden. Plötzlich sah Peter, dass hinter der Bretterwand ein Schuh hervorragte. Ein Schuh! Ein schwarzer Lederstiefel, um genauer zu sein, dessen Spitze himmelwärts ragte. Das Adrenalin, das der Schreck durch seine Adern jagte, pumpte den Blutdruck in die Höhe.

»Oh verdammisiech!«, entfuhr ihm ein Fluch. Da lag jemand hinter dem Holzverschlag! Vorsichtig näherte Peter sich dem Stiefel. Darin steckte ein Bein, und dieses wiederum gehörte zu einem Menschen, der auf dem Rücken lag. Sein Kopf bot keinen schönen Anblick: Der Schädel war zertrümmert. Und neben ihm lag ein hunde-artiges Tier, in seiner Flanke ein vergleichsweise saube-res Einschussloch. Es war ein Wolf. Der erste Wolf des Calandarudels, den Peter zu Gesicht bekam.

Sobald er sich vom ersten Schreck erholt hatte, wagte Peter sich etwas näher. Ein kaum fußballgroßer Stein-brocken, der in zwei Metern Entfernung zu den beiden Leichen lag und an einer scharfen Kante eine dunkel-rote Kruste aufwies, ließ ihn vermuten, dass der vor ihm liegende Mensch das tragische Opfer eines Steinschlags geworden war. Die weiteren Brocken unterschiedlicher Größe, die Peter bereits vor dem Entdecken der Lei-che aufgefallen waren, räumten die letzten Zweifel bei-seite. Folgenschwerer Zufall. Ein in den Bergen zwar seltener, aber keineswegs auszuschließender Tod. Hier hatte die Natur offenbar im wahrsten Sinne des Wortes zurückgeschlagen.

Neben dem Toten und dem Wolf lag eine Jagdpis-tole, wie man sie für den Fangschuss von Wildschwei-nen braucht. Und ein Stock aus Aluminium, den Peter als Selfiestick mit montiertem Handy erkannte. Er rang mit sich, bevor er das Handy vorsichtig mit spitzen Fin-gern anfasste. Es funktionierte und war nicht einmal durch einen Code gesichert.

Als er das Fotoalbum des Geräts nach den aktuellsten Bildern durchklickte, begriff er die Situation: Auf meh-reren Aufnahmen posierte der mittlerweile zur Leiche gewordene Mann stolz vor seinem eigenen Mobiltele-fon. Einen siegesbewussten Ausdruck im Gesicht, das Kinn nach vorne gereckt, hielt er in der einen Hand die

Pistole und in der anderen die Selfiestange. Der rechte Fuß ruhte auf dem Wolfskadaver.

So war es also. Eine digitale Jagdtrophäe. Ein Beweisfoto des Mordens quasi, kurz vor dem eigenen Tod.

Peter schüttelte sich, als müsse er den Ekel von sich abwerfen. Wie konnte man nur mit einer solch hinterhältigen – und zudem noch illegalen – Tat wie dem Wildern eines Wolfs derart prahlen!

Trotzdem: Er musste den Toten wohl melden. Zuerst wollte er aber wissen, mit wem er es hier zu tun hatte. Wer die Dreistigkeit besaß, aus dem Unterland hierher zu fahren, um ein streng geschütztes Tier zu töten und dies auch noch fotografisch festzuhalten. Irgendwo musste der Mann doch einen Ausweis bei sich haben.

In der Brusttasche der Tarnjacke des toten Wilderers wurde Peter fündig: Im Portemonnaie fand er eine Identitätskarte – und 5.000 Franken sowie den Autoschlüssel des BMW-Offroaders.

Peter hielt inne, denn plötzlich kam ihm eine Idee. Er überlegte lange. Sehr lange. Er rang mit sich. Und kam schließlich zum Entschluss, dass Illegales, das auf Illegalem gründet, irgendwie fast schon wieder legal war. Minus mal Minus ergab ja auch Plus. Und eigentlich würde es doch so was wie Notwehr sein, was er im Sinn hatte … na ja, nicht ganz, aber immerhin gerechte Vergeltung.

Um keine Spuren zu hinterlassen, verzichtete Peter dann doch darauf, die Polizei zu rufen. Für den Wilderer war sowieso jede Hilfe zu spät, für den Wolf auch, und spätestens am Nachmittag würden bestimmt andere Wanderer die Leichen finden. Fein säuberlich steckte er das Portemonnaie zurück, und die Autoschlüssel nach einigem Zögern ebenfalls. Er konnte es sich nicht erlauben, dass jemand stutzig wurde, wenn er, der ausgesteuerte Arbeitslose und als »Grüner« verschriene Wolfsfreund, plötzlich einen BMW-Offroader zu verkitschen versuchte.

»Komm, Fläcki, wir haben zu tun«, rief er seinem Hund zu. Dieser erholte sich, je weiter sie sich von den beiden Leichen entfernten, allmählich von seiner Angst. Seine Rute löste sich von den Beinen, und am Schluss trabte er schwanzwedelnd neben Peter her bergab.

Zu Hause setzte Peter sich sofort an den Computer, rief ein paar Internetseiten auf und tätigte einige Anrufe. Auf den letzten Anruf freute er sich besonders. Vor Aufregung geriet er beinahe ins Stottern.

»Komm nach Hause, mein Schatz, pack die Koffer, wir treten deine Kreuzfahrt an«, sagte er seiner Frau. Auf ihre verdutzte Frage nach dem Wann antwortete er: »Überraschung: morgen.«

Dann ging er zum Kleiderschrank und überprüfte, ob sich da wohl irgendwo noch ein schickes Hemd verbarg, das er mitnehmen konnte.

»Rhein, wir kommen«, sagte er und streichelte vergnügt seinem Hund über den Kopf. Es würde gut sein, wenn er während der nächsten paar Tage, wenn die Gerüchteküche über den toten Wilderer und seine Trophäe hochkochte, nicht daheim war. Um das Wolfsrudel machte Peter sich keine Sorgen. Die Wölfe waren nicht so schnell klein zu kriegen.

Unkraut verdirbt nicht, dachte er und schmunzelte voller Genugtuung. Wie er selber.

FREIZEITTIPPS:

1   Der Calanda ist ein Berg auf dem Gebiet der Kantone Graubünden und St. Gallen. Er bildet den östlichen Abschluss der Glarner Alpen und ist seit 2012 Heimat des ersten Wolfsrudels seit der Wiedereinwanderung des Raubtiers in die Schweiz. Vier Gipfel tragen den Namenszusatz Calanda, der höchste davon liegt 2.806 Meter über Meer. Von der Südflanke des Calanda bietet sich ein atemberaubender Blick auf das Rheintal und die Bündner Alpen. Verschiedene Wanderwege sind vorhanden. Seit 1780 wird in Chur das »Calanda Bräu« hergestellt. Mittlerweile gehört die Biermarke allerdings Heineken. Auch das erste Schiff der Schweizer Hochseeschifffahrt am Anfang des 20. Jahrhunderts trug übrigens den Namen Calanda.

2   Der Tomasee – rätoromanisch Lai da Tuma – gilt als Rheinquelle. Er liegt auf 2.345 Meter über Meer über der Baumgrenze und ist im Winter zugefroren. Der Tomasee ist verkehrstechnisch nicht erschlossen. Vom Oberalppass aus, über welchen eine Passstraße und die Bahnstrecke der Matterhorn-Gotthard-Bahn führt, und der Disentis (Graubünden) mit Andermatt (Uri) verbindet, kann man den See aber in rund zwei Stunden zu Fuß erreichen. Der Weg erfordert etwas Kondition und Trittsicherheit, ist aber für alpine Verhältnisse im Sommer gut begehbar.

3 Die Rheinschlucht oder auf Rätoromanisch Ruinaulta ist bis zu 400 Meter tief und 13 Kilometer lang. Zwischen Ilanz und dem Zusammenfluss mit dem Hinterrhein schlängelt sich der Vorderrhein zwischen hohen Kalksteinklippen hindurch. Entstanden ist die Rheinschlucht durch den Flimser Bergsturz vor fast 10.000 Jahren. Der einzige durchgehende Verkehrsweg durch die Schlucht ist die Bahnlinie der RhB (Rhätische Bahn). Die Bahnhöfe von Trin, Versam-Safien sowie Valendas-Sagogn liegen in der Schlucht. Die spektakulären Felsformationen des Swiss Grand Canyon, wie Touristiker die Rheinschlucht nennen, machen das Gebiet zu einem beliebten Wander- und Ausflugsziel.

4 Die Spitze des Rheinwaldhorns (auch Pizzo del Cadabi, Piz Valragn, Schneehorn oder Adulahorn genannt) liegt 3.402 Meter über Meer und befindet sich im Quellgebiet des Hinterrheins. Über den Gipfel führt die Kantonsgrenze zwischen Graubünden und Tessin. Aufgrund seines hochalpinen Charakters eignet sich das Rheinwaldhorn nur für erfahrene Bergsteiger. Etwas weiter den Hinterrhein hinunter bietet sich allerdings die Viamala-Schlucht (Rätoromanisch für »schlechter Weg«) als Ausflugsziel an. Diese enge, tiefe Schlucht liegt zwischen Zillis und Thusis und bietet vom Wanderweg aus spannende Einsichten, die erahnen lassen, welch gefährliche, entbehrungsreiche und schwierige Aufgabe früher das Erschließen von Verkehrswegen war.

5 In Reichenau, das zur politischen Gemeinde Tamins gehört, vereinigen sich der Vorder- und der Hinterrhein zum Rhein. Hier kann man sehen, wie sich die verschiedenen Farben der Rhein-Wasser allmählich vermischen (der Vorderrhein mehr grau, der Hinterrhein mehr blau, die Farbtöne variieren allerdings je nach Jahreszeit und Wetterlage). Am Zusammenfluss der beiden Flussarme liegt das im 17. Jahrhundert erbaute Schloss Reichenau, welches heute als Weingut genutzt wird.

6 Chur ist die Hauptstadt des Kantons Graubünden, welcher flächenmäßig der größte Kanton der Schweiz ist und der einzige, der gleich über drei der vier offiziellen Schweizer Amtssprachen verfügt (Deutsch, Rätoromanisch und Italienisch). Mit knapp 35.000 Einwohnern ist Chur die größte Stadt Graubündens. Sie liegt am Alpenrhein und hat eine mittelalterliche Altstadt mit sehenswerten Häusern und schmucken Innenhöfen zu bieten.

7 Bad Ragaz liegt im Sarganserland im Kanton St. Gallen und ist vor allem wegen seines Thermalbads bekannt. Die stimmungsvolle »Tamina Therme« in Bad Ragaz ist ein anerkanntes Heilbad mit Wasserwelt, Saunalandschaft, Wellnessbereich und Café. Die Schweizer Schriftstellerin Johanna Spyri schrieb ihre weltberühmten Bücher über Heidi übrigens in Bad Ragaz – wo das Bergkind auf dem Weg nach Frankfurt und später zurück zum Alpöhi auch jeweils durchreiste.

8 Die wichtigste Sehenswürdigkeit von Sargans, Verkehrsknotenpunkt zwischen Deutschschweiz und Graubünden, ist das gleichnamige Schloss, welches weitum sichtbar auf einem Fels thront und im Jahr 1282 erstmals urkundlich erwähnt wurde. Es ist das Wahrzeichen nicht nur der historischen Stadt, sondern des ganzen Sarganserlandes. Ursprünglich waren Städtchen und Burg gemeinsam eine Festungsanlage. Heute befindet sich im Schloss das »Museum Sarganserland«, das sogar auf der »Liste der 37 besuchenswertesten Museen der Welt« verzeichnet ist. Eine weitere Sehenswürdigkeit bei Sargans ist das ehemalige Eisenbergwerk am Berg Gonzen, das zu einem Schaubergwerk umgestaltet wurde und verschiedene Führungen anbietet – sogar eine zweitägige Führung inklusive Übernachtung in einer Felsanlage im Berg. Diese ist allerdings nur für Leute mit guter Kondition und Trittsicherheit und ohne Platzangst empfehlenswert.
www.schlosssargans.com
www.bergwerk-gonzen.ch

9 Das Fürstentum Liechtenstein gehört zu den kleinsten souveränen Staaten der Welt. Insgesamt wohnen rund 37.000 Menschen in dem 160 Quadratkilometer großen Land am Rhein zwischen der Schweiz und Österreich. Seine Staatsform ist eine konstitutionelle Erbmonarchie, das Staatsoberhaupt ist Fürst Hans-Adam II., der sich von seinem ältestem Sohn, Erbprinz Alois Philipp Maria von und zu Liechtenstein, Graf zu Rietberg, vertreten lässt. Neben dem Schloss Vaduz und dem »Kunstmuseum Liechtenstein« bietet das Fürstentum seinen Besuchern vor allem alpines Gebiet mit vielfältigen Sommer- und Wintersportmöglichkeiten.

10 Das Taldorf Haldenstein (gut tausend Einwohner) liegt nördlich der Bündner Kantonshauptstadt Chur zwischen dem Rhein und dem Calandamassiv. Im Gemeindegebiet liegen drei Burgruinen sowie ein Schloss, welches einer Stiftung gehört, und wo die Kammerphilharmonie Graubünden im Zwei-Jahres-Rhythmus Freiluftopern aufführt. So flog im Jahr 2015 Johann Strauss' »Fledermaus« um die Gemäuer des Schlosses.

11 Die Calandahütte des Schweizerischen Alpen-Clubs (SAC) liegt auf 2.073 Meter über Meer, hoch über Chur. Sie bietet einen herrlichen Weitblick auf das Rheintal und das Bündner Alpenpanorama. Eine erste Hütte entstand in den 1890er-Jahren, diese wurde allerdings von einer Staublawine dem Erdboden gleichgemacht. Ihre Nachfolgerin am jetzigen Standort wurde 1917 eingeweiht. 2005 letztmals renoviert, bietet sie im Sommer 36 Übernachtungsplätze im Massenlager in gemütlicher und rustikaler Atmosphäre. Die Mahlzeiten werden wenn möglich aus saisonalen Bio-Produkten aus der Region zubereitet. Die SAC-Hütte ist von Juni bis Herbst in Betrieb – wenn die Witterungsverhältnisse es zulassen, ist sie im Juni an den Wochenenden geöffnet und im Juli und August durchgehend. Im Winter ist sie nicht bewartet, bietet aber einen Winterraum, der immer geöffnet ist und eine

Schlafmöglichkeit, Kochgelegenheit und Zugang zu Toilette und Waschraum bietet. Eine Reservation ist auch erforderlich, wenn sie nicht besetzt ist. www.calandahuette.ch

ANNE GRIESSER
VON GÖTTERN UND KAMERADEN

Gailingen

Langsam rückte der Zeiger des altmodischen Weckers, der auf Benno Lambrechts Amtstisch stand, eine Minute vor. Der Polizeiobermeister nahm einen Stapel Papiere aus der linken Ablage, klopfte ihn auf der Tischplatte zurecht und ließ ihn gewissenhaft in die rechte Ablage mit der handschriftlichen Bezeichnung »hZbd« gleiten. Der linke Korb »nvdUze« (*noch vor dem Urlaub zu erledigen*) war damit leer, der rechte (*hat Zeit bis danach*) hingegen beträchtlich gefüllt.

Noch 46 Minuten bis Feierabend.

Behutsam klappte Benno Lambrecht seine silberne Schnupftabakdose auf, nahm eine Prise, lehnte sich im Bürostuhl zurück und wartete auf die Eruption. Das Schnupfen hatte er sich vor 25 Jahren während der Flitterwochen in Bayern angewöhnt, und niemand, nicht einmal seine Frau Sylvia, hatte ihm dieses kleine Vergnügen wieder ausreden können.

Noch war der Polizeiobermeister nicht entspannt. Noch waren es 46, nein, 44 Minuten bis Dienstschluss. Noch konnte etwas geschehen, was seinen Urlaub verhinderte. Den ersten Urlaub seit jenen Flitterwochen in Bayern.

Genau in dem Augenblick, in dem sich seine Nase mit einem gewaltigen Geräusch in ein rot-weißes Stofftaschentuch entlud, klingelte das Telefon auf dem Schreibtisch.

Wie vom Schlag getroffen zuckte der Polizeiobermeister zusammen. Jetzt bloß kein Notruf, betete er zum Gott der bösen Zufälle, an den er fest glaubte, versprach ihm, als Opfergabe auf den abendlichen Schnaps zu verzichten – und atmete erleichtert auf, als er die Handynummer seiner Frau auf dem Display erkannte.

»Was gibt's denn, Liebling?«, fragte er und sah Sylvias überraschtes Stirnrunzeln regelrecht vor sich, denn er nannte sie selten *Liebling*, obwohl sie das tatsächlich war, sein Liebling, sein besonderer Mensch, den er auch nach 25 Ehejahren noch warm, freundschaftlich, gewohnheitsmäßig – und gänzlich leidenschaftslos liebte. Die Leidenschaft, daran glaubte er ebenso fest wie an den Gott der bösen Zufälle, konnte keine 25 Jahre überdauern und musste es auch nicht, solange sie nur von einem tieferen Gefühl der Vertrautheit abgelöst wurde. Sylvia tat sich mit dieser Erkenntnis ein wenig schwerer, wollte ständig ihre Liebe erneuern und den Ehealltag frisch entflammen, was nicht immer einfach zu ertragen war.

»Du kommst doch pünktlich?«, fragte sie jetzt mit ihrer Wehe-wenn-nicht-Stimme, und Benno Lambrecht nickte unwillkürlich, obwohl sie ihn nicht sehen konnte.

»Das will ich hoffen!«, mahnte sie. »Denn du hast ja noch nichts gepackt.«

Der Polizeiobermeister beendete das Gespräch, betrachtete seinen ordentlichen Schreibtisch und seufzte. Nein, natürlich hatte er noch nicht gepackt. An die gemeinsame Silberhochzeitsreise auf dem Kreuzfahrtschiff »MS Rheinperle« glaubte er erst, wenn tatsächlich Feierabend war, nichts Unvorhergesehenes mehr passiert war und er die Polizeidienststelle Gailingen* **12** hinter sich abgeschlossen hatte. Noch 38 Minuten waren es bis dahin.

Er fegte gerade ein Staubkorn von seiner Jacke, als das Telefon zum zweiten Mal klingelte.

»Was denn noch?«, fragte er ein wenig gereizter als zuvor. Seine Gattin konnte penetrant sein, wenn es um die gemeinsame Freizeit ging. Und die Silberhochzeitsreise war nicht irgendeine Reise, nein, sie war sozusagen ein Prüfstein für ihre Ehe. »Wenn da wieder etwas dazwischenkommt«, hatte sie gedroht, »dann kannst du dir eine andere Dumme suchen. Dann habe ich die Schnauze voll und lasse mich scheiden.«

Polizeiobermeister Benno Lambrecht kannte seine Frau lange und gut genug, um ihr bedingungslos zu glauben. Und da er sie liebte und keinesfalls verlieren wollte, durfte nichts, aber auch gar nichts geschehen, was diese Reise auf der »Rheinperle« verhindern könnte.

Aus dem Telefon drangen gurgelnde, fast röchelnde Atemgeräusche.

»Hallo?«, fragte Benno scharf. »Sylvia?«

Erneutes Röcheln, eine kurze Stille, dann: »Ist da die Polizei?«

Die zittrige Stimme gehörte eindeutig nicht seiner Gattin, sondern einer asthmatischen älteren Dame. »Kommen Sie schnell zum Rheinuferpark **13** «, hechelte sie. »Da liegt einer im Wasser. Der bewegt sich nicht. Ich glaube, der ist hinüber.«

---

* Die Polizeidienststelle von Gailingen gibt es ausschließlich in dieser Geschichte

Bevor Benno noch etwas fragen konnte, hatte die Frau schon aufgelegt. Starr vor Schreck sank der Polizeiobermeister in seinem Stuhl zurück. Der schlimmste aller denkbaren Fälle war eingetreten. Ein Leichenfund. 24 Minuten vor Dienstschluss.

Urlaub, ade. Sylvia, ade. Benno Lambrecht schluckte hart. Ob er wollte oder nicht, er musste seiner Pflicht nachkommen. Er verfluchte alle Götter, die er kannte, nahm sich vor, am Abend einen Schnaps extra zu trinken und machte sich auf den Weg, um Anruferin und Leiche zu suchen.

»Dort vorne, junger Mann, direkt am Wasser!«

Als er die Alte endlich zwei Kilometer vom Park entfernt fand, atmete Benno ein wenig auf. Es war Frau Rübsam, eine entfernte Nachbarin, deren Demenzerkrankung so weit fortgeschritten war, dass sie ihn nicht einmal erkannte. Ihre Schwiegertochter hatte ihr die Nummer der Polizeidienststelle ins Handy einprogrammiert, in der Hoffnung, sie würde dort anrufen, wenn sie sich einmal verirrte. Was immer Frau Rübsam gefunden haben mochte, es war vermutlich keine Leiche.

»Dort vorne«, wiederholte sie. »Sieht scheußlich aus.«

Als er den Rhein erreichte, sah Benno sich aufs Ärgste getäuscht. Die Beine, die da an Land ragten und in einer dunklen Anzugshose steckten, gehörten zweifellos zu einem Toten. Der Kopf lag unter Wasser, die Haare bewegten sich sacht in der Strömung.

»Ich kenne den nicht«, sagte Frau Rübsam, die ihm gefolgt war.

Na, dachte Benno. Da haben wir ja etwas gemeinsam.

Er trat einen Schritt näher und betrachtete den Mann.

Ein Betrunkener, wagte er zu hoffen. Ein ganz schneller Fall. Der Notarzt würde einen natürlichen Tod durch Ertrinken bescheinigen. Dann war der Bericht in einer Stunde geschrieben und fertig.

Benno warf einen zweiten Blick auf die Leiche und entdeckte das Einschussloch auf der Stirn.

»Sakra!«, schimpfte er, denn nicht nur der Schnupftabak begeisterte ihn an der bayrischen Lebensart. Im Badischen gab es einfach nicht genügend ausdrucksstarke Flüche, um echten Unmut auszudrücken. Ein schales »Gottverdammi« sagte nicht unbedingt das aus, was er im Moment fühlte.

»Der liegt noch nicht lange«, stellte die Rübsam mit Kennermiene fest. »Der ist noch ganz frisch. Wenn nur die hässliche Schusswunde nicht wäre!«

Verwundert blickte der Polizeiobermeister zur Alten auf.

»Ich bin Krankenschwester«, erklärte sie und hatte offenbar vergessen, dass seit ihrem letzten Dienst ein paar Jahrzehnte vergangen waren.

Benno Lambrecht räusperte sich. »Sie stellen sich jetzt dort vorne an den Baum und halten alle neugierigen Gaffer vom Tatort fern«, sagte er in verschwörerischem Tonfall. Es gab zwar weder Gaffer noch überhaupt irgendwelches Publikum, aber Benno hoffte, dass die Alte ihren grausigen Fund vergaß, sobald sie ihn nicht mehr sah, und einfach nach Hause ging.

Schwer atmend ließ er sich auf einen Stein sinken und kramte in der Hosentasche nach seiner Schnupftabakdose. Doch die hatte er offenbar auf dem Schreibtisch liegen lassen. Sakra zum Zweiten, so eine Prise hätte beim Nachdenken geholfen!

Der Tote war mindestens Mitte Sechzig und eindeutig nicht von hier. Die weit auseinanderstehenden Augen deuteten eher auf einen Ausländer hin. Osteuropa vielleicht. Das roch geradezu nach Drogendealer. Nach Mafia. Benno Lambrecht raufte sich die Haare.

Er hatte zwei Möglichkeiten.

Erstens: Den ordentlichen Dienstweg einschlagen, die Kripo informieren, einen Arzt rufen. Den Urlaub abblasen. »Sylvia«, hörte er sich schon sagen. »Wir könnten doch in zwei, drei Tagen, wenn ich hier nicht mehr gebraucht werde, noch zusteigen. Oder du fährst schon mal los, und ich komme dann nach.«

Aber ach, er konnte sich ihre Reaktion vorstellen: Sie würde ihn wortlos anklagend ansehen, und er würde wissen, dass es vorbei war, dass er verspielt hatte. Die ganze Strecke musste es sein, von Basel bis zur Mündung, und zwar gemeinsam.

Oder wir machen es uns zu Hause gemütlich, versuchte er es in Gedanken. Wir fahren mal wieder nach Stein am Rhein **14** und nach Singen, auf den Hohentwiel **15**. Wir könnten die Wutachschlucht **16** erwandern und den Randen **17**. Er hasste Wandern, aber er wusste, dass sie es liebte. Und eine anschließende Fahrt mit der Sauschwänzlebahn **18** könnte sogar ihm gefallen.

Dann sah er ihren unerbittlichen Gesichtsausdruck vor seinem inneren Auge und wusste, dass es zwecklos war.

Es gab ja noch die zweite Möglichkeit: Paddelboot holen, Leiche rein, zum anderen Ufer rudern. Wo sein Schweizer Kollege für alle unangenehmen Funde zuständig war.

Laut seufzend zückte er sein Mobiltelefon. »Liebling«, sagte er. »Es wird doch ein bisschen später. Aber höchstens ein Stündchen, dann bin ich zu Hause. … Ja, ich freue mich auch.«

Um Punkt 18.03 Uhr war er zurück und verstaute sein Boot. Völlig verschwitzt, mit gerötetem Kopf, aber äußerst gut gelaunt machte er sich auf den Weg zur Dienststelle, um seine Tabakdose zu holen. Er war sich sicher, dass niemand ihn auf dem Rhein gesehen hatte – zumindest niemand, den er kannte. Und selbst wenn – was schadete es schon? Früher war er oft nach Dienstschluss noch ein wenig Rudern gewesen, wozu hatte man schließlich ein Boot? Dass er in den letzten Jahren träger geworden war, lieber mal vor dem Fernseher entspannte, sich körperlich nicht mehr so gern anstrengte – nun, man wurde eben nicht jünger. Das musste auch Sylvia mit ihren endlosen Fitnessprogrammen und Anti-Aging-Strategien irgendwann einsehen.

Benno Lambrecht schüttelte seine Arme aus. Mein lieber Johnny, dachte er. Das gibt einen deftigen Muskelkater! Aber die elegante Lösung seines kleines Problems war schon ein paar Schmerzen wert, und irgendwie hatte die Tour sogar Spaß gemacht, die Abendsonne hatte den Rhein in ein zauberhaftes Licht getaucht, eine geradezu mystische Stimmung erzeugt, eine Atmosphäre, die auch Sylvia gefallen hätte.

Den toten Kameraden, wie er ihn ihm Stillen nannte, hatte er an Land verfrachtet, damit es auf keinen Fall Zuständigkeitsdebatten geben konnte. Im dichten Buschwerk fand er eine geeignete Ablegestelle und machte sich sodann frohgemut auf den Rückweg.

Der Wecker zeigte 18.20 Uhr, als er seine Schnupftabakdose vom Schreibtisch pflückte. Das Telefon klingelte.

Dem Polizeiobermeister brach der kalte Schweiß aus.
Er ließ sich auf seinen Stuhl sinken. Auf dem Display
erkannte er die Nummer seines Vorgesetzten, Polizeihauptmeister Huber aus Gottmadingen.

Das durfte nicht wahr sein! Wenn Huber anrief, handelte es sich nie um etwas Angenehmes. Schon gar nicht
eineinhalb Stunden nach Feierabend.

Genau genommen musste Benno gar nicht rangehen.
Er war nicht mehr im Dienst. Doch wenn Huber um diese
Zeit hier anrief, konnte das nur bedeuten, dass es dringend
war, und dann nützte es nichts, wenn er sich taub stellte.
Spätestens in einer Minute würde sein Handy klingeln.

Mit zitternder Hand drückte Benno auf die grüne
Annahmetaste. Der Gott der bösen Zufälle konnte ihm
ja unmöglich eine zweite Leiche schicken. So fies war
nicht mal er.

»Mann, Lambrecht, wo stecken Sie denn?« Die
Stimme seines Vorgesetzten klang nervös. »Himmel
noch mal. Wir haben einen Notfall.«

Bennos Hand umklammerte die Tabakdose wie einen
Talisman.

»Andre Jablonsky ist verschwunden.«

Der Name sagte Benno nichts. Überhaupt nichts. Er
ließ die Dose wieder los.

»Verstehen Sie nicht, Lambrecht? Andre Jablonsky,
der Schwiegervater des Staatsanwalts.«

In Bennos Hinterkopf klingelte etwas.

»Sie wissen doch, der senile Alte. Wir haben ja immer
unsere Scherze darüber gemacht. Er ist schon seit gestern verschwunden. Der Staatsanwalt und seine Frau

machen sich größte Sorgen, dass ihm etwas zugestoßen ist. Der Mann ist völlig hilflos.«

Das Klingeln im Kopf wurde lauter. Es wuchs sich zu dem Schrillen von Alarmglocken aus.

»Tut mir leid, Lambrecht«, fuhr Huber fort. »Ich muss Ihren Urlaub streichen. Zumindest für's Erste. Wir brauchen für die Suche jeden Mann.«

Bennos Herz stolperte. Er sah Sylvias Gesicht vor sich, wie sich erst die Enttäuschung, dann die Wut und schließlich eine ruhige, kalte Entschlossenheit darauf ausbreitete. *Urlaubssperre* war für sie keine höhere Gewalt, sondern das persönliche Versagen ihres Gatten. Da gab es keine Diskussion, das wusste er. »Ich habe dich gewarnt«, würde sie sagen. »Nun musst du die Konsequenzen tragen. Sicher gibt es Frauen, die mit deinem Dienstplan besser zurechtkommen als ich.«

Ja, dachte Bruno. Die gab es sicher. Das Dumme war nur, er wollte keine andere. Er wollte seine Sylvia.

»Sind Sie noch dran, Lambrecht?«, tönte Hubers Stimme aus dem Telefon. »Um 20 Uhr ist Einsatzbesprechung bei uns in Gottmadingen. Sehen Sie zu, dass Sie pünktlich sind!«

Als sein Vorgesetzter aufgelegt hatte, nahm der Polizeiobermeister eine große Prise und hoffte auf eine göttliche Eingebung. Und tatsächlich, mit dem Ausbruch der Nase kam die Erleuchtung.

Tierfraß, so hatte er erst kürzlich bei einer Fortbildung zum Thema »Todesfälle, die wie Morde aussehen, aber keine sind« gelernt, konnte gelegentlich haargenau wie ein Einschussloch aussehen. Besonders, wenn er von Vögeln stammte.

Andre Jablonsky hatte vielleicht schon eine Nacht und

den ganzen Tag am Ufer gelegen – Zeit genug für Vögel aller Art. Je länger Benno darüber nachdachte, desto klarer wurde die Angelegenheit. Das Alter passte, ebenso die vornehme Anzugshose. Ein Unfall, ein bedauerlicher. Vermutlich hatte sich der Alte, den man partout in kein Pflegeheim einweisen wollte, verlaufen, war hingefallen und ertrunken. Ein tragisches Schicksal und ein schwerer Schlag für den Staatsanwalt und seine werte Gattin. Zweifelsohne. Aber absolut kein Grund für eine Urlaubssperre.

Benno Lambrecht seufzte erneut. Er verzichtete darauf, Sylvia noch einmal anzurufen. Sie würde schon merken, dass es später wurde. Wenn er erst zu Hause war, entspannt und voller Vorfreude auf die gemeinsame Reise, konnte er sie schnell besänftigen.

Ächzend ließ er die schmerzenden Arme kreisen und machte sich auf den Weg zu seinem Boot.

Eine gute Stunde später brannten nicht nur die Schultern, sondern auch Rücken und Nacken wie Feuer. Polizeiobermeister Benno Lambrecht nahm sich vor, nach der Kreuzfahrt wieder regelmäßig Sport zu treiben.

Andre Jablonsky, sein toter Kamerad, hatte unverändert im Schweizer Buschwerk gelegen. Benno wusste, dass sein Kollege Reto Jäckli gerne eine abendliche Runde am Rheinufer drehte. Und obwohl er den Kollegen nicht nur schätzte, sondern sogar mochte, gelegentlich ein Bier mit ihm trank und vor Kurzem erst mit ihm gemeinsam Schaffhausen **19** und die Falkenbrauerei **20** besichtigt hatte, wollte er ihm gerade jetzt aus verständlichen Gründen nicht über den Weg laufen.

Zum Glück war alles still geblieben, Benno hatte den

Leichnam im Boot verstaut und eine Plane darüber ausgebreitet, da ihm der Anblick mittlerweile doch gehörig an die Nieren ging. Zurück auf der deutschen Seite musste er den Toten wieder aus dem Boot hieven und so am Ufer drapieren, wie er ihn circa drei Stunden früher vorgefunden hatte. Nun war es auf einmal sehr wichtig, die Spurenlage authentisch zu gestalten, um unnötige Komplikationen zu vermeiden.

Benno Lambrecht arbeitete zügig, er wollte noch vor 20 Uhr zu Hause sein, um von dort aus seinen Vorgesetzten endlich von dem Notruf der dementen Frau Rübsam in Kenntnis zu setzen. Gemeinsam mit Huber konnte er dann den Leichnam von Andre Jablonsky *finden*. Zwar würde sein zögerliches Verhalten ihm eine Rüge einbringen – vielleicht sogar einen Aktenvermerk – aber was zählte schon ein Aktenvermerk gegen eine geplatzte Kreuzfahrt und eine geplatzte Ehe?

Mit hochrotem Kopf betrat der Polizeiobermeister um 19.56 Uhr seine Wohnung und drückte seiner Gattin, die ihn aufmerksam musterte, einen Begrüßungskuss auf die Wangen. »Ich muss telefonieren, Liebling«, sagte er und lächelte zaghaft. Sylvia zog die Stirn kraus, die inflationäre Nutzung des kostbaren Wortes musste ihr zu denken geben.

Benno hatte gerade sein Handy gezückt, als dieses in seiner Hand zu vibrieren begann. Auf dem Display erschien die Nummer von Huber. Benno dachte sich nichts dabei, in zwei Minuten sollte die Einsatzbesprechung beginnen, und Huber, der großen Wert auf Pünktlichkeit legte, wollte sicher wissen, wo er blieb.

»Lambrecht?«, bellte der Polizeihauptmeister aus dem Apparat. »Ich weiß zwar nicht, wo Sie stecken, denn Sie sollten längst hier sein, aber wo immer Sie sich gerade rumtreiben, dort können Sie von mir aus auch bleiben.«

Benno stutzte. Das Gespräch nahm einen unerwarteten Verlauf.

»Andre Jablonsky ist wohlbehalten wieder aufgetaucht. Man hat ihn versehentlich im Kino eingesperrt. Ich wünsche Ihnen und Ihrer Gattin einen schönen Urlaub!«

Auch zwei Minuten nachdem Huber aufgelegt hatte starrte Benno noch dümmlich auf sein Handy. »Liebling«, flüsterte er. »Ich brauche einen Schnaps.«

Aller guten Dinge, redete er sich ein, als er eine halbe Stunde später zu seinem Boot stapfte, sind drei.

Zuerst hatte er mit dem Gedanken gespielt, den toten Kameraden, der nun wieder namenlos war, einfach liegen zu lassen. Doch er wollte kein Risiko eingehen. So wie sich der Gott der bösen Zufälle heute gebärdete, schickte er mit Sicherheit noch einen Abendspaziergänger am Fundort vorbei.

Sylvia sagte er, er habe seine Tabakdose im Büro vergessen, ohne die er am morgigen Tag unmöglich verreisen könne, was seine Gattin anstandslos glaubte. Die größte Sorge bereiteten Benno jetzt seine Arme und der lädierte Rücken, aber darauf konnte er keine Rücksicht nehmen. Es war ja gewiss der letzte Ausflug in der heutigen Nacht.

Grillen zirpten, ein Frosch quakte. Friedlich war die Stimmung am Rhein, als Benno bei dem toten Kameraden ankam. Es war eine dunkle Nacht, Neumond, nur die Sterne schenkten ein wenig Licht, das in den Baumwipfeln hängenblieb. Seufzend knipste der Polizeiobermeister seine Taschenlampe an. Dann sprang er einen weiten Satz zurück. Die Lampe fiel zu Boden, schickte ihren Strahl nach oben, ins Blätterdach.

Das, was er soeben erblickt hatte, konnte einfach nicht sein.

Mit zitternden Händen hob er die Lampe auf und richtete sie zum Ufer hinunter. Und schlug sich die freie Hand auf den Mund, um einen Schrei zu unterdrücken.

Nein, er hatte sich nicht getäuscht. Neben dem toten Kameraden lag ein zweiter Körper. Und der war genauso mausetot wie der erste.

Leise plätscherten die Wellen gegen das Ufer. Sie klangen nicht anders als ihre deutschen Schwestern auf der gegenüberliegenden Seite, waren nicht größer und nicht kleiner. Auch die dunklen Büsche unterschieden sich in nichts von ihren baden-württembergischen Kollegen. Und doch kam es Benno Lambrecht so vor, als lauere hier, in der Schweiz, eine größere Gefahr auf ihn, als warte hinter jedem Schatten der Tod.

Bislang war der Kamerad ein Ärgernis gewesen, ein unglücklicher Umstand, der seine Ehe gefährdete. Jetzt war er zur tödlichen Bedrohung herangewachsen. Der zweite Leichnam trug wie der erste dunkle Hosen und ein weißes Hemd. Das Einschussloch befand sich im Bauch und die große Menge Blut, die seine Kleidung rot gefärbt hatte, schloss einen unverdächtigen Tierfraß von vornherein aus.

Zwei Drogendealer, die sich gegenseitig um die Ecke gebracht hatten? Ein eiskalter Dritter, der seine Konkurrenten abknallte? Ein gnadenloser Vater, der den Drogentod seines Kindes rächen wollte?

Letztendlich war es Benno egal. Tatsache war, dass die

zweite Leiche mit Sicherheit nicht alleine zum Fundort gekommen war. Und das bedeutete, dass der Gott der bösen Zufälle aus dem Schneider war, dass irgendjemand aus Fleisch und Blut die Spur des Polizeiobermeisters aufgenommen, ihn vielleicht genau jetzt im Visier hatte und jeden seiner Schritte verfolgte.

Bennos Puls raste. So leise wie möglich vertäute er das Boot mit der grausigen Fracht an einem dünnen Baumstamm. Zuerst musste er die Lage checken, nachsehen, ob die Luft rein war. Eine geeignete Stelle suchen, dicht am Ufer, damit er schnell wieder verschwinden konnte. Ganz sicher war jemand in der Nähe und beobachtete sein Treiben.

Ein Ast knackte.

Benno stolperte vor Schreck, doch schließlich erkannte er, dass er selbst das verdächtige Geräusch verursacht hatte. Schweißgebadet schlich er weiter zu einer kleinen Lichtung, gerade hell genug, um ohne Lampe arbeiten zu können. Etwa zehn Minuten würde es dauern, die beiden Kameraden hierher zu schleppen und abzulegen.

Benno sehnte sich nach seinem Wohnzimmer, nach Sylvia, nach Wärme, Licht und Behaglichkeit. Wenn er erst zu Hause war, in Sicherheit, konnten seine unsichtbaren Feinde seinetwegen so viele Leichen zu den beiden erkalteten legen, wie sie wollten. Jetzt und hier, am dunklen Schweizer Rheinufer, erkannte Benno Lambrecht, dass es für ihn nichts Wichtigeres auf der Welt gab als seine Sylvia. Er schwor sich, nie wieder Witze zu reißen über ihre Versuche, den Ehealltag zu entflammen, und sich selbst Mühe zu geben, ihr ein aufmerksamer Gatte zu sein. Wenn heute Abend nur alles gut ging und der Gott des unverschämten Glücks ihm zur

Seite stand! Benno rieb sich die Hände, spuckte hinein und beachtete nicht das Blut, das mittlerweile an ihnen klebte.

Das leise Knacken der Zweige hörte er diesmal nicht, und so setzte sein Herzschlag fast aus, als sich urplötzlich eine Hand auf seine Schulter legte und neben seinem Ohr eine leise Stimme erklang: »Grüezi, Benno. Das ist aber eine Überraschung.«

Langsam drehte sich der Polizeiobermeister Benno Lambrecht zu seinem Kollegen Reto Jäckli um.

»Salli ... Reto. Jetzt hesch mich aber verschreckt.« Unwillkürlich verfiel er ins Alemannische, wie immer, wenn er nicht im Dienst war. Der Schweizer Polizist sagte nichts, schien auf eine Antwort zu warten.

»Ähm«, sagte Benno. »Ein ... bisschen Abendsport.« Er klopfte sich auf den Bauch, der sanft über die Hose quoll. »Meine Sylvia findet, ich werde zu dick.«

Reto Jäckli nickte bedächtig, wie um Benno zu signalisieren, dass er die Ausrede zwar nicht glaubte, aber bereit war, sie unwidersprochen hinzunehmen. »Ja«, erwiderte er. »Genau aus dem gleichen Grund habe ich mich noch zu einem Spaziergang aufgemacht.« Er taxierte den deutschen Kollegen eine Weile, beide wirkten im fahlen Licht der Sterne sehr blass. »Magst mich ein Stück begleiten, Benno?«

Was blieb dem Polizeiobermeister anderes übrig, als ja zu sagen?

Armer Benno! Keine zwanzig Meter von hier schaukelte sein Boot in der Strömung, darin die beiden toten Kameraden, die reglos ihrer Bestimmung harrten und jetzt noch eine Weile würden warten müssen, bis sie sich endlich zur wohlverdienten Nachtruhe im Ufergras niederlegen durften.

Jäckli zog eine Schnapsflasche aus der Jackentasche und reichte sie Benno: »Trink. Siehst aus, als könntest du was brauchen.«

Dankbar nahm Benno einen Schluck und überlegte fieberhaft, was er jetzt sagen sollte. Normalerweise hatten sie sich viel zu erzählen, die beiden, über Fußball, die Weltpolitik, das Wetter, das letzte Weinfest im Klettgau und über die bürokratischen Hindernisse rechts und links des Flusses. »Was macht die Arbeit?«, fragte er schließlich lahm, weil ihm nichts Besseres einfiel und das Schweigen unangenehm wurde.

»Schlecht«, antwortete Jäckli. »Ganz schlecht. Eigentlich darf ich gar nicht darüber reden – aber … na, der alten Freundschaft wegen. Wir haben große Probleme mit einem Drogenschmuggelring, den wir gerade ausgehoben haben. Ganz blöde Sache, Benno.«

»Oh.«

»Da haben wir wohl in ein Wespennest gestochen. Einen Bandenkrieg ausgelöst. Hier ist die Hölle los, kann ich dir sagen. Wir hatten drei tote Drogendealer in zwei Tagen!«

»Na so was.«

»Und vielleicht werden es noch mehr.«

»Aber das ist doch ein schöner Fahndungserfolg! Warum grämst du dich darüber?«

»Nun. Das … hat eher private Gründe.«

»Aha?«

»Ich hab dir doch erzählt, Benno, dass die jüngste Schwester meiner Frau zum dritten Mal heiratet?«

»Ja, ich erinnere mich.«

»Morgen, um genau zu sein.«

»Oh.«

»Ja. Wenn also heute Nacht etwas geschieht … ein toter Drogendealer zum Beispiel … Du weißt ja, wie das ist, Benno. Wird bei euch nicht anders sein.«

»Hmm.«

»Dann war's das morgen mit der Hochzeit. Zumindest für mich.«

»Ach.«

»Wär ja nicht so schlimm. Aber – du kennst eben meine Vreni nicht. Wenn die schlecht drauf ist – da kann sie einem das Leben schon zur Hölle machen.«

Benno schwieg. Er klopfte seinem Kollegen voller Anteilnahme auf die Schulter und seufzte abgrundtief. Auch Reto Jäckli verfiel wieder in dumpfes Schweigen.

»Hast du noch einen Schluck Schnaps?« Bennos Stimme klang ein wenig verzweifelt, als sie schließlich umkehrten und zurück zu der Lichtung liefen, die er ursprünglich für die toten Kameraden vorgesehen hatte.

»Fährst du nicht morgen in Urlaub, Benno?«, fragte Reto Jäckli leise.

»Ja. Sofern nichts dazwischenkommt. Du weißt schon.«

Nun war es der Schweizer, der seinem Kollegen die Schulter tätschelte. Beide seufzten schwer.

»Ich bring dich noch zu deinem Boot.«

Benno zuckte mit den Schultern. Natürlich, Jäckli wollte kein Risiko eingehen. Ihn nicht aus den Augen lassen, bis er wirklich verschwunden war. Er selbst hätte sich nicht anders verhalten.

»Hier ist es.« Er erinnerte sich genau an den dünnen Baumstamm, um den er das Seil geschlungen hatte. Das fahle Licht der Sterne zeigte die Stelle deutlich.

Nur der Baumstamm war weg. Und mit ihm das Boot.

»Oh«, sagte Benno und schickte ein Stoßgebet zum Gott der unerklärlichen Vorfälle. »Ich habe es offenbar an losem Totholz festgemacht. Wie konnte mir das nur passieren?«

Die beiden Männer standen am Ufer, starrten auf das träge glucksende Wasser und hingen ihren Gedanken nach.

Die Strömung, dachte Benno Lambrecht, ist hier noch schwach, nimmt aber bald hinter Büsingen **21** zu. Wenn das Boot es bis in die Mitte des Flusses geschafft hat – und davon ist auszugehen, sonst würde man es selbst im fahlen Licht der Sterne noch sehen können – wird es sich dieser Strömung nicht widersetzen können. Es wird zügig den Hochrhein hinuntertreiben, vielleicht im Stauwerk von Schaffhausen hängenbleiben, vielleicht aber auch nicht, dann wird es von einem Sog erfasst werden, der an ihm zerrt und reißt, das Wasser wird zu schäumen beginnen, aus dem Glucksen wird ein Tosen, ein Donnern, und das kleine Boot wird zu einem Spielball der Gewalten werden, bis es schließlich über einen Abgrund gleitet und in die Tiefe stürzt, mitten in den Fluten den Rheinfall **22** hinunter, an Felsnasen vorbei, die das Boot vielleicht zerreißen, vielleicht aber auch verschonen, so etwas soll schon vorgekommen sein, gibt es da nicht sogar eine alte Legende von einem Fischer, der in seinem Boot einschlief und erst weiter unten wieder aufwachte, die Höllenfahrt auf dem Wasserfall überlebte?

Sicher war jedoch, dass alles, wirklich alles, was unvertäut im Boot lag, herausgeschleudert und weiß Gott wo angespült werden würde. Zerfetzt und ohne brauchbare

Spuren. Auf deutscher oder auf Schweizer Seite, das war gänzlich ungewiss. Aber wohl doch erst morgen früh, wenn Benno Lambrecht längst mit seiner Sylvia an Bord der »MS Rheinperle« war. Und Reto Jäckli seine Schwägerin verheiratete.

Jäckli hieb ihm auf die Schulter. Fester diesmal. Energischer. Und auch seine Stimme klang forscher, als er sagte: »Na komm schon, Kamerad. Ich rudere dich mit meinem Boot hinüber.«

Es war exakt 7.30 Uhr am nächsten Morgen, als die Lambrechts das Deck der »MS Rheinperle« betraten.

Sylvias Augen glänzten, die von Benno hatten dunkle Ringe, strahlten jedoch nicht minder. Geschlafen hatten beide wenig, doch das störte sie nicht. Schließlich hatten sie Urlaub – und wenn die vergangene Nacht, in welcher der Polizeiobermeister wirklich alles getan hatte, was in seiner Macht stand, um die geliebte Gattin zu besänftigen, wenn diese Nacht ein Vorgeschmack auf die kommenden Nächte gewesen war, dann konnten sie diese Reise getrost als ihre zweiten Flitterwochen bezeichnen.

»Liebling«, sagte Benno. »Hast du das gehört? In Rheinau wurden am Staudamm zwei Leichen angespült. Und zwar genau in der Mitte des Flusses. Jetzt streiten sich die Deutschen und die Schweizer, wer zuständig ist.«

»Ein Glück, dass wir schon an Bord sind«, kicherte Sylvia. »Und dass du dich nicht damit herumärgern musst.«

»Ja«, sagte Benno. »Was für ein Glück.« Und im Geiste erhob er sein Glas auf den Gott der guten Wendungen.

12 Gailingen am Hochrhein ist ein staatlich anerkann-
ter Erholungsort mit vielen Freizeitmöglichkeiten
und sehenswerten Bauwerken:

- Das Bürgli-Schloss (die Ruine einer Burganlage
  aus dem 13. Jahrhundert). Auf dem Gelände
  befindet sich ein Aussichtsturm, von dem man
  bei entsprechendem Wetter Fernsicht bis zu den
  Berner Alpen hat.
- Die Nikolauskapelle (Obergailingen) aus dem
  12. Jahrhundert ist romanisch geprägt und im
  Innern mit Rokoko-Elementen dekoriert.
- Das Liebenfelsische Schlösschen stammt aus
  dem 18. Jahrhundert. Es befindet sich neben
  der katholischen Pfarrkirche St. Dionysus.
- Der im 17. Jahrhundert angelegte jüdische
  Friedhof. Eine Synagogengedenkstätte erinnert
  an die einst große jüdische Gemeinde in Gailingen, im Bürgerhaus ist ein kleines Museum
  zur jüdischen Geschichte des Ortes eingerichtet.
- Eine gedeckte Holzbrücke führt über den
  Rhein ins schweizerische Diessenhofen (Burg,
  malerische Altstadt).

Die Gegend rund um Gailingen und entlang dem
Hochrhein eignet sich hervorragend für Fahrrad-
touren. Routenvorschläge finden sich zum Beispiel
auf folgender Internetseite:
www.outdooractive.com

13 Der Rheinuferpark in Gailingen ist das Strandbad des Ortes. Eine große Liegewiese mit Bäumen, 600 Meter Rhein-Uferlinie und ein beheiztes Kinderplanschbecken mit Rutsche laden zum Baden im Fluss und zum Sonnentanken ein. Außerdem gibt es einen Kinderspielplatz, Tischtennisplatten und einen Beachvolleyballplatz.
Die Spazierwege des Rheinuferparks sind jederzeit frei zugänglich.
Das Bad und das Kiosk-Restaurant »Wiffe 74« (mit Rheinterrasse und Wintergarten) haben Mitte Mai bis Ende September täglich von 10 Uhr bis 21.30 Uhr geöffnet, sonntags ab 9 Uhr.
Dem Rheinuferpark gegenüber liegt auf Schweizer Seite das ähnlich ausgestattete Rheinbad von Diessenhofen.

14 Die Schweizer Stadt Stein am Rhein liegt dort, wo der Rhein wieder aus dem Bodensee austritt. Sie ist berühmt für ihren gut erhaltenen malerischen Altstadtkern. Die stattlichen Fachwerkhäuser am Rathausplatz tragen unzählige Erker und bunte Fassadenmalereien aus unterschiedlichen Epochen. Zahlreiche Restaurants und Cafés laden zum Verweilen ein.
Eine weitere Sehenswürdigkeit ist das Kloster St. Georgen, eine gut erhaltene mittelalterliche Klosteranlage mit Museum, Kirche und klösterlichem Heilpflanzengarten. Besichtigungen: April bis Oktober von Dienstag bis Sonntag 10–17 Uhr (im Rahmen des Museumsbesuchs).
Hoch über dem Ort erhebt sich die Burg Hohen-

klingen, das Wahrzeichen der Stadt. Der Bergfried, der Innenhof und die kleine Kapelle sind frei zugänglich, ferner gibt es ein Burgrestaurant.

Von der Altstadt aus benötigt man zu Fuß etwa 35 bis 40 Minuten bis zur Burg.

www.tourismus.steinamrhein.ch/de

15 Am Hohentwiel (bei Singen) treffen historische und landschaftliche Attraktionen aufeinander.

Der 686 Meter hohe Berg ist ein Überrest der vulkanischen Vergangenheit des Hegau. Aufgrund des speziellen Klimas befinden sich auf seiner Südseite die höchst gelegenen Weinbaugebiete Deutschlands.

Bekannt ist der Hohentwiel aber vor allem für seine gewaltige Festungsanlage – mit neun Hektar Fläche eine der größten Burgruinen Deutschlands. Die wechselhafte Geschichte des Hohentwiel beginnt mit einer kleinen Befestigung, die im 10. Jahrhundert erstmals erwähnt wird. Später kamen die Zähringer, die Herren von Singen, die Klingenberger und andere Herrschaftsgeschlechter in den Besitz der Burg. 1521 wurde sie von Herzog Ulrich von Württemberg erworben und erweitert. Sie blieb lange Zeit Residenz der Herzöge von Schwaben. Erst 1799 konnten die Franzosen die Festung einnehmen, 1801 wurde sie geschleift.

Wer den schweißtreibenden Aufstieg erst einmal bewältigt hat, wird mit einem grandiosen Panoramablick auf den Bodensee, die Schweizer Alpen und den Hegau belohnt.

Ein Geschichtspfad informiert auf zwölf Tafeln

über die Vergangenheit und die Funktion der einzelnen Gebäude.

Ein etwa drei Kilometer langer geologischer Lehrpfad gibt über Landschaft und Gesteine Auskunft.

www.festungsruine-hohentwiel.de

16 Die Wutach und ihre Nebenflüsse bilden im Hochschwarzwald ein einzigartiges Schluchtensystem, das man auf mehreren Routen durchwandern kann. Urwüchsige Wälder, tosende Wasserfälle und Strömungen, bizarre Gesteinsformationen, alte Mühlen, steile, bemooste Felswände – all das macht eine Wanderung durch diese wilde Flusslandschaft zu einem echten Abenteuer für Naturliebhaber. Manche Routen sind nur für trittsichere, erfahrene Wanderer und bei trockenem Wetter empfehlenswert, andere sind mittelschwer oder – vor allem im Bereich der abzweigenden Lotenbachklamm – einfach begehbar.

Der Schwarzwaldverein hat eine Wanderkarte für die Wutachschlucht im Maßstab 1:35.000 herausgegeben. ISBN: 987-389021780-2

Routenvorschläge finden sich auf folgender Internetseite:

www.wutachschlucht.de

17 Der Randen ist eine Hochebene, die zum größten Teil im Schweizer Kanton Schaffhausen liegt. Ein kleiner Teil, der Hohe Randen (mit 930 Metern die höchste Erhebung des Höhenzugs), befindet sich auf deutscher Seite. Es gibt auch eine Ortschaft namens Randen, sie ist ein Ortsteil von Blumberg.

Der Höhenzug ist ein beliebtes Wandergebiet mit schattigen Wäldern, sonnigen Lichtungen und mehreren Aussichtstürmen.

Viele Wanderwege beginnen oder enden am Siblinger Randenhaus, wo man auch einkehren kann: www.randenhaus.ch

Folgende Wanderkarte ist hilfreich: Wanderkarte Schaffhausen: 1:50.000, ISBN: 978-382830718-6

18 Von Blumberg-Zollhaus bis nach Weizen (und wieder zurück) fährt von April bis Ende Oktober die »Sauschwänzlebahn«, ein Museumsdampfzug. Die Strecke führt über vier Brücken und durch sechs Tunnel, wobei man immer wieder herrliche Ausblicke in die tiefen Täler der Wutachschlucht oder auf die Schwarzwaldhöhen hat. Eigentlich heißt die Bahn »Wutachbahn«, ihren Spitznamen erhielt sie aufgrund der verschnörkelten Streckenführung, die auf der Landkarte tatsächlich an ein Ringelschwänzchen erinnert. Die Dampflokomotive muss 231 Höhenmeter bewältigen, da wird jeder Anstieg nicht nur zum Seh-, sondern auch zum Klangerlebnis.

Alle Infos zu Fahrplan, Preisen und Zusatzangeboten finden sich unter: www.sauschwaenzlebahn.de

19 Schaffhausen ist die Hauptstadt des gleichnamigen Kantons. Obwohl viele Urlauber den Namen der Stadt nur mit dem in der Nähe befindlichen Rheinfall bei Neuhausen (siehe Tipp 22) verbinden, lohnt auch der Ort selbst einen Besuch. In der hübschen Altstadt finden sich viele schöne Renaissancehäuser mit (angeblich) stolzen 171 Erkern.

Über die Stadt wacht ihr Wahrzeichen, der Munot, eine Rundfestung aus dem 16. Jahrhundert. Heute wird an seinen Hängen Wein angebaut, außerdem dient er als Kultur- und Veranstaltungsort.

Wer den unterirdischen Gang und den Wehrgang besichtigen möchte, muss vorher beim Munotwächter anfragen. (Christian Beck, Tel. +41 52 625 42 25)

Ab Schaffhausen bietet die »Schifffahrtsgesellschaft Untersee und Rhein« Ausflüge auf dem Hochrhein an – auf einem der schönsten Abschnitte des Flusses, bis nach Stein am Rhein und zurück.

www.urh.ch

20 Ähnlich wie in Deutschland verschwanden auch in der Schweiz seit den 70er-Jahren viele kleinere Brauereien von der Bildfläche. Die Falkenbrauerei in Schaffhausen ist heute die einzige unabhängige Brauerei in der Nordostschweiz. Sie kann auf eine über 200-jährige Geschichte zurückblicken.

Gruppen ab zehn Personen können eine Brauereiführung (Rundgang, Verkostung) buchen: Montag bis Donnerstag 13.30 Uhr. Der kleine Rundgang dauert 60 Minuten, ein großer Rundgang 90 Minuten.

Die Falkenbrauerei vertreibt auch Spirituosen, Wein und alkoholfreie Getränke. So verwundert es nicht, dass im zugehörigen Getränkemarkt auch

Gin-Workshops und Whisky-Degustationen angeboten werden.
www.falken.ch

21 Büsingen am Hochrhein ist eine sogenannte deutsche Exklave in der Schweiz – eine deutsche Gemeinde, die ringsum von Schweizer Hoheitsgebiet umgeben ist. Um von Deutschland nach Büsingen zu reisen, muss man sowohl den deutschen als auch den Schweizer Zoll passieren. Politisch gehört der Ort zum Landkreis Konstanz, wirtschaftlich und kulturell ist Büsingen jedoch auf die Schweiz ausgerichtet.

Diese ungewöhnliche Situation, ihre Ursachen und die Folgen für den Alltag der Bewohner erläutert der Exklavenweg, ein Rundgang mit elf Informationstafeln, der beim Rathaus startet und endet. Unterwegs streift die Tour eine alte Rheinmühle, das Strandbad und die romanische Bergkirche St. Michael, die im 11. Jahrhundert auf einem Hügel errichtet wurde.

22 Der Rheinfall bei Schaffhausen (genauer: in Neuhausen) ist die Hauptattraktion am Hochrhein. Mit einer Höhe von 23 und einer Breite von 150 Metern gilt er als der größte und wasserreichste Wasserfall Europas. Auf ausgebauten Wegen erreicht man mehrere Aussichtsplattformen. Wem das nicht nahe genug ist, kann sich mit dem Boot zum Schlösschen Wörth (auf einer kleinen Insel im Rheinbecken gelegen) oder noch näher an den Wasserfall heranfahren und auf dem großen Felsen im Becken absetzen lassen.

Auf der südlichen Rheinseite thront das Schloss Laufen über dem Wasserfall. Erstmals wurde es im Jahr 858 urkundlich erwähnt. Heute dient es unter anderem als Restaurant und als Jugendherberge. Beim Schloss beginnt ein kostenpflichtiger »Erlebnispfad« mit Aussichtsplattform, Museum und Panoramalift.

BARBARA SALADIN

FLÄCKI RIECHT PIZZA –
UND EINE LEICHE

Basel

Der Lärm hier im Bahnhof ist schlicht ohrenbetäubend. Als am Gleis nebenan ein Zug zum Stillstand kommt, durchdringt sein Quietschen Mark und Bein. Welch schreckliches Geräusch!

Sonst aber ist es hier ziemlich spannend. In der Bahnhofshalle riecht es nach warmem Bahnschotter, Menschenschweiß und einem Gemisch aus frischen Weggli und Kaffee. Ich klemme zur Sicherheit zwar die Rute zwischen die Hinterbeine, aber die Nase ist auf Empfang. Ich bin höchst beeindruckt. Willkommen in der großen weiten Welt!

Gestatten, mein Name ist Fläcki. Kein sehr erhabener Name, ich weiß, aber Peter und Marianne, meinen Meistern, fiel wohl als Erstes meine schwarz-graue Musterung auf, als ich damals vor vier Jahren als winziges Fellknäuel mit großen Tatzen und schlabbernden Ohren in ihre Obhut kam. Auf meinen heroischen Charakter, zu dem Herkules, James Bond oder Spiderman eindeutig besser gepasst hätte, wurden sie erst etwas später aufmerksam. Dennoch bin ich ganz froh, dass ich nicht

Spiderman heiße, zumal ich mich in Großstädten nicht gut auskenne. Ich kam nämlich auf einer Bündner Alp zur Welt. Mutter: Mischling. Vater: unbekannt (wahrscheinlich ein Herumtreiber, mit Garantie aber ebenfalls ein Mischling). Stammbaum: natürlich keiner. Mein ganzes Leben habe ich auf dem Land verbracht, in einem 500-Menschen- und 40-Hundeseelendorf, bis heute, wo ich mit meinen Meistern im Bahnhof Basel SBB angekommen bin und das erste Mal in meinem Leben eine Stadt betrete.

Aber es wird ja noch spannender: Wir gehen nämlich auf Kreuzfahrt! So richtig den Rhein hinunter und zurück (der Rhein ist der Fluss, der sich unweit meiner Heimat aus dem Vorder- und dem Hinterrhein zusammenschließt, und er soll hier bereits viel breiter sein als zu Hause). Ins Ausland fahren wir! Bis fast ans Meer! Ich bin zwar noch etwas unsicher, ob eine Kreuzfahrt auch für Hunde interessant ist, aber wir werden sehen. Die Fahrt mit der Straßenbahn durch die Stadt, an einem lauten **23** und einem eher kahlen Platz **24** vorbei bis zu einem mittelalterlich wirkenden Türmchen, das ziemlich allein am Straßenrand steht **25** , ist jedenfalls schon ziemlich abenteuerlich. So viele Dinge, die ich noch nie gesehen, gehört und gerochen habe. Wow.

Wo wir aussteigen müssen, ergreift meine beiden Meister kurz das nervöse Zittern. Sie sind es halt auch nicht gewohnt, neuartige Dinge zu tun wie zum Beispiel mit viel Gepäck in einer Straßenbahn durch eine so große Stadt wie Basel zu fahren, oder überhaupt zu verreisen. Deshalb waren sie gestern Abend auch kaum mehr zu gebrauchen. Fand jedenfalls ich und war froh, als es heute früh endlich losging.

Nun ziehen wir einen riesigen Hartschalen-Rollkoffer, den uns die Nachbarn geliehen haben, durch den Park zum Schiffssteg. (Also um genau zu sein: Peter zieht ihn. Marianne trägt mein Körbchen. Ich trage nichts.) Als ich den Pott erblicke, auf dem ich die nächsten paar Tage verbringen werde, bin ich beeindruckt. Ein lang gezogenes weißes Ding mit vielen Fenstern und mit Liegestühlen auf dem Flachdach. Eigentlich sieht sie aus wie ein arg zusammengedrücktes Haus, die »MS Rheinperle« – schon der Name allein verheißt viel Neues und zergeht auf der Zunge wie ein Stück frische Rehleber. Ich muss gestehen: Noch nie in meinem Leben habe ich eine Pfote auf ein Schiff gesetzt. Da, wo wir herkommen, haben schließlich auch keine Schiffe Platz auf dem Rhein – höchstens Wildwasserkanus und kleine Schlauchboote – und einen großen See gibt's da ebenfalls nicht. Meine Meister haben, vielleicht auch deshalb, lange darüber diskutiert, ob sie mich auf ihre Flusskreuzfahrt überhaupt mitnehmen sollen. Hallo? Nur Menschen kommen auf die Idee, Tabu-Handlungen wie das Zuhauselassen von Familienmitgliedern (und womöglich sogar das Abschieben zu der langweiligen Nachbarin mit den klebrigen Fingern!) überhaupt in Erwägung zu ziehen. Abgesehen davon war Peters Idee des Verreisens ja reichlich kurzfristig.

Zum Glück kamen sie zum weisen Entschluss, dass ich mit muss auf den Rhein. Immerhin gebe es ja viele Landgänge, haben Peter und Marianne sich gegenseitig beruhigt. Für mich zählte ein anderes Argument: Ich gehöre zur Familie, also komme ich mit, egal wohin. Basta.

In dem Park **26**, den wir durchqueren, um an den Rhein zu gelangen, ist der Zutritt für Hunde verboten.

Fängt ja gut an. Marianne weist sogar auf das Schild hin, das die Silhouette eines dämlichen hechelnden Tiers im roten Ring zeigt, welches mir überhaupt nicht ähnlich sieht. Aber Peter brummt, dass wir uns ja nicht lange da aufhalten würden. Womit er natürlich recht behält. Denn auf direktem Weg gehen wir zur »Rheinperle«, die da am Ufer vertäut vor sich hin dümpelt, und betreten unser neues temporäres Zuhause über die Gangway. Es kostet mich einiges an Überwindung, über diese schwankende Brücke zu gehen, während mir von beiden Seiten gurgelnde grüne Wassermassen aus dem Abgrund zuflüstern.

Auf dem Schiff werden wir begrüßt. Ein Mann in Kapitänsuniform schüttelt meinen Meistern die Hand. Mich ignoriert er völlig. Scheint ein reichlich arroganter Gockel zu sein. Die weiblichen Vertreterinnen der Crew sind da sympathischer. Einige fragen entzückt nach meinem Namen, und eine von ihnen bückt sich sogar und streicht mir mit ihren warmen Fingern über den Kopf. Ich glaube, ich werde eine gute Zeit auf diesem Kahn verbringen.

Später sind alle Gäste zu einer Willkommensparty im großen Speisesaal der »Rheinperle« eingeladen. Das schwärmen mir Marianne und Peter während der ganzen Stunde vor, während der sie sich in ihrer winzigen Kabine häuslich einrichten. »Weißt du, Fläcki, jetzt sind wir richtige Passagiere und werden vom Captain höchstpersönlich begrüßt«, witzelt Peter, steht vor mir stramm und macht den Offiziersgruß. »Werd nicht kindisch«, tadelt Marianne ihn. Wahrscheinlich befürchtet sie, dass Peter in seinem Übermut bald auch noch einige Stellen aus dem Titanic-Film nachspielt. Doch Peter nimmt sie in den Arm und flüstert ihr ins Ohr: »Freuen wir uns doch, dass wir so unverhofft zu diesem Urlaub gekommen sind, meine liebste Perle aller Rheinperlen.«

»Bergkristall, wenn schon«, korrigiert sie ihn lächelnd und küsst ihn auf den Mund.

Sie sind dann sehr lieb zueinander, und ich versuche währenddessen, es mir, auf dem Bettvorleger zusammengerollt, bequem zu machen, der zwar weich und flauschig, aber dennoch fremd ist. Das Körbchen haben sie nämlich in den Schrank gestellt – sie sagen, die Kabine sei so eng, dass es reicht, wenn ich nachts mein vertrautes Bett habe.

Nun ist es Abend, und wir stehen zusammen mit allen anderen Passagieren, die sich an Bord eingefunden haben, erwartungsvoll im großen Saal. Leider erhärtet sich mein Verdacht bald, dass die Einladung zur Willkommensparty nur den zweibeinigen Gästen galt. Die verschiedenen Leckereien des »Apéro riche« befinden sich allesamt in unerreichbarer Höhe auf der Bar und den weiß betuchten Tischen. Für Vierbeiner steht nichts bereit, und von warmen Worten und heruntergefallenen Salznüssen werde ich nun mal nicht satt. Mit anderen Worten: Diese Veranstaltung, bei welcher der Kapitän seine Kreuzfahrtgäste begrüßt, einige Worte über die Sicherheit an Bord verliert und dann umfangreich erklärt, welche Sehenswürdigkeiten entlang des Rheins auf uns warten, ist stinklangweilig. Er fängt bei Adam und Eva an, erzählt von der »Fondation Beyeler« **27** und vom Dreiländereck **28** hier in Basel und gerät vom Hundertsten ins Tausendste – aber er spricht ausschließlich über Dinge, die keinen Hund interessieren. Mehrmals stupse ich Peter an, um ihn auf meine Vernachlässigung in Sachen Zuwendung und auf meinen knurrenden Magen aufmerksam zu machen, aber mein Meister hat nur Augen und Ohren für die schöne Glitzerwelt, die sich ihm auf der »Rheinperle« präsentiert. Eigenartig, sonst ist er eher immun gegen Blendereien. Und auch Marianne, deren Herz sonst immer schneller zu erweichen ist, scheint keine Zeit für mich zu haben.

Als Peter sogar etwas davon murmelt, dass er mich in die Kabine sperren wird, wenn ich nicht aufhöre zu nerven, habe ich verstanden. Ha! Dann mache ich mir halt selber einen schönen Abend.

Ich schleiche mich davon, überquere todesmutig ganz allein die Gangway und trabe los, durch den Park mit dem Hundeverbot hinaus in die abendliche fremde Stadt, dem Abenteuer entgegen.

Basel ist hochgradig spannend. All diese Düfte! Neben dem entzückenden Geruch einer holden unbekannten Hündin, den ich gleich neben der Schiffsanlegestelle ausgiebig erschnüffelt habe, gibt es jede Menge olfaktorische Offenbarungen hier. Ein einziges Geruchsmeer aus enorm interessanten Artgenossen (von denen ich mehrere auch persönlich kennenlerne), aus Mülleimern, aus Dönerverpackungen, aus Straßencafés und aus Pizzaresten auf dem Boden. Das Paradies, echt! Als einzigen Orientierungspunkt in der unbekannten Stadt halte ich mich mehr oder weniger in der Nähe des Rheins, lasse mich ansonsten aber ganz von meiner Nase leiten und genieße die Expedition.

Es gibt so viel zu entdecken. Am Rand der Straße stehen unzählige Häuser, in denen Menschen wohnen oder arbeiten, in einer Reihe. Eine lange Brücke aus Beton, unter der Leute beieinander sitzen und Bier trinken, spannt sich hinüber ans andere Ufer. Und es gibt sogar einen kleinen Kahn, der, an einem Kabel befestigt, über den Rhein schaukelt **29**.

Unversehens spuckt mich der schmale Fußgängerweg dem Wasser entlang, auf dem ich stromaufwärts trabe, vor einer weiteren Brücke **30** wieder auf die Straße. Grüne Trams wechseln die Flussseite in beide Richtungen, und ich muss höllisch aufpassen, um nicht von einem der zahlreichen Velos angefahren zu werden. So viel Betriebsamkeit ist unsereiner halt nicht gewohnt.

Meine Expedition führt mich bis vor eine unglaublich riesige Kirche **31**, die so groß ist, dass sie schon fast mit unseren Bergen mithalten könnte. Glaube ich. Sie ist sehr verschnörkelt und verziert und verfügt über zwei spitze Türme, die sich in den Himmel bohren. Hunger verspüre ich in der Zwischenzeit keinen mehr, da Basels Straßen mich mit ausreichend Döner- und Pizzaresten versorgt haben. Fasziniert betrachte ich das Bauwerk, bis ich im allmählich einsetzenden Dämmerlicht weit oben an der Kopfseite die gemeißelte Figur eines Menschen entdecke, der auf einem Pferd reitet und ein Tier ersticht **31a**. Dieser steinerne Ritter wirkt sehr finster, als gehe von ihm eine Gefahr aus. Die Sache wird mir ungeheuer. Eine leise Angst beschleicht mich: Kann es sein, dass diese Darstellung einen wahren Hintergrund hat? Ist Basel vielleicht eine überaus tierfeindliche Stadt, in der unsereiner um sein Leben fürchten muss? Trachteten die Radfahrer, die bei der Brücke bimmelnd um mich herumkurvten, mir vielleicht in Tat und Wahrheit nach dem Leben? Und liegt der Grund für die vielen Essensreste auf der Straße vielleicht in der schrecklichen

Tatsache, dass es in dieser Stadt kaum Tiere gibt, die sie aufessen, weil die meisten bereits erstochen wurden?

Mir wird mulmig zumute. Ich schaue mich um. Kein einziges anderes Tier weit und breit ist zu sehen. Kein Hund, keine Katze, kein Eichhörnchen, nicht einmal eine Ratte. Nur ein paar Tauben trippeln über das Kopfsteinpflaster neben der Kirche. Aber Tauben zählen nicht, denn die sind überall, obwohl sie allerorts vergrault und vertrieben werden.

Instinktiv trete ich den Rückzug an. Plötzlich fällt mir nämlich auf, dass ich mich doch ein ganzes Stück von unserem Schiff entfernt habe. Wie lange ich schon unterwegs bin, weiß ich nicht – es könnten Stunden sein. Sicher suchen Peter und Marianne in der Zwischenzeit verzweifelt nach mir, und die ganze Crew ist in Alarmbereitschaft versetzt. Sogar der Captain beteiligt sich an der Suche nach mir, steht auf der Kommandobrücke und schaut angestrengt durch sein Fernglas.

Bei diesem Gedanken werde ich stolz und besorgt zugleich und mache mich so rasch wie möglich auf den Weg zurück zum Hundeverbotspark. Ich renne dieselbe Strecke, die ich hergekommen bin, zurück, nur dass diesmal nicht die Nase am Boden klebt, sondern meine Füße durch die Luft wirbeln.

Hunde sind schnell. Wenn wir wollen, haben wir eine Distanz von anderthalb Kilometern in Nullkommanix zurückgelegt. Als ich bereits in Sichtweite der »Rheinperle« bin, kurz nach einem eigenartigen Gerüst im Fluss mit einem olivgrünen Häuschen und einer umzäunten Liegefläche **32** darauf, werde ich allerdings nochmals durch einen Geruch abgelenkt. Diesmal durch einen unangenehmen. Er wabert aus einem Unterholzstreifen, der die letzten Häuser von den gemähten Rasenflächen des Parks trennt.

Meine Nase schlägt Alarm: Das ist eindeutig der Geruch des Todes!

Ich überlege. War die mordende Figur auf der Kirche also wirklich mehr als eine jahrhundertealte Steinhauerei ohne Aussage? War es ein Zeichen, eine Warnung? Mir sträuben sich die Nackenhaare, aber trotz der schleichenden Angst wage ich einen Schritt ins Unterholz, um nachzusehen. Und richtig, dort liegt etwas. Es ist ganz offensichtlich tot.

Allerdings ist es kein Tier.

Sondern ein Mensch.

Oje oje, auch das noch. Damit habe ich ehrlich gesagt nicht gerechnet. Das muss ich sofort melden! Ich spurte also zurück auf die »Rheinperle« – es sind ja nur ein paar Schritte, und ich überquere die Gangway ohne Zögern – und suche nach meinen Meistern. Doch die Kabine ist leer.

Aus dem großen Saal ist Gelächter und laute Musik zu hören. Kann es sein, dass die dort immer noch feiern? Dass noch kein Mensch, nicht einmal Peter und Marianne, mein Fehlen überhaupt bemerkt haben? Das in mir aufkeimende brennende Gefühl der Enttäuschung schlucke ich sofort hinunter. Jetzt ist nicht der Moment, um beleidigt zu sein, jetzt habe ich Wichtigeres zu tun. Da draußen liegt eine Leiche am Rand des Parks!

Ich stupse die Flügeltür zum großen Saal auf. Da drin steppt der Bär. Ein Alleinunterhalter haut in die Tasten und johlt irgendwas von brechendem Marmor und Eisen oder so, und die Gäste grölen mit. Einige haben sich an die Tische gesetzt, auf denen weitgehend leer geräumte Speiseplatten liegen, andere stehen an der Bar, noch andere schieben sich paarweise durch den Raum. Ich finde Peter und Marianne (na ja, lange musste ich nicht suchen) an der Bar. Beide halten ein dünnes Gläschen mit einer gelben bläschendurchsetzten Flüssigkeit darin fest und sehen ein bisschen so aus, als würden sie sich daran klammern. Aber das Schiff befindet sich ja nicht auf rauer See, sondern an der Anlegestelle in Basels Norden, unweit einer Leiche.

Beim Anblick meiner Meister sinkt meine Zuversicht, von den beiden Hilfe zu erhalten, augenblicklich. Dennoch springe ich an ihnen hoch und belle aufgeregt.

»Och, Fläcki, ist dir immer noch langweilig?«, fragt Marianne mitfühlend und beugt sich zu mir herunter, um mich zu knuddeln.

»Halt die Schnauze«, herrscht Peter mich hingegen an, »es ist schon laut genug hier drin.«

Na bravo. Nicht genug damit, dass keiner der beiden mein Fehlen überhaupt bemerkt hat – nun werde ich auch noch angemotzt, wenn ich ihnen eine wichtige Entdeckung mitteilen will. Marianne ist zwar nett zu mir, aber momentan habe ich wirklich keine Zeit, geknuddelt zu werden.

Ich versuche es noch ein paarmal. Springe an den beiden hoch, und sobald sie sich mir zuwenden, renne ich kläffend zum Ausgang, drehe mich zu ihnen um und fordere sie hüpfend auf, mir zu folgen. Doch sie begreifen nichts. Sie kommen nicht einmal auf die Idee, dass ich vielleicht Gassi gehen müsste, so betrunken scheinen sie. Soll ich es bei anderen Gästen versuchen, die vielleicht noch nicht ganz so viel Alkohol intus haben wie meine Meister? Diese haben ihr Gläschen mittlerweile sowieso leer getrunken (das wievielte war es wohl?), und Peter zieht Marianne an der Hand zu den anderen Paaren hin, die sich im Rhythmus der lauten Musik hin und her wiegen. Na ja, mehr oder weniger im Rhythmus.

Hilfe suchend sehe ich mich um. Da steht der Captain. Seines Zeichens müsste er für Notfälle aller Art ein offenes Ohr haben, und betrunken darf der sowieso nicht sein. Aber ich sehe seinem Blick an, dass er sich seit unserer Ankunft am Nachmittag noch nicht geändert hat: Ihm fehlt jeglicher Zugang zu Hunden.

Soll ich die junge Frau aus der Crew, die mich so freundlich begrüßt und gestreichelt hat, um Hilfe bitten? Doch auch sie scheint keine Augen für mich zu haben, sondern füllt hinter der Bar Gläser auf, während sie von einem Typen, der neben ihr steht, unverhohlen angehimmelt wird. Das sieht ja die ganze Welt, dass der total verknallt ist in sie. Nur sie scheint es nicht wahrzunehmen.

Auch sonst wirkt keiner der an Bord Anwesenden feinfühlig genug, als dass er geeignet wäre, mich zu verstehen. Und vertrauenserweckend muss einer ja schon sein. Nicht jedem erzählt man gerne, dass eine Leiche da draußen liegt und dass es wohl am besten wäre, die Polizei zu rufen.

Nach meiner erfolglosen Hilfesuche im Saal der »Rheinperle« kehre ich auf Deck zurück. Wow, da hat die Welt sich aber heftig verändert! Dort, wo die Leiche liegt, erhellen nun grelle Scheinwerfer die Nacht. Blitzendes Blaulicht taucht die Umgebung in ein bizarres Flackern und lässt die Bäume an der Uferpromenade zuckende Schatten werfen. Auf der »Rheinperle« hat wohl einfach keiner die Martinshörner und das Blaulicht wahrgenommen, weil der Alleinunterhalter so laut kräht und die Discolampen noch mehr Aufregung verbreiten als die drehenden Lichter auf den Polizeiautos.

Neugierig nähere ich mich dem Tatort. Noch nie hatte ich die Gelegenheit, der Polizei bei der Arbeit über die Schulter zu gucken. Das Gebiet ist zwar abgesperrt, und die Schaulustigen werden auf Abstand gehalten, aber eben nur jene mit zwei Beinen.

»He du, was machst du hier?«, blafft mich plötzlich jemand hinter meinem Rücken an. Erschreckt drehe ich mich um und blicke direkt in die argwöhnischen Augen eines Schäferhundes. Grau meliertes Fell rund um seine kantige Schnauze lässt mich erahnen, dass er zu den älteren Semestern gehört.

»Nur ein bisschen gucken. Ich habe die Leiche vorhin eben schon entdeckt«, erkläre ich entschuldigend.

»So? Und warum hast du es uns nicht gemeldet?«, will er wissen. »Ich bin nämlich Polizeihund im Dienst, und ich bin hier zuständig.«

»Wollte ich ja. Aber meine Meister haben wieder mal nichts geschnallt.«

Anstatt Verständnis zu zeigen oder wenigstens ein mitfühlendes Wort zur Mensch-Hund-Beziehung zu verlieren, verzieht mein Gegenüber keine Miene. Ist wohl einer der ganz Pflichtbewussten.

Ich beobachte weiterhin, wie die Polizisten um die Leiche herumwuseln, wie sie Laub und herumliegenden Abfall umdrehen und Fotos schießen.

»So, genug gegafft, ich muss jetzt arbeiten. Aus dem Weg!«, spielt der Polizeihund sich wieder auf. Wichtigtuerisch wirft er sich in Pose, hebt den Kopf und schnüffelt in der Luft herum.

»Jango, na los, nimm Fährte auf«, befiehlt sein uniformierter Meister, als habe er nur auf den Einsatz seines Hundes gewartet. Jangos Nase vibriert. Ich sehe seinen alten Augen an, wie sehr er sich anstrengt, etwas zu wittern. Unwillkürlich tue ich es ihm gleich – vielleicht kann ich ja helfen! – und halte die Nase nicht nur in die Nachtluft, sondern bohre sie auch in die feuchte Erde vor mir.

»Weg da!«, blafft der Polizeihund erneut.

Doch da schießt Adrenalin in meinen Körper. Da ist was! Den Geruch, der da am Boden vor der Leiche klebt, habe ich innerhalb der letzten Stunde doch schon irgendwo wahrgenommen.

»Hau ab!«, wiederholt Jango.

»Ich will ja nur helfen«, sage ich trotzig, »ich habe da etwas gerochen, lass mich nachdenken.«

»Ich bin derjenige, der hier denken und riechen muss, also Platz da«, ist die kläffende Antwort.

»Soll ich dich nicht unterstützen? Zwei Nasen riechen doch mehr als eine, das würde …«

»Nein, ich brauche keine Hilfe von Trottoirmischungen. Ich bin selber gut genug!«, fällt er mir ins Wort. Der Schäferhund scheint es ernst zu meinen. Doch ich sehe ihm an, wie er innerlich immer verzweifelter wird, denn offenbar hat er im Gegensatz zu mir noch keinen besonderen Geruch ausgemacht. Auch Nasen von Rassehunden lassen im Alter nach, da kann er mich beleidigen, wie er will. Da hilft nix. Aber eher würde er wohl sterben, als das vor mir zuzugeben. Also räume ich das Feld. Aufgeblasener Löli.

Leid tut er mir trotzdem, wie nervös er seine Nase genau dort, wo ich meine Fährte fand, ebenfalls auf die

Erde drückt. Aber die Fragezeichen in seinen Augen bleiben.

Na ja. Alter schützt vor Eitelkeit nicht. Ich mache rechtsumkehrt und nehme die Fährte auf, die – oh Schreck, ich ahnte es! – genau zur Gangway der »Rheinperle« führt, wohin ich mich zurückziehen wollte. Nochmals drehe ich mich um und suche den Augenkontakt mit Jango, doch dieser hat keine Zeit für mich. Also gehe ich halt allein weiter. Aufs Schiff, schnüffeln, Treppe runter, schnüffeln, Gang linkerhand nach hinten, schnüffeln, Tür 1, Tür 2, Tür 3 …

Der Geruch ist zwar schwach, aber zweifelsfrei aus all den anderen herauszufiltern: Der Schuh, der vor der Leiche im Unterholz einen Abdruck hinterlassen hat, ist genau hier entlanggegangen.

Meine Nase bebt vor Anstrengung. Aufgeregt beschnuppere ich Meter um Meter des Korridors, schwinge die Nase wie einen Metalldetektor hin und her. Glücklicherweise ist kein Mensch zu sehen, alle Gäste scheinen sich immer noch bei der Musik dieses Alleinunterhalters mit seinem Keyboard zu amüsieren. *Fast* alle Gäste jedenfalls. Denn in der Kabine, zu der die Fährte führt, befindet sich eindeutig jemand. Ich kann es ganz genau riechen. Nun stehe ich mutterseelenallein vor der Tür eines Flusskreuzfahrtschiffs, und dahinter versteckt sich ein Mörder!

Was nun? Von meinen Meistern ist keine Hilfe zu erwarten, vom Captain noch weniger. Die Polizisten werden kaum begreifen, was ich ihnen mitzuteilen habe, und wahrscheinlich nichts Gescheiteres wissen, als mich wegen unerlaubten Betretens eines Parks mit Hundeverbot zu inhaftieren. Also bleibt mir nur Jango, der aufgeblasene Löli.

Oje, oje. Ich atme tief durch, mache mich auf einen weiteren Anschiss gefasst und renne dennoch zurück zum Tatort am Rand des Parks.

»Jango?«

Der alte Schäferhund schnüffelt noch immer an derselben Stelle rum wie vorhin. Wenn Hunde schwitzen könnten, würden ihm die Schweißtropfen jetzt gleich reihenweise auf der Stirn stehen, das sehe ich ihm an.

»Du schon wieder! Zieh Leine!«, begrüßt er mich. Allerdings klingt er eine Spur weniger überheblich und noch etwas verzweifelter.

»Ich weiß, wo der Täter sich versteckt, Jango!«

Er horcht auf, sein Schwanz federt hoch, sein Gesichtsaudruck hellt sich auf: »Ehrlich?«

»Ja. Kommst du mit?«

»Darf nicht alleine«, murmelt er, und plötzlich sieht er eher aus wie ein begossener Pudel denn wie ein erfahrener Polizeihund im Dienst, »muss den Meister mitnehmen.«

Ich wedle freundlich und sage aufmunternd: »Klar doch. Du kannst alleine ja auch keine Handschellen anlegen.«

Geht ja. Plötzlich verstehen wir uns, Jango und ich. Ich blinzle ihm zu, er drückt demonstrativ die Schnauze wieder auf den Boden und folgt mir dann zielstrebig und betont schnüffelnd aus dem Unterholz, über die Straße und zum Schiff.

»Da, diese Stufen runter, Gang links, Kabine 35, du findest es«, flüstere ich ihm zu und biege vor der Treppe ab zum großen Saal. Jango führt seinen Meister und dessen Kollegen zielstrebig hinunter. Ich setze mich vor die Flügeltür des Saals. Da drin feiern die Kreuzfahrtgäste so laut und ausgelassen, dass keiner von ihnen hört, was ich aus sicherer Distanz mitbekomme: wie an eine Tür gepoltert wird. Wie mehrere Polizisten die Kabine 35 stürmen. Wie ein Mann aufs Bett geworfen und mit Handschellen gefesselt wird. Erst als das Getöse vorbei ist, gehe ich vorsichtig zur Treppe zurück und schaue zu, wie der Festgenommene, umringt von vier Polizisten, in Jangos Schlepptau und mit den Händen auf dem Rücken das Schiff verlässt.

»Hey, du«, raunt Jango mir zu, als er mich bemerkt.

»Hat's geklappt?«, frage ich zurück, bewusst cool und völlig überflüssigerweise: Dass es geklappt hat, kann ich ja sehen.

»Ja. Wie heißt du?«, fragt der Polizeihund.

»Ich bin Fläcki.«

»Danke, Fläcki. Ohne dich hätte ich es nie geschafft. Und verzeih mir mein dummes Verhalten von vorhin.« Er zwinkert mir zu, dann strafft er seine Muskeln und trabt hoch erhobenen Hauptes vom Schiff.

Ich sitze da, und mir wird ganz warm ums Herz. Das großzügige »schon okay, Kumpel« ist mir irgendwo im Hals stecken geblieben wie einst dieses doofe Knochenstück, das nur der Tierarzt entfernen konnte. Ich bin baff. Wenn aufgeblasene Lölis sich ehrlich erkenntlich zeigen, wiegt das manchmal fast schwerer als die Dankbarkeit normaler Zeitgenossen. Weil man es bei ihnen nicht erwartet hat.

Schließlich erhebe ich mich, drücke mit der Schnauze die Flügeltür auf und mische mich wedelnd unter die Menge im Saal. Mittlerweile haben die Menschen sicher etwas mehr Essensreste zu Boden fallen lassen als nur ein paar mickrige Salznüsse.

Es wird schließlich spät. Außer dem Captain, welcher von der Polizei informiert wird, dass einer seiner Gäste die Reise den Rhein hinunter nicht antreten wird, bekommt kein Mensch etwas von der Verhaftung mit. Dem Alleinunterhalter sei Dank. Nur ich weiß alles. Und ich schlafe bestens in meinem Korb in der engen Kabine. Peter und Marianne schnarchen. Beide. Das tun sie nur, wenn sie zu viel Alkohol getrunken haben.

Am nächsten Morgen vermelden die Regionalnachrichten im Radio, dass dank des Einsatzes eines unerschrockenen und sehr erfahrenen Polizeihundes der Kantonspolizei Basel-Stadt ein Mörder im St. Johann-Quartier dingfest gemacht werden konnte. Zum Glück wird verschwiegen, dass die Festnahme genau hier auf der »Rheinperle« geschah – Marianne hätte wohl einen so deftigen Schreck bekommen, dass sie die Reise gar nicht mehr richtig hätte genießen können.

Über das Motiv der Tat sei noch nichts bekannt, sagt der Radiosprecher, man werde nach der polizeilichen Pressekonferenz am Nachmittag wieder informieren. Ha. Am Nachmittag sind wir längst weg.

»Mein Jango von Wildenstein 33 ist ein wahrer Held«, sagt der stolze Hundeführer, Polizeiwachtmeister Bänz, im Interview, und fügt hinzu: »In letzter Zeit dachte ich schon darüber nach, meinen Hund aus dem Dienst zu entlassen, da ich glaubte, dass die Leistung sowohl seiner Nase als auch seiner Ohren langsam nachlässt. Nun hat Jango aber bewiesen, dass er noch sehr gut arbeiten kann und dass er immer noch ein leistungsfähiger und brauchbarer Polizeihund ist. Er ist der Beste!«

Zwar finde ich die Wortwahl von Polizeiwachtmeister Bänz etwas fragwürdig, denn Hunde sind grundsätzlich immer brauchbar, nicht nur zum Erschnüffeln von Verbrechern. Aber ich freue mich für Jango. Für den alten Schäferhund wäre der Ruhestand wohl die Hölle gewesen. Ich glaube, der ist ein Workaholic.

»Hast du gehört?«, wendet Peter sich an mich. »Die haben ja sensationelle Hunde hier in Basel. Eine Heldentat könntest du doch auch mal vollbringen, Fläcki, was meinst du?«

Dann knuddelt er mich. Ich wedle und schaue meinen Meister treuherzig an.

Innerlich grinse ich breit. Aber Menschen sehen uns das halt nicht an.

23 Fläcki meint den Barfüßerplatz. Dieser zentrale Platz in Basels Altstadt ist ein beliebter Treffpunkt für jung und alt, hier finden Flohmärkte, Herbstmesse, Guggenkonzert an der Fasnacht und zahlreiche andere Veranstaltungen statt. Am »Barfi«, wie der Platz im Volkshund heißt, befindet sich auch das Historische Museum sowie das Stadtcasino, der wohl bekannteste Konzertsaal Basels.

24 Fläcki meint den Marktplatz. Am Rand des großen Platzes, auf dem wochentags frisches Gemüse, diverse Lebensmittel und Blumen verkauft werden, befindet sich das Basler Rathaus, in dem die Regierung des Kantons Basel-Stadt ihren Sitz hat. Gesäumt ist der Marktplatz von Geschäftshäusern und einigen Cafés.

25 Fläcki meint das St. Johanns-Tor, welches früher Teil der äußeren Stadtmauer war. Neben dem St. Johanns-Tor im Norden Großbasels sind noch das St. Alban-Tor auf der gegenüberliegenden Seite der Altstadt sowie das bekannte Spalentor erhalten. Die weiteren fünf Stadttore, die es früher in Basel gab, wurden alle im 19. Jahrhundert abgebrochen. An sie erinnern nur noch entsprechende Straßennamen.

26 Fläcki meint den St. Johanns-Park. Er befindet sich gleich beim St. Johanns-Tor und der Anlegestelle für Kreuzfahrtschiffe am Großbasler Ufer des Rheins und diente im Lauf der Zeit unter anderem als Rebberg, Spitalgottesacker, Schlachthof und Stadtgärtnerei. Heute ist er ein beliebter Volkspark, in dem gespielt, gechillt und grilliert wird.

27 Die »Fondation Beyeler« ist ein Kunstmuseum, das im Jahr 1997 im Basler Vorort Riehen eröffnet wurde. Es entstand aus der Kunstsammlung von Hildy und Ernst Beyeler und zeigt in wechselnden Ausstellungen die Werke von nationalen und internationalen Künstlern. Die Sammlung Beyeler umfasst rund 250 Werke der klassischen Moderne und der Gegenwartskunst. Öffnungszeiten sind von Montag bis Sonntag von 10 bis 18 Uhr und am Mittwoch von 10 bis 20 Uhr. www.fondationbeyeler.ch

28 Die wahre Grenze zwischen Deutschland, Frankreich und der Schweiz befindet sich mitten im Rhein. Symbolisiert wird das Dreiländereck von einem 18,7 Meter hohen Pylon aus Eisen, der im Stadtteil Kleinhüningen am Basler Rheinhafen steht. Es gibt zwar nichts Sensationelles am Dreiländereck zu sehen, aber wer sich einen Hauch von großer, weiter Welt um die Nase wehen lassen will, tut dies am besten am tiefsten Punkt des Kantons: Dort, wo der Rhein die Schweiz verlässt und man eine spannende Mischung aus maritimer Romantik, moderner Verkehrsdrehscheibe und ehemaligen Hafenflächen findet, die heute für andere Zwecke genutzt werden.

29 Fläcki meint die Klingental-Fähre. Sie trägt den Namen »Vogel Gryff«, benannt nach dem Wappenhalter und gleichnamigen traditionellen Volksfest der Kleinbasler »Ehrengesellschaft zum Greifen« und ist eine von vier Personenfähren in Basel, die an einem Kabel hängend den Rhein ausschließlich mithilfe der Wasserströmung überqueren. Die Fahrzeiten variieren: Alle vier Fähren fahren während des Sommers jeden Tag, im Winter jedoch fahren manche täglich und manche nur bei schönem Wetter und am Wochenende. Bei Hochwasser wird der Betrieb aus Sicherheitsgründen eingestellt. Eine Überfahrt kostet 1,60 Franken. Die Fähren sind in Kombination mit der Skyline der historischen Altstadt eines der beliebtesten Fotomotive Basels.

30 Fläcki meint die Mittlere Brücke, Basels ältesten Rheinübergang, der gleichzeitig die Grenze zwischen Hoch- und Oberrhein bildet. Bereits seit dem 12. Jahrhundert besteht hier die Verbindung zwischen dem Groß- und dem Kleinbasel, die heutige Brücke wurde 1903 gebaut. Früher diente das Käppelijoch, das Türmchen in ihrer Mitte, auch als Richtstätte, wo manche arme Seele den Tod durch Ertränken erleiden musste. Heute zieren Liebesschlösser das Absperrgitter des Käppelijochs.

31 Fläcki meint das Münster, Basels Wahrzeichen schlechthin. Die im gotischen und romanischen Stil erbaute Kirche aus rotem Sandstein und bunten Dachziegeln entstand in den Jahren von 1010 bis 1500. Von der Aussichtsplattform hinter dem Münster, der sogenannten Pfalz, bietet sich ein schöner Blick über Rhein und Kleinbasel bis zum Schwarzwald und den Vogesen. Die beiden 64,2 und 62,7 Meter hohen Türme sind nach den Heiligen Georg und Martin benannt. Ihre Steinfiguren zieren die Kopfseite des Münsters: Martin mit seinem Mantel hoch zu Ross sowie der ebenfalls reitende Georg, der mit seiner Lanze den Drachen tötet **31a** . Das Münster ist während der Winterzeit von Montag bis Freitag von 11 bis 16 Uhr und an Sonn- und Feiertagen von 11.30 bis 16 Uhr geöffnet. Im Sommer dauern die Öffnungszeiten von Montag bis Freitag von 10 bis 17 Uhr, am Samstag von 10 bis 16 Uhr und an Sonn- und Feiertagen von 11.30 bis 17 Uhr. Der Kreuzgang ist täglich von 8 Uhr bis zum Einbruch der Dunkelheit, längstens aber bis 20 Uhr geöffnet, nur während der Fasnacht bleibt er geschlossen.

32 Fläcki meint das Rheinbad St. Johann, auf Baseldeutsch »Rhybadhyysli Santihans«. Es ist eines von zwei Rheinbadhäusern, die heute noch in Betrieb sind und ein Schwimmen im Rhein im umzäunten geschützten Bereich ermöglichen. Früher gab es deren vier. Sie alle entstanden, als im 19. Jahrhundert das Schwimmen im offenen Rhein verboten wurde. Seit den 1930er-Jahren ist dies wieder erlaubt, und jeden Sommer lassen sich Tausende mitten durch die Stadt »dr Bach ab« treiben. Das »Rhybadhyysli Santihans« ist von Mitte Mai bis Mitte September geöffnet.

33 Wildenstein ist nicht nur der Namenszusatz von Polizeihund Jango, sondern auch die einzige erhaltene Höhenburg im Kanton Basel-Landschaft. Sie liegt rund 25 Kilometer südöstlich von Basel bei Bubendorf in einem schönen Naturschutzgebiet, in dem unter anderem ein mittelalterlicher Witwald mit bis zu 500 Jahre alten knorrigen Eichen bestaunt werden kann. Das Schloss Wildenstein stammt aus dem 13. Jahrhundert und gehört heute dem Kanton Basel-Landschaft. Einmal monatlich werden kostenlose öffentliche Führungen angeboten, ansonsten erfährt man auf einem Informationspfad viel Wissenswertes rund ums Schloss und seine Umgebung.
www.schloss-wildenstein-bubendorf.ch

Südlicher Oberrhein –
zwischen Rheinkilometer 225 und 285

ANNE GRIESSER

DUNKLE WOLKEN

Breisach

»Hallo? Hallo! Hören Sie mich? Sagen Sie doch was!
Brauchen Sie einen Arzt?«

»Der steht unter Schock. Eindeutig. Ruf Doktor Berg-
mann an.«

»Aber wir müssen ihn vernehmen.«

»Klar müssen wir das. Der läuft uns nicht davon.«

»Hallo? Hallo!«

Die fremden Stimmen in meinem Kopf vermischen sich
mit dem Horn des Schiffes, das sich langsam in Bewegung setzt. Tuuut – ein Abschiedsgruß, der mich seltsam berührt. Je weiter sich die »MS Rheinperle« von der
Anlegestelle entfernt, desto größere Ringe formen die
Wellen, die erstaunlich lautlos gegen das Ufer laufen.
Zum ersten Mal fällt mir auf, wie groß das Schiff ist. Ein
fahrendes Hochhaus. Von Flusskreuzfahrtidylle keine
Spur. Die »Rheinperle« ist zu mächtig für den Fluss,
hier in Breisach `34`, wo er noch nicht so breit ist. Eine
graue Landstraße und ein viel zu nobler Riesenschlitten.

Vorher ist mir das nicht aufgefallen. Am Mittag noch
nicht, als wir hier anlegten. Ich habe nur den Luxus gese-

hen, die Ausstattung, die Technik. »Wir müssen nicht von Bord gehen«, habe ich zu Manuela gesagt, als der Großteil der Passagiere in die Busse steigt, zu den Halbtagsausflügen nach Freiburg [35] oder Colmar [36] aufbricht. Andere haben sich Autos gemietet, wollen die Gegend allein erkunden.

»Kaiserstuhl [37], Vogtsburg [38], das Liliental bei Ihringen [39], oder Neuf-Brisach [40]. Für eine Taubergießen-Bootstour [41] reicht die Zeit leider nicht.« Das Paar am Frühstückstisch, Alexander und Margit, strahlt uns an. »Wollt ihr nicht mitkommen? Ihr könnt Wünsche äußern, wir sind noch ganz unentschlossen. Auch der Schauinsland [42] ist nicht weit.«

Wir schütteln die Köpfe, Manuela und ich. Allerdings aus unterschiedlichen Gründen, wie sich später herausstellen wird.

Nach dem Essen, zurück in unserer Kabine, schildere ich ihr noch einmal die Vorzüge des Schiffes und warum wir lieber hier bleiben, den Tag an Bord genießen sollten. »Draußen ist es bedeckt und dazu ziemlich schwül, da gerät man schnell ins Schwitzen, bekommt Kopfweh und hat nichts von einem Stadtbummel.«

Manuela schaut mich an, als ob ich Chinesisch rede. Sie schüttelt den Kopf, völlig verständnislos, betrachtet mich wie einen Fremden, ihre grünen Augen so traurig. Während sie mich anstarrt, streichen ihre Finger vorsichtig über den länglichen Kasten, der neben ihrer Schlafkoje steht.

Dieser Kasten ... Mit dem war doch was ...

Das Schiff verschwindet langsam im Knick, den der Rhein macht. Warum sitze ich hier, mit einer Decke über den Schultern? Zitternd und noch immer von fremden Menschen umgeben?

Ich ... wollte doch gar nicht von Bord. Weder zu einem Ausflug noch zum Stadtbummel durch Breisach. Das am allerwenigsten. Aber Manuela ließ nicht mit sich reden. Mit sanfter Gewalt, ohne ein einziges Wort, zwang sie mir allein durch ihren Blick und das vorwurfsvolle Kopfschütteln ihren Willen auf. Ich hatte keine Ahnung, warum ihr dieser Spaziergang so wichtig war.

Ich glaube, so sind wir Männer eben. Wir halten uns gern an Tatsachen fest. Wir wollen die Welt begreifen. Deshalb lieben wir die Technik, sie ist fassbar, folgt dem Verstand und unterwirft sich unserem Willen. Frauen lassen sich manchmal lieber von ihren Emotionen leiten, von ihrem Bauchgefühl. Das lässt sich nicht so leicht beherrschen, und deshalb verdrängen wir Männer es gern. Oh ja! Wir sind wahre Meister im Verdrängen!

Mir ist kalt. Das Zittern wird immer stärker. Erst jetzt nehme ich wahr, dass die »MS Rheinperle« verschwunden ist.

Verschwunden? Moment mal! Warum bin ich nicht an Bord? Ich müsste längst ... All meine Sachen sind doch auf dem Schiff! Wie konnte ich nur die Abfahrt verpassen? Und wo, um alles in der Welt, ist Manuela?

Ich versuche, die Decke loszuwerden, aber hinter mir steht jemand und hält sie fest. »Der Krankenwagen ist gleich da«, höre ich, aber ich weiß nicht, was das alles zu bedeuten hat. Ich brauche keinen Krankenwagen, ich bin kerngesund, ich will aufs Schiff, zu Manuela!

Doch obwohl ich genau weiß, was ich will, lege ich mich widerstandslos auf die Trage, lasse mich in den Wagen verfrachten und zucke nicht einmal, als sie mir eine Spritze in den Oberarm verpassen.

»Können Sie mich verstehen? Können Sie mir Ihren Namen, Ihre Anschrift und das heutige Datum nennen?«

»Ich warne Sie, meine Herren! Polizei hin oder her: Das Wohl des Patienten steht im Vordergrund! Sobald er auch nur die geringsten Anzeichen von Panik zeigt, werde ich das Verhör beenden. Haben wir uns da verstanden?«

»Jaja. Die Frage nach seinen Personalien wird ihn schon nicht in Angst und Schrecken versetzen. Also, mein Herr?«

Ich befinde mich in einem kargen Raum mit nur einem Fenster, einem Tisch und vier Stühlen. Auf einer Seite sitze ich, neben mir ein Fremder, der einen weißen Kittel trägt und deshalb vermutlich ein Arzt ist. Mir gegenüber zwei Männer in den Vierzigern. Ich schaue mich nach Manuela um, aber sie ist nicht da.

Ich weiß genau, was hier geschieht! Sie haben mir im Krankenwagen ein Beruhigungsmittel gespritzt. Die Welt ist weicher geworden, stiller und langsamer. Oh ja, ich kenne das Gefühl! Wer mit Schlaflosigkeit zu tun hat, weiß über die Wirkung von Benzodiazepinen Bescheid. Deshalb fragen sie mich nach dem Datum. Sie wollen sehen, ob ich bei klarem Verstand bin.

Ich werde kooperieren. Natürlich. Wenn sie erkennen, dass ich voll da bin, werden sie mir endlich erklären, was vorgefallen ist, warum ich mein Schiff verpasst habe – und wo, zum Henker, Manuela steckt.

Tom, sage ich meinen Namen. Thomas Gruber. Auch Anschrift und Datum meistere ich mit Bravour. Ich sehe sie erwartungsvoll an, gespannt, wie es weitergeht.

»Herr Gruber, Sie werden sicher verstehen, dass wir Ihnen ein paar Fragen stellen müssen. Selbstverständlich steht es Ihnen frei, darauf zu antworten. Über Ihre Rechte wurden Sie ja bereits aufgeklärt. Also beginnen wir mit dem Naheliegendsten: Würden Sie Ihre Ehe als glücklich bezeichnen?«

Meine Ehe?

Mit allem Möglichen habe ich gerechnet, aber damit nicht. Warum fragen sie mich das? So intim?

Mein Herzschlag beschleunigt sich, ich spüre kalten Schweiß auf der Stirn.

Manuela! Ihr ... wird doch nichts passiert sein? Ist das der Grund für all die unerklärlichen Dinge? Habe ich deshalb das Schiff verpasst?

Ich sehe mich nach dem Arzt um, versuche, meinen Augen einen flehenden Blick zu verleihen. Er sieht mich prüfend an, runzelt die Stirn, aber er greift nicht ein.

»Erzählen Sie einfach drauf los. Wann und wo haben Sie sich denn kennengelernt?«

Jetzt überzieht ein Lächeln meine Lippen, die Schultern sacken nach unten, ich entspanne mich.

Fünfzehn Jahre ist es schon her, aber wenn ich an jenen ersten Blick aus ihren grünen Augen denke, damals, auf dem Deck eines anderen Rheinkreuzers, eines kleineren, romantischeren, dann überläuft es mich noch immer heiß und kalt. Ich hatte die Reise geschenkt bekommen, und sie war als Gesellschafterin mit einer älteren Dame unterwegs, ja, so stellte sie sich vor, als *Gesellschafterin*, als gäbe es diesen Beruf wirklich. Dabei begleitete sie nur eine liebe Nachbarin, der sie damit einen lang gehegten Herzenswunsch erfüllte.

»Manuela«, sagte sie und streckte mir mit strahlendem Blick die Hand entgegen. Mir fiel ein blöder Schlager von den Flippers ein, obwohl er gar nicht zu ihr passte, und zum Glück habe ich ihn nicht laut gesummt und keine Bemerkung darüber gemacht, denn sie hasste dieses Lied, wie ich später erfuhr, und hasste es besonders, wenn es ihr jemand ins Ohr flötete.

Wir standen mit Dutzenden anderer Menschen auf dem Deck, und doch kam es mir so vor, als wären wir ganz allein. Unter uns gluckerte der Rhein, über uns strahlte die Sonne – Dörfer zogen vorbei, Wiesen und Weinberge. Kitschig irgendwie. Aber da es echt war, kein Bild, kein Film, keine Postkarte, war es schön. Sie starrte hinunter aufs Wasser.

»Was suchen Sie denn?«, fragte ich ein wenig blöde, aber ich musste die Unterhaltung irgendwie anfachen, und da war jede Frage recht.

»Ich halte nach Goldnuggets Ausschau«, sagte sie. Und lachte, als sie meinen verblüfften Gesichtsausdruck sah. »Wussten Sie das nicht? Im Rhein gibt es noch immer Gold – und wenn man will, kann man es waschen und behalten 43 .«

»Na, aber reich wird man davon sicher nicht«, sagte ich.

»Pfui, dabei denkt man doch nicht ans Geld. Es geht um die Romantik und ums Abenteuer!«

Mir fiel keine passende Antwort ein, mit Romantik hatte ich wenig am Hut bis dahin, aber in diesem Moment war ich gewillt, mich darauf einzulassen, mit Haut und Haar.

»Na schön, dann eben kein Gold.« Ihre Stimme klang trotzig, während sie schelmisch grinste. Mein Gott, dieser Blick! Ich konnte mir nichts Schöneres vorstellen, als darin zu ertrinken.

»Dann suche ich eben nach einer Flaschenpost«, fuhr sie fort. »Eine mit einer Schatzkarte drin!«

»Was ist los? Herr Gruber? Geht es Ihnen gut? Sollen wir das Gespräch für heute abbrechen?«

Nein, nein. Doch nicht jetzt, da ich über Manuela rede! Über die magischen Augenblicke unseres Kennenlernens!

Die ganze Reise war eine einzige Abfolge von Glücksmomenten, einer schöner als der andere. Wenn ich heute daran denke, glaube ich, dass ich nie im Leben glücklicher gewesen bin. Wir fuhren damals andersrum – also nicht von Basel nach Amsterdam, sondern umgekehrt. In Breisach legten wir erst gegen Ende der Woche an. Da waren wir längst ein Paar, das kam ganz zwangsläufig und mühelos, als wäre unser bisheriges Leben nur das Vorspiel für diese Begegnung gewesen. Und obwohl wir es nie laut ausgesprochen haben, war uns doch klar, dass wir zusammenbleiben würden, auch nach der Reise.

Einer der Männer gegenüber am Tisch räuspert sich und runzelt die Stirn. Er hat wahrscheinlich genug von meinen verklärten Geschichten, möchte endlich zum Punkt kommen.

Was hat er wissen wollen? Ob ich unsere Ehe als glücklich bezeichnen würde?

Nun, wenn er mich etwas so Persönliches fragt, muss er auch meine ausufernde Antwort ertragen!

Wann ist eine Ehe glücklich? Wenn man sich nicht betrügt? Füreinander da ist? Wenn die gemeinsame Zeit wichtiger ist als die einsame oder die mit Freunden?

Dann ist unsere Ehe eine der glücklichsten, die ich kenne.

Oder ist eine Ehe nur dann perfekt, wenn die Partner viel miteinander lachen, immer heiter sind und fröhlich?

Nun, dann …

Ich weiß nicht mehr, wann es begann. Wann ich die andere Seite von Manuelas Gemüt kennenlernte. Noch vor der Hochzeit, glaube ich.

Die Schatten kamen immer ganz plötzlich über sie. Ich konnte nie herausfinden, woran es lag: eine schlimme Nachricht in der Zeitung, ein trauriger Film im Fernsehen oder einfach ein langer Seufzer von der Kassiererin im Supermarkt. Dann machte es *Klick*, und aus der abenteuerlustigen und romantischen Manuela, die ich so liebte, wurde ein anderer Mensch. Fast konnte ich die dunklen Wolken sehen, die sie umschwebten. Und ich war völlig machtlos! Wenn sie in dieser Stimmung war, hatte ich keinen Zugang zu ihr. Dann sah sie mich an, als sei ich ganz weit weg – sie sah mich an wie heute Mittag auf dem Schiff, als ich ihr vorschlug, nicht von Bord zu gehen – als sie diesen merkwürdigen Kasten streichelte und mich kopfschüttelnd zu einem gemeinsamen Spaziergang durch Breisach zwang.

»Herr Gruber? Hier, trinken Sie einen Schluck. Sie zittern ja! Wir können das Gespräch später fortsetzen, wenn es zu viel für Sie wird.«

Sie behandeln mich wie einen Kranken! Ich bin aber nicht krank. Nur besorgt. Irgendwann werden sie mir doch hoffentlich sagen, warum ich hier bin!

Wo war ich stehengeblieben?

Bei Manuelas Stimmungsschwankungen, ja. Natürlich habe ich mir Sorgen gemacht! Anfangs kam es ja nur selten und nach zwei, drei Tagen verschwanden die Wolken wieder, genauso plötzlich, wie sie aufgetaucht waren.

Meistens habe ich es verdrängt. Sagte ich schon, dass wir Männer gut darin sind, Dinge zu verdrängen, die wir nicht verstehen – oder nicht verstehen wollen?

Irgendwann ließ es sich nicht mehr ignorieren. Ein guter Freund nahm mich auf die Seite und sagte es mir direkt ins Gesicht: »Manuela ist depressiv. Siehst du das nicht? Vielleicht manisch. Du musst mit ihr zu einem Arzt, Tom!«

Ein Seelenklempner? Für meine starke, fröhliche Amazone?

Eine Weile sperrte ich mich dagegen. Aber nicht lange. Immerhin gab es nun etwas, was ich unternehmen, womit ich die Kontrolle über die Situation zurückgewinnen konnte.

»Eine Manie ist es nicht«, sagte der Psychologe nach etlichen Sitzungen. »Überhaupt passt das Krankheitsbild Ihrer Frau in kein gängiges Schema. Kann es nicht doch einen konkreten Auslöser für die Attacken geben? Denken Sie nach, Herr Gruber. Vielleicht sehen Sie etwas, was Ihrer Frau verborgen bleibt.«

Ich versuchte es. Doch da war nichts, gar nichts.

Einmal, ein einziges Mal, schoss mir ein Erinnerungsfetzen durch den Kopf – eine Szene in Breisach, eine besonders glückliche. Ich sah mich mit Manuela, wie wir durch die Straßen schlenderten, im »Badischen Winzer-keller« **44** an einer Weinverkostung teilnahmen, und wie wir hinterher leicht beschwipst in einem Souvenirladen einen hübschen Ring erstanden, den ich ihr an den Finger steckte und halb im Spaß, halb im Ernst sagte: »Das ist unser Verlobungsring.«

Es war das erste Mal, dass ich eine gemeinsame Zukunft andeutete, und dass sie mir nicht widersprach, dass sie sogar lächelte, versetzte mich in einen wahren Freudentaumel.

Später saßen wir am Rhein, Manuela hatte die Schuhe ausgezogen und ließ ihre Füße ins Wasser baumeln, als plötzlich etwas vorbeischwamm, ich weiß nicht mehr, was, aber Manuela schubste mich einfach so mit den Kleidern in den Fluss, damit ich es hole. Ich kam klitsch-nass zurück, aber ich hielt die Beute in der Hand, ver-flixt, ich kann mich nicht erinnern, was es war!

Und dann, auf einmal ein ganz anderes Bild – wir beide am Rhein, ich immer noch pudelnass und sie nicht mehr strahlend, sondern mit einem bestürzten Gesichts-ausdruck …

Aber hier endet die Erinnerung, und ich kann mir nicht vorstellen, dass sie etwas zu bedeuten hatte. Und als dann nach ein paar Jahren zu den Wolken auch noch die Migräneattacken kamen, beschlossen wir beide still-schweigend, dass es sich nicht um ein psychisches, son-dern um ein rein körperliches Problem handelte.

Würde man eine solche Ehe als glücklich bezeichnen?

Ich weiß es nicht. Aber ich weiß, dass ich alles für Manuela tun würde. Alles, um ihr zu helfen. Daran hat sich fünfzehn Jahre nach unserer Hochzeit nichts geän-dert.

Deshalb haben wir doch diese Reise gebucht, auf der »MS Rheinperle«. Eine Kreuzfahrt, eine Wiederholung unserer glücklichsten Zeit, sozusagen.

»Warum sind Sie heute nicht mit den anderen Touristen nach Freiburg oder Colmar gefahren? Oder haben einen Ausflug mit Ihren Kabinennachbarn unternommen? Man hat sie zu einer Spritztour eingeladen, wie ich hörte. Warum sind Sie stattdessen ganz allein mit Ihrer Frau durch Breisach gezogen? Mögen Sie keine Gesellschaft?«

Es ist immer der Ungeduldige, der solche Fragen stellt. Was ich wirklich zu sagen habe, will er gar nicht wissen. Der andere spricht wenig, hört lieber zu. Als würde er sich wirklich für mich und meine Geschichte interessieren. Ist wahrscheinlich auch nur vorgetäuscht, fühlt sich aber deutlich besser an. Ich werde den Ungeduldigen ignorieren und von nun an nur noch mit dem Aufmerksamen sprechen.

Mein Gott, woher soll ich denn wissen, warum wir in Breisach geblieben sind. Wie das eben so kommt! Es gibt schließlich kein Gesetz, das einem vorschreibt, an den Angeboten einer solchen Kreuzfahrt teilzunehmen. Landgang heißt Freizeit. Man muss nur rechtzeitig wieder da sein, wenn das Schiff ablegt.

Die ganze Reise hat sich nicht gut angelassen. Anfangs haben wir uns darauf gefreut, beide, aber je näher der Termin rückte, desto verschlossener und schweigsamer wurde Manuela. Man kann die Zeit eben nicht überlisten. Kann nicht so tun, als gäbe es sie nicht, oder einfach die Uhr zurückdrehen und dort weitermachen, wo der Zeiger stehenbleibt.

Als gestern Abend die Listen herumgereicht wurden, auf denen man sich für die Ausflüge eintragen konnte, sagte Manuela: »Damals waren wir auch nicht in Freiburg.« Und damit war es abgehakt, einfach so, ohne jede Diskussion.

Ich wäre am liebsten an Bord geblieben, hätte die Ruhe zum Lesen genutzt, ich bin da gerade an einer Biographie über Johann Gottfried Tulla, der im 19. Jahrhundert den Rhein begradigt hat. Aber Manuela wollte in die Stadt. Wie damals.

Wir haben uns hier verlobt, habe ich das schon erzählt?

Es hätte also ein nostalgischer Tag werden können. Werden *müssen*. Nur – Manuelas Stimmung war nicht danach. Sie sprach den ganzen Morgen über kaum ein Wort, und ihr Blick schwankte zwischen traurig, ängstlich und schuldig. Nur ab und zu blitzte darin ein Hoffnungsschimmer auf. Ja, ich bin mittlerweile ein wahrer Meister darin, in ihren Augen zu lesen.

Wir zogen los, sobald die meisten weg waren. Außer uns hatten noch ein paar andere beschlossen, Breisach anzuschauen, eine Stadtführung zu machen oder das Stephansmünster zu besichtigen. Wir gingen ihnen aus dem Weg, wollten für uns bleiben.

Manuela wollte das.

»Herr Gruber? Erzählen Sie doch weiter! Glauben Sie mir, es wird Ihnen besser gehen, wenn Sie darüber gesprochen haben.«

Das ist der Aufmerksame. Der Arzt neben mir runzelt schon wieder die Stirn. Wozu ist er eigentlich hier? Um auf mich aufzupassen? Er sagt nichts, tut nichts, schaut nur skeptisch drein. Darauf kann ich auch verzichten!

Weitererzählen? Worüber denn? Ich weiß ja gar nicht, worauf sie hinauswollen.

»Was haben Sie denn heute in Breisach unternommen? So ein Tag ist schließlich lang!«

Ich würde dem Aufmerksamen ja gerne antworten, obwohl mich jetzt wieder der Ungeduldige gefragt hat. Aber meine Erinnerungen sind merkwürdig verschwommen. Sind das frühe Zeichen von Alzheimer? Dass ich mich ganz klar an die ferne Vergangenheit erinnere, aber nicht an die nahe? Nein, das ist Blödsinn. Für Alzheimer bin ich viel zu jung. Das sind nur die Auswirkungen des Beruhigungsmittels, von dem ich sicherlich noch Unmengen im Blut habe.

Ich sehe Manuela vor mir: Sie trägt ein buntes geblümtes Kleid, das gar nicht zu ihrer düsteren Stimmung passt. Und eine riesige Umhängetasche. Was schleppt sie da mit sich herum?

Das Übliche, denke ich: Portemonnaie, Schminksachen, Fotoapparat, Handy. Und dann noch diese seltsame Kiste aus unserer Kabine. Was will sie damit? Vielleicht ist eine Flasche Sekt drin, zur Feier des Tages?

»Wohin sind Sie gegangen, Herr Gruber? Was ist vorgefallen in der Stadt?

Nichts! Ich meine … was soll denn vorgefallen sein?

Wir sind den Rhein entlanggeschlendert, ja genau, ziemlich lange sogar, aber unsere Gemüter waren trüb, vielleicht lag es am Wetter, es war ja ziemlich bewölkt und schwül. Sagte ich das schon?

Manuela schwieg, sie redet wenig, wenn sie ihre Tage hat, so nenne ich das, *ihre Tage*, meine damit aber etwas anderes als die meisten Leute. Dann sind wir in die Stadt zurückgekehrt und haben einen Kaffee getrunken. Manuela hat sich einen Schnaps dazu bestellt, am helllichten Tag, was sonst gar nicht ihre Art ist. Alkohol trinkt sie überhaupt nur selten, eigentlich nur, wenn sie sehr aufgeregt ist oder Angst hat. Gewundert habe ich mich schon.

Dann hat sie ihre große Tasche ganz fest an sich gedrückt, mir einen rätselhaften, aber entschlossenen Blick zugeworfen und mit ungewohnt fester Stimme gesagt: »Komm jetzt. Wir müssen es tun.«

»Wir müssen es tun? Was meinte sie denn damit?«

Tja, meine Herrn: Keine Ahnung! Plötzlich stand da vor mir wieder die starke Amazone, die tatkräftige Manuela, die Frau, die ich liebte, wenn sie nicht gerade *ihre Tage* hatte. Manchmal kann man sehen, wie ein Mensch sich innerlich verändert. Manuelas Rücken straffte sich, ihr Mund wurde spitzer, die Schritte raumgreifender. Ich war so glücklich über die Wandlung, dass ich mir keine Gedanken über ihre merkwürdige Aussage machte, sondern einfach hinter ihr her trottete, Richtung Schlossberg, wo im Spätsommer die Festspiele 45 stattfinden, aber bald verlor ich ein bisschen die Orientierung, und als sie schließlich vor einem altertümlichen Mehrfamilienhaus stehen blieb, so einer Bausünde aus den 70ern, war ich ziemlich außer Atem. Aber Manuela hielt nicht inne, sie beachtete mich gar nicht, sondern drückte einfach auf eine Klingel.

»Konnten Sie den Namen lesen?«

Der Ungeduldige hat sich vorgebeugt. Wir scheinen uns dem Kern der Sache zu nähern. Jetzt habe ich seine volle Aufmerksamkeit, er lässt mich nicht aus den Augen. Dieser komische Ausflug an den Fuß des Schlossberges scheint ihn endlich zu interessieren.

Nein, ich muss ihn enttäuschen. Ich habe keinen Namen gesehen – und ehrlich gesagt habe ich auch nicht darauf geachtet. Die ganze Situation war so seltsam, ich konnte mir überhaupt keinen Reim darauf machen.

Eine Frau öffnete. Sie mag so um die Fünfzig gewesen sein, vielleicht auch älter. Wirkte ziemlich verbittert und musterte uns mit einem misstrauischen Blick. »Ja?«, sagte sie.

Ich habe sie nie zuvor gesehen, und sie schien uns ebenfalls nicht zu kennen, auch Manuela nicht.

Manuela atmete tief durch, das konnte ich hören, dann sah sie der Frau direkt in die Augen und stellte ihre Frage.

»Was hat sie denn gefragt?«

Sie fragte, und ich weiß wirklich nicht, was das sollte, also sie fragte: »Ist Carola hier? Kann ich bitte mit ihr sprechen?«

»Carola? Wer ist das?«

Was dann geschah, war ganz großes Kino, ehrlich. Zuerst dachte ich, die Frau würde uns die Tür vor der Nase zuschlagen, so zornig wirkte sie mit einem Mal. Aber dann fiel sie regelrecht in sich zusammen, als hätte man ihr die Luft abgelassen wie bei einer Sexpuppe. Sie zitterte, wurde blass und ihre Augen zuckten. »Carola?«, fragte sie ganz leise. »Carola?«

Mir war das Ganze irgendwie peinlich, ich wäre am liebsten gegangen, aber Manuela ließ nicht locker, machte keine Anstalten eines geordneten Rückzugs.

»Woher kennen Sie Carola?«, fragte die Frau, als sie sich ein bisschen beruhigt hatte. »Was wollen Sie von ihr?«

»Ich kenne sie nicht«, antwortete Manuela, und ich wusste langsam überhaupt nicht mehr, was hier ablief. »Ich wollte nur wissen, ob es ihr gut geht.«

»Ob es ihr gut geht? Ihr *gut geht?*«

Die Frau fasste sich an den Hals, als bekäme sie keine Luft mehr. »Ist das ein schlimmer Scherz, den Sie mit mir treiben? Finden Sie das lustig?

»Nein«, stotterte Manuela. »Bestimmt nicht. Was … ist denn mit Carola?«

»Meine Tochter«, sagte die Frau, sichtlich um Fassung bemüht, »meine Tochter Carola ist 2001 im Alter von acht Jahren spurlos verschwunden. Und seither gibt es kein Lebenszeichen mehr von ihr. Haben Sie sich nun genug über mich amüsiert? Verschwinden Sie auf der Stelle!« Und damit schmiss sie die Tür ins Schloss, nicht aus Wut, wie mir schien, sondern weil sie unseren Anblick nicht länger ertragen konnte.

Manuela sank zu Boden, konnte sich gerade noch abstützen, sich auf ein Mäuerchen retten, wo sie saß wie ein Häufchen Elend. Nun war sie es, der alles Blut aus dem Gesicht wich und die zitterte wie Espenlaub.

»Oh mein Gott«, flüsterte sie. »Was haben wir nur getan, Tom?«

»Es reicht jetzt, meine Herrn. Sehen Sie denn nicht, dass der Patient völlig erschöpft ist? Machen Sie morgen weiter!«

Patient? Damit meint er mich, glaube ich.

Ja, ich bin erschöpft. Sehr sogar.

»Gleich, Doktor Bergmann. Nur noch eine Frage, dann sind wir fertig. Also Herr Gruber: Was meinte Ihre Frau damit? Was haben Sie denn getan?«

Mein Gott, bin ich müde.

Wenn meine Frau ihre Zustände hat, dann redet sie eben wirr! Ich habe das schon oft erlebt. Wenn ich da jedes einzelne Wort auf die Goldwaage legen müsste … Ach, da hätte ich viel zu tun!

Und außerdem: Warum fragen die Manuela nicht einfach selbst?

Den letzten Satz habe ich offenbar laut ausgesprochen, denn nun sehen sie mich alle drei lauernd an. Besorgt der eine, misstrauisch der andere. Der Arzt runzelt die Stirn.

Was ist los? Habe ich etwas Falsches gesagt? Warum schauen sie so? Warum schweigen sie plötzlich?

Der Aufmerksame knetet nervös seine Hände – und da überläuft es mich kalt, gerade so, als ob eisige Finger nach mir greifen. Ist … Manuela etwas zugestoßen? Aber was kann ihr denn passiert sein? Ich war doch die ganze Zeit bei ihr, ich müsste mich daran erinnern, oder? *Oder*?

Dreimal tief durchatmen. Die Hände zu Fäusten ballen und wieder locker lassen. Das hilft immer.

Ich wollte Manuela zurück aufs Schiff bringen, aber sie schüttelte nur den Kopf, ihre Augen hatten einen panischen Glanz. Nach zwei, drei Minuten auf dem Mäuerchen stand sie auf, packte ihre Umhängetasche wie einen Rettungsanker und ging davon. Nicht zum Anlegeplatz, wie ich hoffte, sondern zum Rhein, aber nach rechts auf die Hafenstraße, und dann in eine unattraktive Gasse, wo die alten, baufälligen Häuser stehen, zu denen sich die Touristen sonst nicht verirren.

Wieder steuerte sie ein bestimmtes Haus an, einen dunklen Kasten, der einen Anstrich nötig gehabt hätte und bei dem trotz des düsteren Wetters fast alle Jalousien geschlossen waren, als wären die Besitzer verreist.

Manuela ließ sich nicht beirren und hämmerte einfach gegen die Tür, als sie keine Klingel fand.

Zuerst rührte sich nichts, aber sie ließ nicht locker, und nach einer halben Ewigkeit wurde die Tür doch einen Spaltbreit geöffnet, und ein Mann lugte heraus. Uns schlug ein übler Geruch entgegen, nach ranzigem Essen, ungewaschenen Kleidern und getrocknetem Schweiß. Das Alter des Kerls war schwer zu schätzen, ein ungepflegter weißer Bart zierte sein Gesicht. Sechzig? Siebzig? Er blinzelte, als wäre ihm das trübe Licht des Tages noch viel zu grell. »Hä?«, krächzte er. »Was fällt Ihnen ein, so einen Lärm zu machen?«

Manuela trat einen Schritt zurück, offenbar angeekelt vom Anblick des verlotterten Alten. »Entschuldigen Sie«, sagte sie trotzdem höflich. »Wir wollen nicht stören. Wir sind auf der Suche nach Carola. Carola Nussbaumer.«

Ja! Jetzt erinnere ich mich! Das war der Name, den sie sagte.

Das bleiche Gesicht des Alten rötete sich in Sekundenschnelle. Er riss die Augen auf und drohte uns mit der Faust. »Wer sind Sie?«, röchelte er. »Verschwinden Sie sofort von meinem Grundstück. Sofort! Oder ich hetze den Hund auf Sie. Haben wir uns verstanden?!«

Rums. Die Tür fiel zu.

Vom Lärm aufmerksam geworden, hatte sich im Nachbarhaus ein Fenster geöffnet und eine Frau blickte neugierig zu uns herüber.

»Was wollen Sie denn von dem alten Griesgram?«, fragte sie. »Mit dem ist nicht gut Kirschen essen. Seien Sie vorsichtig! Der ist sogar vorbestraft. Und vermutlich hat er sie auch nicht mehr alle, da oben.« Sie tippte sich an die Stirn.

Ich nickte, wusste aber nicht, was ich sagen sollte. Und Manuela … Sie konnte nicht antworten. Sie übergab sich gerade in die Büsche am Straßenrand.

»Danke, Herr Gruber. Das war's für heute. Wir machen dann morgen weiter.«

Sie müssen mir noch mehr Beruhigungsmittel gegeben haben, denn obwohl ich nach dem Gespräch völlig aufgewühlt war, habe ich die ganze Nacht durchgeschlafen. Konnte mich am Morgen nicht einmal an meine Träume erinnern.

Jetzt sitze ich ihnen wieder gegenüber, dem Aufmerksamen und dem Ungeduldigen – und auch mein Arzt ist da. Merkwürdig, schon ist er in Gedanken *mein* Arzt, nur weil er sich um mich kümmert. Wir sind ja so leicht zu blenden – wenn jemand nett zu uns ist, vertrauen wir ihm blindlings.

Aber etwas hat sich verändert. Es herrscht eine komplett andere Atmosphäre als gestern. Der Ungeduldige sieht nun eher feindselig aus und der Aufmerksame ernst, sehr ernst. Selbst mein Arzt hält einen größeren Abstand zu mir, als sei ihm meine Nähe auf einmal unangenehm.

Ich werde noch einmal über meine Rechte belehrt – was soll das? Welche Rechte sollte ich denn in Anspruch nehmen? Und warum? Ich habe doch nichts zu verschweigen.

»Was wissen Sie über den Fall Nussbaumer, Herr Gruber? Woher kannten Sie die kleine Carola? Und hören Sie, verdammt noch mal endlich auf, uns hier etwas vorzumachen!«

Nicht so laut, meine Herren! Ich bitte Sie! Wenn man Beruhigungsmittel bekommen hat, reagiert man empfindlich auf Geschrei. Wussten Sie das nicht?

Ich blicke zu meinem Arzt hinüber, aber er schaut desinteressiert drein. Als sei ihm mein Schicksal heute herzlich egal. Oh ja, das Blatt hat sich gewendet. Es weht ein strammer Wind aus Norden!

Aber weiterhelfen kann ich ihnen trotzdem nicht. Den Namen Carola Nussbaumer habe ich gestern zum ersten Mal gehört. Glaube ich zumindest. Ach ich weiß selbst nicht mehr, was ich denken soll!

Was ist denn mit ihr? Sie ist verschwunden! Vor fünfzehn Jahren schon.

Herrgott noch mal! Warum fixieren sie mich jetzt so komisch? Warum sagen sie nichts?

Ich fange den Blick des Aufmerksamen ein und lächle ihm zu. Aber er lächelt nicht zurück, schüttelt nur ganz sacht, fast unmerklich den Kopf. So wie Manuela es immer tut.

Aber es ist der Ungeduldige, der als Erster etwas sagt.

»Na schön, Herr Gruber. Ganz wie Sie wollen. Dann sprechen wir eben von dem Unfall. Wenn es denn einer war.«

Unfall? Hat er *Unfall* gesagt?

Manuela! Was ist mit ihr? Himmel, warum kann ich mich nicht erinnern?

»Haben Sie sie gestoßen, Herr Gruber? Immerhin sind Sie der Einzige, der wusste, dass sie nicht schwimmen kann.«

Eine Explosion in meinem Kopf! Bilder, Gesprächsfetzen, Schreie, Farben und Töne schießen ungefiltert durch mein Hirn. Alle auf einmal. Das ist unerträglich! Ich brauche mein Medikament, verflucht, warum greift dieser blöde Arzt nicht ein? Sieht er denn nicht, dass sie mich foltern? Das dürfen sie nicht! Das ist verboten. *Verboten!*

Ich presse die Hände auf die Ohren, damit ich nicht hören muss, was sie sonst noch sagen. Aber es hilft nicht gegen die Schreie und all das andere, das sich nun langsam ordnet und zu einem Bild zusammensetzt, einem grausamen.

Nachdem sie sich ausgekotzt hat, lässt sich Manuela von mir zurückführen zur Anlegestelle. Willenlos, irgendwie ganz mechanisch setzt sie einen Fuß vor den anderen. Ich muss sie unterhaken, damit sie nicht wegsackt. Sie spricht kein Wort, und merkwürdigerweise habe auch ich nicht das Bedürfnis, etwas zu sagen.

Erst als wir bei der »Rheinperle« ankommen, schüttelt sie mich ab wie ein lästiges Insekt. Sie geht am Steg vorbei, geht einfach weiter, so lange, bis da keine Schiffe mehr sind.

Ich folge ihr in einigem Abstand.

Und dann, zu weit weg, als dass ich hätte eingreifen können, viel zu weit weg, macht sie plötzlich und ohne sich noch einmal umzudrehen einen Schritt zur Seite und lässt sich ins Wasser fallen.

Haben Sie jemals »Vertigo« gesehen? Diesen Hitchcock-Klassiker? Da geht auch eine Frau ins Wasser. Genauso hat es Manuela getan. Genauso.

Ich war schrecklich weit weg. Ich bin hinterhergesprungen, natürlich bin ich das, aber bis ich sie erreicht habe … Und dann ist so ein lebloser Körper schwer, viel schwerer, als man denkt. Ich hatte keine Chance.

Was haben die gesagt? Ob ich sie gestoßen habe?

Was für eine absurde Idee! Ich könnte Manuela niemals etwas antun. Sie ist die Liebe meines Lebens.

Da, jetzt schweigen sie. Meine Tränen lassen sie doch nicht kalt. Diese Bilder … warum hilft mir denn keiner? Ich kann sie nicht ertragen.

»Wir sind dabei, Ihre Aussage zu überprüfen. Es gibt bislang keine Zeugen für den Unfall. Kommen wir also

noch einmal auf Carola Nussbaumer zurück. *Wollen Sie wirklich behaupten, Sie haben keine Ahnung, woher Ihre Frau den Namen kannte? Und was sie bei dem verrückten Alten wollte?«*

Herrgott! Meine Frau ist tot. *Tot*! Und die kommen mir mit irgendeinem blöden Gör, das vor hundert Jahren verschwunden ist.

Ich werde ihnen gar nichts mehr sagen. Sie haben mich doch selbst darüber aufgeklärt, dass ich das Recht habe, zu schweigen.

»Oha. Proben wir jetzt den Aufstand?

Wie Sie wollen. Dann werde ich Ihnen mal zur Abwechslung etwas erzählen, Herr Gruber. Hören Sie gut zu! Heute Nacht, während Sie selig geschlummert haben, sind wir zu dem Haus des Alten gefahren. Und weil der Kerl damit gedroht hat, seinen Hund auf uns zu hetzen und sich auch sonst recht sonderbar verhielt, haben wir seine Wohnung hochgenommen. Und was meinen Sie, was wir gefunden haben? Was meinen Sie?

Wir haben einen Keller gefunden, ausgebaut, schalldicht, lichtlos, zehn Quadratmeter groß. Mit einem Bett, einem Klo und einem Waschbecken. Sonst war nichts drin.

Und in diesem Keller hockte eine völlig verstörte junge Frau. Dreiundzwanzig Jahre alt. Seit 2001 dort unten eingesperrt und von dem Alten gefangengehalten. Seit fünfzehn Jahren! Ihr Name ist Carola Nussbaumer.«

Himmel, warum erzählen sie mir das?

Das ist ja eine grässliche Geschichte. So etwas will ich jetzt wirklich nicht hören. So etwas gibt es doch nur in Österreich.

»Nun reden Sie endlich, Gruber! Woher wusste Ihre Frau das alles?«

Verflucht, das Beruhigungsmittel lässt nach! Es war nicht stark genug! Ich brauche dringend Nachschub, das ist doch offensichtlich. Warum reagiert denn niemand?

Ich sehe Manuela vor mir in ihrem geblümten Kleid, sehe immer wieder in Zeitlupe und Endlosschleife, wie sie einen Schritt zur Seite tut und im Wasser versinkt, ihre große Umhängetasche fest an sich gepresst.

Ähm … die Tasche, haben sie die eigentlich auch aus dem Wasser gefischt?

»Nein, bisher noch nicht. Wir suchen jetzt intensiver nach ihr. In diesem Moment sind Taucher unten. Was werden wir in dieser Tasche finden, Gruber?«

Hilfe! Eine zweite Explosion! Kaum sanfter als die erste! Das ist nicht gesund. Diese Detonationen können schwere Schäden im Gehirn verursachen. Dr. Bergmann, so heißt er doch, oder? Warum hilft er mir nicht?

Diesmal reißt der Sprengstoff eine Lücke ins Raum-Zeit-Gefüge, und ich bin wieder fünfzehn Jahre jünger. Mit Manuela in Breisach. Hier haben wir uns verlobt, sagte ich das schon?

Ja, wir sitzen am Rhein, sie barfuß, lässt die Füße ins Wasser baumeln.

Es ist ein warmer und sonniger Tag, nicht so trüb wie gestern.

»Schau mal!«, ruft Manuela und klatscht in die Hände. Sie zeigt aufs Wasser, wo ein länglicher Gegenstand langsam vorbeitreibt. »Eine Flasche. Eine zugekorkte Flasche! Da ist sicher eine Schatzkarte drin. Ich wusste, dass ich eine finde. Du musst sie holen, Tom. Ich kann nämlich nicht schwimmen.« Und sie gibt mir einen Schubs, ganz unvermittelt. Ich falle ins Wasser, komplett bekleidet. Unter anderen Umständen hätte ich geflucht, geschimpft, mich geärgert, aber diesmal lache ich nur, denn Manuela darf alles. In ihrer Gegenwart werde ich zum willenlosen Objekt.

Klitschnass klettere ich kurze Zeit später ans Ufer, die Flasche schwenke ich wie eine Trophäe. Ja, ich habe sie erwischt. Ich bin ein Held!

Natürlich darf Manuela sie öffnen. Es ist ihre Entdeckung.

Ich kann es kaum fassen, als sie tatsächlich einen kleinen zusammengefalteten Zettel herauszieht. Vielleicht gehen Wünsche einfacher in Erfüllung, wenn man so fest daran glaubt, wie sie es tut?

Sie faltet den Zettel auseinander, aber das erhoffte Strahlen bleibt aus. Stattdessen breitet sich erst ein ungläubiger, dann ein bestürzter Ausdruck auf ihrem Gesicht aus. »Das ist keine Schatzkarte«, sagt sie leise und reicht mir den Zettel.

Ich erkenne eine krakelige Kinderschrift. Grundschulalter, vermutlich.

Hilfe! Der verrückte Alte aus der Hafenstraße hat mich eingesperrt! Ich heiße Carola Nussbaumer.

Und dann folgte die vollständige Adresse.

Ich runzle die Stirn, Manuela ist blass geworden. »Wir müssen etwas unternehmen«, sagt sie. Wir sitzen noch immer am Rhein, ich klitschnass, sie mit einem panischen Glanz in den Augen. Es ist unser Verlobungstag. So magisch, so wundervoll. So verzaubert wie die ganze bisherige Reise. Den können wir uns doch nicht verderben lassen, diesen Tag! Von einem blöden Kinderscherz!

Nein, das geht nicht.

»Das ist nur ein dummer Streich«, sage ich deshalb und versuche zu lächeln. »So etwas haben wir auch gemacht, als wir klein waren. Nur war unser Fluss kein Fluss, sondern nur ein kleiner Bach, und niemand hat jemals unsere Flaschenpost gefunden.«

»Aber …«, setzt Manuela an, mir zu widersprechen. Sie tut es nur zögerlich, es ist offensichtlich, dass sie mir glauben will. Ermutigt nehme ich sie in den Arm, es ist mir egal, dass ich sie dabei nass mache, und ihr ist es auch egal.

»Wir würden uns lächerlich machen, wenn wir damit zur Polizei gingen«, flüstere ich ihr ins Ohr, und als sie sich entspannt, merke ich, dass ich sie überzeugt habe. Schneller und müheloser als vermutet.

Der Tag bekam ein bisschen von seinem Glanz zurück, aber er war nicht mehr so strahlend wie zuvor.

Ja, Manuela hat mich später noch ein oder zwei Mal darauf angesprochen. »Sollen wir nicht doch nachforschen, ob in Breisach ein Kind verschwunden ist?«, sagte sie. Zögerlich. Sehr zögerlich.

»Das war vielleicht die einzige Chance, die das kleine Mädchen hatte.«

Wir schweigen. Lange. Irgendwann steht Dr. Bergmann auf. Es klingt, als ob er auf den Boden spuckt. Oder auf mich.

»Wie kann man mit einer solchen Schuld leben? Wie kann man?«

Ich weiß nicht so recht … Es gibt schließlich Beruhigungsmittel.

34 Breisach am Rhein wird überragt von dem romanischen St. Stephansmünster, das majestätisch auf
dem Münsterberg thront. Mit dem Bau begann man
Ende des 12. Jahrhunderts, fertiggestellt wurde es
im späten 15. Jahrhundert. Auffällig sind die beiden ungleichen Türme, die unterschiedlichen Bau-
phasen entstammen (Romanik und Spätgotik). Von
außen betrachtet eher schlicht, bietet das Innere des
Münsters einige Schätze: das Wandgemälde »Das
jüngste Gericht« von Martin Schongauer, kunstvolle Schnitzarbeiten, einen spätgotischen Lettner,
einen kostbaren Reliquienschrein aus dem 15. Jahrhundert und vieles mehr.

Ebenfalls sehenswert ist der Radbrunnenturm,
das älteste Gebäude der Stadt. Der Brunnen ist
41 Meter tief und wurde mittels eines hölzernen
Tretrades bedient.

Das Rheintor wurde 1675 nach Plänen von Vauban
und Tarade erbaut, war im Lauf der Jahrhunderte
schon Zollstation, Kaserne, Lazarett, Armenhaus
und Tabakfabrik. Heute birgt es das Stadtmuseum
von Breisach.

Stadtmuseum, Rheintorplatz 1, Öffnungszeiten:
Dienstag bis Freitag 14–17 Uhr; samstags und sonntags 11.30–17 Uhr.

tourismus.breisach.de

Wer nicht sowieso mit dem Kreuzfahrtschiff angereist ist, kann in Breisach Rund- und Schleusen-
fahrten sowie Tagesausflüge und Sonderfahrten auf

dem Rhein/Rheinseitenkanal buchen: Breisacher
Fahrgast-Schifffahrt, Verkaufsbüro am Rhein, Tel.
07667/942010
www.bfs-info.de

35 Wer in Freiburg im Breisgau nur einen halben
Tag Zeit hat, muss sich auf die Hauptattraktionen
beschränken: einen Bummel durch die Altstadt-
gassen mit ihren Bächle (mittelalterliches Brauch-
wassersystem), die beiden verbliebenen Stadttore
(Martinstor, Schwabentor), Gerberau und Fische-
rau (ehemalige Gewerbeviertel), das historische
Kaufhaus aus dem 16. Jahrhundert und natürlich das Münster am zentralen Platz. Nicht ohne
Grund sprach Jacob Burckhardt in Bezug auf den
1218 begonnen und 1513 beendeten gotischen Kir-
chenbau vom »schönsten Turm auf Erden«. Trotz
Bauarbeiten kann der 116 Meter hohe Turm bis zur
Aussichtsplattform auf 70 Meter Höhe bestiegen
werden.
Rund um das Münster findet montags bis samstags
jeweils am Vormittag der Münstermarkt statt – mit
überregionalen Produkten auf der südlichen und
regionalem Bauernmarkt auf der nördlichen Seite.
Wer einen ganzen Tag Zeit hat, kann einen Spaziergang zum Alten Friedhof einplanen, einem stillgeleg-
ten, parkähnlichen Kulturdenkmal aus dem 17. und
18. Jahrhundert. Oder zum Schlossberg aufsteigen,
wo man einen herrlichen Ausblick auf die Stadt hat,
und wo bei gutem Wetter der »Kastaniengarten«,
Freiburgs vielleicht schönster Biergarten, lockt.

36 Auch Colmar, die »Weinhauptstadt« des Elsass, lässt sich nicht in wenigen Stunden vollständig erkunden. Schon ein Bummel durch das malerische Altstadtviertel »La petite Venice« (Klein-Venedig) mit seinen Kanälen, den bunten Fachwerkhäusern aus Mittelalter und Renaissance und den blumengeschmückten Gassen sowie durch das am Fluss gelegene Viertel Krutenau und das Fischerufer entlang (Quai de la Poissonnerie) kann ein tagesfüllendes Erlebnis sein, vor allem, wenn man zwischendurch in der einen oder anderen Weinstube (Winstub) einkehrt.

Auch hat Colmar zahlreiche sehenswerte Kirchen und Gebäude aufzuweisen, zum Beispiel das Martinsmünster, die Dominikanerkirche (mit dem Gemälde »Madonna im Rosenhag« von Martin Schongauer), das Pfisterhaus (Maison Pfister), das Kopfhaus (Maison des Têtes) und viele mehr.

Am schönsten lässt sich die Altstadt vielleicht vom Fluss aus besichtigen: Auf der Lauch werden geführte Bootstouren angeboten, Infos hierzu gibt es beim Touristenoffice:
www.tourisme-colmar.com

Kulturinteressierte werden einen Ausflug nach Colmar mit einem Besuch des Unterlinden-Museums verbinden, nicht zuletzt, um den berühmten Isenheimer Altar von Matthias Grünewald zu bewundern.

37 Der Kaiserstuhl ist ein Höhenzug vulkanischen Ursprungs, auf dem sich aufgrund seines besonderen, warmen Klimas eine einzigartige Natur- und

Insektenwelt entwickelt hat. Seit vielen Jahrhunderten wird die Region für den Obst- und Weinbau genutzt – die Rebhänge und unzählige Straußenwirtschaften (saisonal geöffnete Weinstuben, in denen die Winzer eigene Erzeugnisse anbieten) dokumentieren dies. Der Kaiserstuhl ist ein Paradies für Wanderer und Radfahrer. Ein ausgedehntes Wegenetz führt durch Laubwälder, Lösshohlgassen und Weinberge. Die höchsten Erhebungen sind der Totenkopf (556 Meter) mit dem Aussichtsturm Neunlinden, gefolgt von der Eichelspitze (521 Meter) ebenfalls mit Aussichtsturm. Wandertouren und Themenwege am Kaiserstuhl finden sich beispielsweise unter: www.kaiserstuhl.eu

38 Zu den sehenswertesten Ortschaften am westlichen Kaiserstuhl gehört sicher das romantische Städtchen Burkheim. Es ist Teil der Gemeinde Vogtsburg, die sieben ehemals selbstständige Weinbaugemeinden vereint. Sehenswert ist in Burkheim die Altstadt mit dem Rotweiler Tor, den schönen Fachwerkhäusern und den engen Kopfsteinpflastergassen. Das Wahrzeichen von Burkheim ist die am Ortsrand gelegene Schlossruine, die ebenso wie der Altstadtkern unter Denkmalschutz steht. Sie wurde erstmals im Jahr 1231 urkundlich erwähnt, im Bauernkrieg zerstört und ab 1565 von Lazarus von Schwendi, dem damaligen Pfarrherrn, neu aufgebaut. Heute ist die Ruine in privater Hand. Ebenfalls zur Gemeinde Vogtsburg gehört der Ort Achkarren mit seiner überregional bekannten Winzergenossenschaft. Hier ist das Weinbaumuseum im historischen Gebäude der ehemaligen Zehntscheuer einen Besuch wert.

Öffnungszeiten: Palmsonntag bis Allerheiligen, Dienstag – Freitag 14 Uhr bis 17 Uhr, Samstag und Sonntag 11 Uhr bis 17 Uhr

39 Der Weinort Ihringen am Kaiserstuhl ist bekannt als die wärmste und sonnenreichste Gemeinde Deutschlands. Nordöstlich des Städtchens erreicht man das Liliental, ein Arboretum (Sammlung seltener Bäume) und Versuchsgelände für Pflanzenkultur, das seit fast sechzig Jahren genutzt wird.

Mittlerweile ist das Liliental ein parkähnliches Erholungsgebiet, reich an Orchideen und Bäumen, die es hierzulande nicht oft zu sehen gibt. Besonders eindrucksvoll ist der 1960 angelegte Mammutbaumwald. Diese Bäume sind eigentlich in Kalifornien heimisch, wo sie 3.000 Jahre alt und 100 Meter hoch werden können.

Im Liliental gibt es einen Lehrpfad mit Infotafeln. Einkehren kann man im Gasthaus »Zur Lilie«.

40 Nur etwa fünf Kilometer von Breisach entfernt liegt auf der anderen Seite des Rheins das französische Neuf-Brisach, das zum UNESCO Weltkulturerbe »Festungsanlagen von Vauban« zählt. Die gesamte Stadt ist eine Art begehbares Museum.

Erbaut wurde sie Anfang des 18. Jahrhunderts im Auftrag des Sonnenkönigs Ludwig XIV. von dem Festungsbauer Sebastien le Prestre de Vauban und seinem Baudirektor Jacques Tarade als sternförmige, achteckige militärische Planstadt. Alle Gebäude mussten sich der militärischen Funktion unterordnen. Da die Stadt nur zweimal erfolglos angegriffen wurde, ist die Festungsanlage bis heute fast unversehrt erhalten. Der zentrale Exerzierplatz wird als Marktplatz genutzt, das schachbrettförmig angelegte Straßennetz ist deutlich erkennbar.

Die Gräben und auch die Festungsmauer selbst sind begehbar. Im Untergeschoss des Belforter Tores befindet sich ein Vauban-Museum, in dem man sich über die Geschichte des Ortes informieren kann. Öffnungszeiten: Vom 1. Mai bis 30. September jeweils Mittwoch bis Montag von 10 Uhr bis 12 Uhr und von 14 Uhr bis 17 Uhr.

41 Nicht für einen Halbtages-, wohl aber für einen Ganztagesausflug empfehlenswert: Eine Bootstour im Naturschutzgebiet Taubergießen. Zwischen Freiburg und Offenburg gelegen, ist Taubergießen mit 1.682 Hektar eines der größten Schutzgebiete in Baden-Württemberg.

Die weitläufig verzweigte Flussaue des Alt- und Innenrheins lädt mit Wiesen und Laubwäldern und einer großen Artenvielfalt zum Erholen ein. Besonders anschaulich erlebt man die urtümliche Landschaft bei einer Bootsfahrt, entweder in Eigenregie auf einer vorgegebenen Strecke, oder geführt von alteingesessenen Familien auf romantischen Kähnen.

Infos und Adressen unter:
www.taubergiessen.com

42 Der Schauinsland ist 1284 Meter hoch und Freiburgs Hausberg.

Mit der längsten Umlaufseilbahn Deutschlands schwebt man besonders schön von der Talstation aus in die Höhe. Oben angekommen locken viele Wanderwege, ein Aussichtsturm auf dem Gipfel, das Café-Restaurant Bergstation (mit wunderbarem Panoramablick), das Bauernhausmuseum »Schniederlihof«, oder ein Besuch im Museumsbergwerk Schauinsland.

Letzteres gewährt einen abenteuerlichen Einblick in die jahrhundertealte Bergbautradition im südlichen Schwarzwald. Bei der kleinen und großen Führung steigen die Besucher über schräg stehende Leitern ganz authentisch in den Berg ab, wo bereits im Mittelalter Silber und Bleiglanz, später vor allem Zink abgebaut wurde.

Öffnungszeiten Bergwerk: Vom 1. Mai bis 1. November jeweils mittwochs, samstags und sonntags um 11 Uhr und um 14 Uhr (große und kleine Führung), zusätzlich gibt es von 11.30 Uhr bis 15.30 Uhr stündlich Familienführungen ohne Leiternabstieg. Vom 1. Juli bis 31. August finden die Familienführungen täglich statt.

www.schauinslandbahn.de
www.diebergstation.de
www.schauinsland.de

43 Goldrausch am Oberrhein?

Nein, das nun doch nicht. Aber das legendäre Rheingold gibt es noch immer. Es hat seinen Ursprung in den Schweizer Alpen und gelangt über die Aare bei

Waldshut in den Fluss. Je weiter es den Rhein hinuntertransportiert wird, desto kleiner wird es. Das Gold hat im Rhein nicht die Form von »Nuggets«, wie man sie aus amerikanischen Filmen kennt, es tritt in kleinen Flittern von ein paar tausendstel Gramm auf. Dadurch ist das Goldwaschen im Rhein schon vor langer Zeit unrentabel geworden. Heute wird es jedoch als abenteuerliches Freizeitvergnügen wiederentdeckt. Bei verschiedenen Anbietern kann man am Oberrhein das Goldwaschen erlernen. Die Fundstellen werden hier aber natürlich nicht verraten!
www.goldsucher.de
www.goldwaschen-am-rhein.de

44 In Breisach beheimatet ist der »Badische Winzerkeller«. Es handelt sich dabei um eine Zentralkellerei, an die fast fünfzig Winzergenossenschaften badischer Anbaugebiete angeschlossen sind.

Wer einen Blick hinter die Kulissen der Weinerzeugung werfen möchte, kann an einer etwa zweieinhalbstündigen Kellerführung mit anschließender Weinprobe teilnehmen.

Ein Imagefilm gibt zunächst Informationen über Geschichte und Technik des Weinbaus in Baden, danach bricht man zu einem Rundgang zur Traubenannahme- und Kelterstation, in den Lagerkeller und zu den Abfüllanlagen auf. Mit einem Bähnle geht es schließlich durch das unterirdische Weinarchiv, in dem die kostbarsten und ältesten Weine lagern, bis zum Holzfasskeller (einem der größten in Europa) und wieder zurück ins Probierstüble zur Weinprobe.

Offene Führungen finden jeden Dienstag und Donnerstag jeweils um 14.30 Uhr statt. Es ist keine Anmeldung erforderlich.

www.badischer-winzerkeller.de

45 Jedes Jahr von Juni bis September finden auf der Freilichtbühne auf dem Schlossberg, hoch über den Dächern der Altstadt, die Breisacher Festspiele statt. An den Wochenenden gibt es jeweils abends um 20 Uhr eine Aufführung des jährlich wechselnden Erwachsenenstücks (vom Klassiker über moderne Komödien bis hin zum Musical), am Sonntagnachmittag um 15 Uhr das ebenfalls jährlich wechselnde Kinderstück. Die Amateur-Darsteller werden dabei von professionellen Regisseuren und Bühnenausstattern unterstützt. Die schöne Naturbühne und die herrliche Lage machen den Theaterbesuch zu einem besonderen Erlebnis.

www.festspiele-breisach.de

Südlicher Oberrhein –
zwischen Rheinkilometer 285 und 352

NADINE BURANASEDA
CHUCK NORRIS –
EIN MANN FÜR ALLE FÄLLE
Strasbourg

Uuaaahhhh aaaiii yiiihhh!

Chuck Norris

Ihre Augen sind auf den Grund des Beckens gerichtet. Sie streckt den Körper, der bei jedem Zug um seine Längsachse rotiert, und lässt die Beine im Wasser peitschen. Die Arme durchstoßen abwechselnd weit vor dem Kopf die Oberfläche, erst die Hand, dann der Unterarm. Der Ellenbogen folgt als Letztes. Sie drückt den Arm bis zum Oberschenkel durch und zieht sich nach vorne. Alle drei Züge atmet sie zur Seite. Ruhig und konzentriert.

Schwimmen war wie Fliegen.

Und an Abenden wie diesem genügte es, sich die Bewegungsabläufe vorzustellen, um die grelle Realität um sich herum für einen Augenblick auszublenden.

»Warum sieht Chuck Norris im Spiegel nicht sein Spiegelbild?«

Okay. Der Gast aus Kabine 123, der seit dem Einschiffen am laufenden Band Chuck-Norris-Facts zum Besten gab, machte es ihr nicht gerade leicht.

»Es kann nur einen Chuck Norris geben!«

Benjamin. Heute kariertes Hemd. Zartrosa. Darüber ein grauer Pullunder. Ab der Brust abwärts waren die Gäste eine Terra incognita – eine Landkarte mit einer Menge weißer Flecken. Der Tresen, der sie trennte, ließ ihr Raum für Spekulationen. Hielt jemand sie wieder mal für eine Servicekraft und verlangte nach dem Barmanager, dichtete sie ihm pofreie Lederhosen an. Bei Benny war das bisher nicht nötig gewesen. Außerdem war einfach zu viel los in seinem Gesicht. Wenn er nicht wie ein Wasserfall redete, hatte er die Angewohnheit, eine Schnute zu ziehen, kapierte aber nicht, dass ihm dieser Gesichtsausdruck nicht stand. Er gehörte bestimmt zu den Typen, die auf Partys mit überdimensionalen Sonnenbrillen rumliefen und sich auf Selfies gefielen. Dem Akzent nach zu urteilen, kam er aus Norddeutschland. Viel zu jung für eine Rheinkreuzfahrt. Es sei denn, er reiste mit seinen Eltern. Aber das hatte sie noch nicht herausgefunden. Er hatte sich den dritten Drink bestellt. 18.10 Uhr. Happy Hour. Ein B-52. Ziemlich achtziger für ihren Geschmack, aber die Gäste liebten das Zeug nach wie vor.

»Noch einen?«

»Ja klar. Also: Wie isst Chuck Norris seinen Obstsalat?« Benny trank einen Schluck aus dem Wasserglas, das sie ihm zu dem Shortdrink serviert hatte, und prustete los. Ein Tropfennebel schoss ihm aus der Nase. »Na? Errätst du's, Sunny? Mit ganzen Früchten natürlich.«

»Nein, ich meinte: Noch einen Drink?« Sie nahm das leere Schnapsglas von der Theke und polierte das Mahagoni.

»Was denkst du?« Benjamin wischte sich mit dem Handrücken über den Mund.

Sie lächelte und baute den nächsten B-52: Sie füllte ein frisches Glas mit 2 cl Tia Mari, einem Likör, dessen Kaffee-Vanille-Aroma sich sofort entfaltete. Über einen Barlöffel gab sie 2 cl Bailey's Original Irish Cream dazu, dann 1 cl Old Pascas. Den Rum zündete sie mit einem Stabfeuerzeug an und ließ einen Strohhalm in den Drink gleiten. Eine blaue Flamme züngelte über die braune Flüssigkeit.

»Zum Wohl, Kleiner.«

Sie sah ihm zu, wie er gierig an dem Halm saugte, bevor der Rum verbrannte. Irgendwie mochte sie Benny. Obwohl sie wahrscheinlich nichts gemeinsam hatten, kam sie sich vor wie seine große Schwester. Das lag zum größten Teil daran, dass er bisher nie versucht hatte, sie anzugraben.

»Okay, ich hab noch einen. Extra für dich, Sunny: Was benutzt Chuck Norris als Augentropfen?«

»Chuck Norris benutzt Augentropfen? Jetzt enttäuschst du mich aber, Benny.« Sie blies sich den Pony aus der Stirn.

»Nein warte, warte, bis du die Pointe hörst!«

»Pointe? Ich hab in den letzten Tagen noch keinen einzigen Witz von dir gehört.«

»Er benutzt T-A-B-A-S-C-O.« Benny bekam einen Lachanfall und klammerte sich an die Theke. Er hatte bald genug, das erkannte sie mit einem Blick.

»Gibt es hier auch was Richtiges zu trinken, junge Dame?« Anzugträger. Glatze. Der Typ trommelte mit den Fingern auf den Tresen und schaute Benjamin angewidert von der Seite an.

»Sie sehen so aus, als würden Sie einen guten Whisky zu schätzen wissen.«

»Und Sie sehen so aus, als würden Sie einen Grain nicht von einem Malt unterscheiden können.« Der Mann ohne Unterleib starrte auf das Namensschild, das an ihrer gestärkten weißen Bluse steckte.

Sie verpasste ihm ein rosafarbenes Tutu. »Wenn Sie sich etwas Besonderes gönnen möchten, empfehle ich Ihnen einen jungen Single Malt Whisky. Fruchtige Aromen im Nosing: Äpfel, Birnen und ein Hauch Vanille. Im Tasting kommt eine Eichennote dazu. Das Finish ist dagegen recht kräftig.«

»Ein Japaner?«

»Nein, aus einer deutschen Destillerie.« Sie präsentierte ihm die Flasche. »Nicht ganz günstig, aber …«

»Gut, ich nehme ein Glas.«

Er schob die Schlüsselkarte über das Holz, damit sie das Getränk auf seine Kabine bonnieren konnte.

»Was macht Chuck Norris, um Kalorien zu verbrennen?«

»Lass gut sein, Benny.« Ihre Augen schickten eine Warnung in seine Richtung.

»Nein, nein, Sunny. Der nette Herr brennt förmlich auf die Antwort. Stimmt's?«

Der Glatzkopf schüttelte den Kopf und fing an zu schwitzen.

»Chuck Norris zündet dicke Kinder an.«

»Benjamin!«

Jetzt sehnte sie sich doch nach einem echten Schwimmbad. Sie hatte sich sagen lassen, dass es in Straßburg sogar ein Jugendstilbad **46** gab, das nostalgischen Charme versprühte. Doch nach dem Mittagessen hatte sie sich in letzter Sekunde gegen einen Landgang entschieden. Sie war in ihre Kabine zurückgekehrt und hatte sich auf das schmale Bett geworfen. Während die Gäste nach der Morgengymnastik und einem Besuch in der Bordküche zu einem Ausflug aufgebrochen waren, um »Petite France« **47**, La Cathédrale Notre Dame **48** und das Kammerzellhaus **49** zu bestaunen und eine Bootsfahrt **50** zu unternehmen, hatte sie versucht, in der Deckenverkleidung Gesichter zu erkennen. Unter anderen Umständen hätte sie vielleicht Blumen am Totenmonument **51** abgelegt, wäre über die Rabenbrücke **52** geschlendert, auf der im Mittelalter Gesetzesbrecher hingerichtet worden waren, und hätte sich im historischen Kellergewölbe des Straßburger Hospizes **53** gegruselt. Oder sie hätte Stunden im Museum für moderne und zeitgenössische Kunst **54** oder im Tomi Ungerer Museum **55** verbracht und sich danach ein exotisches Sorbet von »Christian« **56** gegönnt. Zwei Kugeln Basile. Basilikum und Himbeere. Mindestens.

»Verdammt!« Sie hatte sich so auf Straßburg gefreut.

»Wie bitte?« Der Glatzkopf setzte das Whiskyglas ab. Seinem Gesichtsausdruck nach zu urteilen, schmeckte ihm der Rothaus.

»Nichts. Darf es noch ein Glas sein?« Sie konnte es sich nicht erlauben, die Kundschaft spüren zu lassen, dass sie sich seit Wochen unwohl fühlte. Denn das würde sich am Payday bitter rächen, wenn die Gäste auscheckten und ihr die lästigen Kupfermünzen aus ihren Portemonnaies als Trinkgeld überließen. Außerdem musste sie Bennys Sendepause nutzen, bevor …

»Für welche Szenen braucht Chuck Norris ein Stunt-Double?«

Sie hätte es kommen sehen müssen:
Die geschürzten Lippen.

Der spitzbübische Zug um die Mundwinkel.

Der glasige Blick.

»Wenn Chuck Norris weinen soll.« Benjamin gluckste und tätschelte seinem Nebenmann freundschaftlich den Rücken.

»Ich darf doch sehr bitten, junger Mann.«

»Hast du gehört, Sunny?«

»Halt dich bedeckt, Benjamin«, quetschte sie zwischen den Zähnen hervor und zwang sich zu einem Lächeln.

»Ich darf doch sehr bitten, junger Mann«, äffte er den Glatzkopf nach, der die Theke fluchtartig verließ.

»Dir ist schon klar, dass ich hier Umsatz machen muss, Kleiner?«

Benny holte zu einer Antwort oder einem neuen Kalauer aus, als eine Gruppe Frauen jenseits der Fünfzig die Bar enterte. Sie hatten sich für das bevorstehende Captain's Dinner in Schale geworfen und zeigten entsprechend viel Bein.

»Schätzchen, eine Runde Schampus!«, grölte eine dürre Blondine, die die Meute anführte, und ließ einen Goldzahn aufblitzen. Es fehlte nicht viel und sie schickte ein »Hossa« oder etwas ähnlich Geschmackloses hinterher.

Sie bereitete die Getränke vor und dachte nicht zum ersten Mal, dass betrunkene Frauen oder die, die es werden wollten, gewöhnungsbedürftig waren. Und eindeutig schlimmer als ihr jugendlicher Freund mit dem Chuck-Norris-Tick.

»Kaum zu glauben, wie winzig die Bordküche ist«, näselte eine Sechzigjährige. Sie war höchstens 1,50 Meter groß und hatte den Fehler begangen, neben Benny auf den Barhocker zu klettern. »Und dabei ist das Essen jeden Tag vorzüglich.«

»Nur der schwermütige Beikoch könnte einem die Laune verhageln.« Der Goldzahn prostete den Mädels zu, um den Champagner dann in einem Zug zu leeren.

»Wussten Sie, dass Chuck Norris seit zehn Jahren tot ist?«, wandte sich Benny an den Zwerg.

Die Frau zog die Augenbrauen hoch. »Wer ist gestorben?«

»Chuck Norris.« Unschuldsblick.

»Dieser ungehobelte amerikanische Politiker? Der mit dem Toupet?«

»Nein.«

»Ich verstehe n…«

»Der Tod hat sich bisher nur nicht getraut, es Chuck Norris zu sagen.«

»Was zu sagen?«

»Dass er tot ist«, brüllte Benny und schüttelte sich vor Lachen.

Unsinnige Dialoge, Teil 785.

Den Rest des Abends reihten sich weitere Gespräche dieser Natur aneinander wie Plastikperlen an einer Kette aus dem Ein-Euro-Laden. Irgendwann verschwand Benny. Zwischen seinem Abgang, den er mit einer weiteren spektakulären Tatsache aus dem Leben seines Idols garnierte, und dem Ablegen der »Rheinperle«, die längst die Anker Richtung Mannheim gelichtet hatte, bestand vermutlich kein kausaler Zusammenhang. Wahrscheinlich brauchte er nach all den Kurzen, die er in sich hineingeschüttet hatte, nur etwas frische Luft. Um drei Uhr schenkte sie den letzten Drink aus, machte sauber und trocknete sich die Hände an der Schürze ab, bevor sie die Bar schloss. Die Schicht hatte sie immerhin für ein paar Stunden von der Sorge abgelenkt, dass sie langsam, aber sicher verrückt wurde.

Sie begab sich auf den Weg zu ihrer Kabine, die sie sich mit einer polnischen Kellnerin teilte. Das Stimmengewirr aus der Bar, das in ihrem Kopf wie eine verblassende Erinnerung nachhallte, ebbte ab, je weiter sie in das Schiffsinnere vordrang. Die beiden Cummins-Dieselmotoren ließen den Boden unter ihren Füßen vibrieren. Von Benny wusste sie, dass Monster vor dem Schlafengehen unter ihren Betten nachschauten, ob Chuck Norris darunter lag. Sie dagegen hielt nach echten Monstern Ausschau. Auch wenn ihre Kajüte nicht besonders viel Platz für Verstecke bot. Ehe sie die Schlüsselkarte durch den Schlitz zog, sah sie sich noch einmal in dem schmalen Gang um. Niemand zu sehen. Vielleicht streifte sie eine Vorahnung, als sie die Hand auf die Klinke legte: Ein Kribbeln durchfuhr ihre Fingerspitzen und wanderte den Arm hinauf. Sie drückte die Tür auf.

Und erstarrte.

Ein Meer an Kerzen, die in der gesamten Kabine verteilt waren, warf zuckende Schatten an die Wände. Eine Spur von Rosenblüten führte zu ihrem Bett und formte sich zu einem Herz. Ein Schrei löste sich aus ihrer Kehle. Sie drehte auf dem Absatz um und rannte blindlings los. Immer wieder schaute sie sich um. Der Korridor verschwamm vor ihren Augen und dehnte sich albtraumhaft aus.

Sie war nicht verrückt! Irgendjemand hatte es auf sie abgesehen, daran gab es jetzt keinen Zweifel mehr.

Sie bog um die nächste Ecke und lief direkt in jemanden hinein.

»Vorsicht!«

Sie schrie erneut, bis sie den Barmanager der »MS Rheinperle« erkannte, dem sie unterstellt war.

»Entschuldige, Mark.« Sie kämpfte mit den Tränen.

»Beruhig dich erst mal, Sunny!« Er nahm sie bei den Schultern und sah sie aus grauen Augen ernst an. »Du kriegst ja kaum Luft.«

Ihr Puls galoppierte. Eine Mischung aus Panik und Scham, dass sie in diesem Zustand ausgerechnet ihrem Chef über den Weg gelaufen war, verursachte ihr Übelkeit. Mark war zehn Jahre älter als sie und für einen Vorgesetzten im Allgemeinen und einen Barkeeper im Speziellen ungewohnt zurückhaltend. In den letzten acht Monaten, die sie mittlerweile zusammenarbeiteten, hatte sie Mark als unaufgeregten Menschen kennengelernt, der in jeder Situation Ruhe bewahrte. Eine Eigenschaft, die in der Gastronomie Seltenheitswert hatte.

»Atme mal tief durch, Sunny! Einatmen. Und ausatmen.« Er schwieg einen Moment und beobachtete ihr Gesicht aufmerksam, als würde er darin die Antwort auf alle Fragen finden. Schließlich sagte er: »Was ist los?«

»Ich … ich werde verfolgt.« Sie war dankbar, dass er nicht sofort loslachte, sondern sie weiterhin ernst anblickte.

»Okay, lass uns hier verschwinden. Und dann erzählst du mir die Geschichte. Von Anfang an.«

Sie nickte stumm und folgte ihm durch das Labyrinth der Gänge. Kurz darauf traten sie hinaus aufs

Oberdeck, über das sich der nächtliche Sternenhimmel spannte, und lehnten sich rücklings an die Reling. Hinter ihnen rauschte der Rhein, durch den das Kreuzfahrtschiff pflügte. Es dauerte weitere fünf Minuten, bis sie sich wieder halbwegs unter Kontrolle hatte. Obwohl die Temperaturen tagsüber noch sommerlich warm waren, kühlte es in den Nächten empfindlich ab. Der Fahrtwind raubte ihr den Atem und ließ sie am ganzen Körper zittern.

»Ist dir kalt?«

»Ja, etwas.«

Er zog seine Jacke aus und legte sie ihr über die Schultern.

»Danke.«

»Was ist los? Ich hab dich noch nie so erlebt, ehrlich.«

Sie erzählte ihm von den unzähligen Kerzen in ihrer Kabine.

»Ziemlich gruselig.«

»Ja, aber das ist nicht alles, Mark. In den letzten Wochen sind ein paar Sachen von mir verschwunden. Erst eine Haarbürste, später Unterwäsche. Die Teile sind irgendwann woanders wieder aufgetaucht.« Sie löste sich von der Reling, drehte sich um und blickte auf das nachtschwarze Wasser, auf dem die Lichter des vorbeiziehenden Ufers tanzten. »Einmal hab ich gedacht, irgendjemand hätte in meinem Bett gelegen. Da war so ein Abdruck auf der Decke. Total irre.«

»Das könnte auch Magdalena gewesen sein. Hast du darüber mal nachgedacht?«

Sie schüttelte den Kopf. »Nein, ich hab sie gefragt. Das war sie nicht. Einzeln betrachtet mag das unverfänglich erscheinen. Bis das mit den Geschenken anfing.«

»Welche Geschenke?«

»Teures Parfum. Einen MP3-Player mit einer Playlist.«

»Klingt nach einem heimlichen Verehrer.«

Sie nickte und spürte erneut Tränen aufsteigen. »Gestern bin ich mitten in der Nacht aufgewacht. Für eine Sekunde wusste ich nicht, wo ich war. Und dann habe ich Schatten vor der Kabinentür gesehen. Da stand jemand.«

»Heftig.«

Sie schluckte hart und ballte die Fäuste. »Ach Scheiße. Ich gehör nicht zu den Frauen, die sich so schnell Angst einjagen lassen. Aber die Angelegenheit ist nicht mehr lustig.«

»Absolut. Hast du das schon dem Management gemeldet?«

»Nein. Ich brauch den Job. Wenn ich mich bei jeder Kleinigkeit beschwere, stufen die mich gleich als schwierig ein und feuern mich. Die können kein Nervenbündel hinter der Theke gebrauchen.« Sie zog die Nase hoch.

»Na das würde ich keine Kleinigkeit nennen, Sunny. Jetzt hast du den Beweis, dass ein Fremder in deiner Kajüte war, wo er nichts zu suchen hatte.«

»Dieser Jemand macht mir Angst. Eine Scheißangst, Mark.«

»Kann ich mir vorstellen.«

»Ich frage mich die ganze Zeit, wer dahinter stecken könnte.«

Irgendwo fiel eine Außentür ins Schloss. Sie schreckte auf und sah sich hektisch um.

»Komm, lass uns hier verschwinden.« Mark zerrte sie mit sich. »Vielleicht ist dein unheimlicher Verehrer noch in der Nähe.«

Sie rannten weiter, bis sie die Treppe zum Sonnendeck erreichten, die sie, zwei Stufen auf einmal, in mehreren Sätzen nahmen. Zwischen verwaisten Liegestühlen liefen sie zu einem der Strandkörbe, hinter dem sie sich versteckten.

»Vielleicht ist es der seltsame Typ aus Kabine 123«, flüsterte Mark und schaute vorsichtig hinter dem Korbstuhl hervor. »Die Luft ist rein.«

»Benny? Nein, das glaub ich nicht«, sagte sie gedämpft. »Der ist harmlos.«

»Bist du sicher?«

»Ja, eben hat er mir erzählt, dass Chuck Norris unter Wasser grillen kann.«

Mark drehte sich zu ihr um und grinste. »Das kann SpongeBob auch.«

»Haha.« Sie musste lachen, obwohl ihr gar nicht danach war.

»Warum schläft Chuck Norris bei Licht? Nicht weil er Angst vor der Dunkelheit hat …«

»… sondern weil die Dunkelheit Angst vor ihm hat – ja, ich weiß. Ich seh schon: Du hast Benny öfters erlebt.«

»Ja, live und in Farbe. Er wohnt praktisch in der Bar.« Mark wurde wieder ernst. »Schläfst du auch bei Licht?«

»Wo denkst du hin? Magdalena würde mir an die Gurgel springen. Sie braucht ihren Schönheitsschlaf.«

»Stimmt. Allerdings verbringt sie ihre Nächte in letzter Zeit eher in Kabine 21.«

»Nie im Leben!«

»Doch, doch. Einer der Kabinenstewards hat es ihr angetan.«

»Ich hatte mich schon gewundert, wo sie steckt.«

»Chuck Norris schläft auch nicht. Er wartet.«

»Und kaut Bienen, statt Honig zu essen.«

»Ja, so isser, der Chuck.«

Sie lachte und fühlte sich plötzlich nicht mehr so hilflos. »Danke, Mark.«

»Wofür?«

»Dass du mir zugehört und mich nicht sofort für verrückt erklärt hast.«

»Kein Ding.«

Sie lehnte sich an ihn und spürte seinen atmenden Körper.

»Aber du musst mir eines versprechen: Wir gehen der Sache auf den Grund. Wir finden den Kerl, der dir Herzen aus Rosenblättern aufs Bett legt, und melden es der Reederei.«

Sie setzte zu einer Antwort an und runzelte die Stirn. »Sekunde! Woher weißt du das mit den Rosen?« Die Erkenntnis traf sie wie eine Schiffsschraube und ließ sie zurückstolpern.

»Was?«

»Ich habe kein Wort über Rosenblätter verloren.«

»Du irrst dich«, hob Mark die Hände und folgte ihr. »Du hast es mir erzählt. Wahrscheinlich hast du es bei all der Aufregung vergessen.«

»Behandle mich nicht, als hätte ich nicht mehr alle Tassen im Schrank! Ich weiß sehr wohl, was ich dir vorhin gesagt habe, Mark. Ist keine zehn Minuten her.«

Er beschleunigte seinen Schritt. »Nein, du wirfst da was durcheinander ...«

»*Du* steckst hinter alledem! Dachtest du, du könntest mich mit dieser billigen Masche beeindrucken? Machst einen auf Frauenversteher und in Wahrheit ...«

»Du bist ja total hysterisch, Sunny. Wenn du das

jemals öffentlich behauptest, dann werde ich dir das Leben zur Hölle machen.«

»Wie bitte? Drohst du mir etwa?«

Mark sah sie unverwandt an. Seine Augen funkelten in der Dunkelheit. »Darauf kannst du dich verlassen, Sunny«, sagte er so leise, dass sie ihn durch das Brummen der Schiffsmotoren kaum verstand.

»Du elender Mistkerl!«

Er packte sie am Handgelenk und zog sie an sich.

»Lass mich los, Mark!«, schrie sie und blickte sich panisch um. Sie war ganz allein mit diesem Psychopathen. Komplett ausgeliefert.

»Du verdammtes Arschloch!« Benny war wie aus dem Nichts aufgetaucht. Jetzt nahm er Anlauf und trat Mark unter Kampfgebrüll in die Weichteile, woraufhin der stöhnend zu Boden ging. Der Kleine vertrug doch mehr Alkohol, als sie vermutet hatte. Er musste sie beide seit geraumer Zeit belauscht haben und war im richtigen Augenblick aus der Deckung gekommen.

»Chuck Norris kennt nur zwei Geschwindigkeiten«, krakeelte er und deutete einen weiteren Karateschlag an. »Laufen und töten!«

»Was war das denn?« Sie sah ungläubig zuerst zu Mark, der sich immer noch vor Schmerzen auf dem Deck wälzte, dann zu Benjamin, der in Kampfpose dastand, bereit, ihrem unheimlichen Verehrer den nächsten Tritt zu verpassen. Mark stöhnte. Er würde so schnell nicht mehr auf die Idee kommen, einer Frau nachzustellen und ihr den Schreck ihres Lebens einzujagen. Abgesehen davon, dass er den Job auf der »Rheinperle« los war. Dafür würde sie sorgen.

»Roundhousekick«, hechelte Benjamin und tänzelte in Boxermanier vor ihr auf und ab. »Die Welt dreht sich übrigens nur, weil Chuck Norris ihr als Dreijähriger einen Roundh…«

»Benny, verschon mich!« Sie brach in Lachen aus, dass ihr die Tränen kamen.

46 »Das hier ist das schönste öffentliche Schwimmbad der Stadt, wenn nicht Europas«, sagt Tomi Ungerer in der GEO SAISON Nr. 09/2007 über die »Bains municipaux de Strasbourg«. Das Jugendstilbad wurde zwischen 1905 und 1908 errichtet und steht seit 2000 unter Denkmalschutz. Es verfügt über zwei Schwimmbecken, öffentliche Duschen und Römische Bäder mit Saunen, Dampf- und Warmwasserbädern. Das Schwimmbad bietet (pränatale) Aquagymnastik an. Der Eintritt kostet 4,20 Euro (ermäßigt 2,20 Euro), mit Zehnerkarte 28,50 Euro (15,50 Euro) und im Jahresabo 145 Euro (75 Euro). »Bains municipaux de Strasbourg«, 10 Boulevard de la Victoire, 67000 Strasbourg, Tel. +33/388/251758. www.strasbourg.eu

47 »La Petite France« bildet mit ihren Brücken, verwinkelten Gassen und Fachwerkhäusern, die über reich verzierte Holzgalerien verfügen, das historische Zentrum von Straßburg. Die malerische Altstadt ist sehr gut erhalten und zählt zu den meistbesuchten Vierteln der Stadt. Im 12. Jahrhundert entstanden hier an den vier Illarmen Kanäle, an denen sich Gerber und Müller niederließen und fern von den bürgerlichen Bezirken rund um das Münster ihrem zum Teil übelriechenden Gewerbe nachgingen. Gauner und Banditen sollen damals ebenfalls in Klein-Frankreich Unterschlupf gefunden und Prostituierte ihre Freier empfangen haben.

48 La Cathédrale Notre-Dame ist das Wahrzeichen von Straßburg. Das Liebfrauenmünster aus Sandstein feierte 2015 sein tausendjähriges Jubiläum und beeindruckt durch die mit Portalstatuen geschmückte Hauptfassade und eine Fensterrose mit einem Durchmesser von 15 Metern. Das Innere der Kathedrale ist berühmt für seine Engelspfeiler, die auf drei Ebenen das Weltgericht und das Jüngste Gericht illustrieren, die spätgotische Kanzel, die Astronomische Uhr und die von Andreas Silbermann erbaute Orgel. Der Sakralbau wurde 1015 im romanischen Stil begonnen, im gotischen (1235–75) fortgeführt und im hochgotischen Stil (1276–1330) vollendet. Am Frühlings- und Herbstanfang ist sieben Tage lang für jeweils 15 Minuten ein rätselhafter grüner Strahl zu sehen, der von einem Fenster im südlichen Seitenschiff bis zum Christuskopf des Kruzifixes an der Kirchenkanzel wandert. Über 332 Stufen gelangt man zur Plattform auf dem Fundament des Südturms, der nie gebaut wurde. Ein fantastischer Blick über die Altstadt, das Europaparlament, die Rheinebene, das Elsass, die Vogesen und den Schwarzwald entschädigt für den mühsamen Aufstieg. Die Kirche ist täglich von 7 bis 11.20 Uhr und von 12.35 bis 19 Uhr geöffnet. Eine Besichtigung während der Gottesdienste ist nicht gestattet.
www.cathedrale-strasbourg.fr

49 »La Maison Kammerzell« im Schatten der Münsterkathedrale gilt als das schönste Haus in Straßburg. Das gotische Fundament stammt aus dem Jahr 1427. 1589 erhielt das Fachwerkhaus eine detaillierte Schnitzfassade. Unter den Fenstern sind kunstvolle Sternzeichen zu erkennen. Von 1891 bis 1892 wurde das Gebäude vollständig restauriert. Das Kammerzellhaus ist das Geburtshaus der fiktiven Detektivgestalt Honoré Langustier des deutschen Schriftstellers Tom Wolf. Heute beherbergt es ein Restaurant, dessen Wände Malereien von Leo Schnug (1878–1933) schmücken, und ein Hotel mit neun Zimmern. Mittwoch ist Ruhetag.
www.maison-kammerzell.com

50 Die Hauptsehenswürdigkeiten von Straßburg können auch auf dem Wasserweg erkundet werden. Besucher haben die Wahl zwischen drei kommentierten Fahrten auf Panoramabooten, die über die Kanäle der Ill fahren. In der Hauptsaison von April bis Oktober legen die Boote jede halbe Stunde von 9.45 bis 21.15 Uhr ab, von Mai bis September sogar von 9.15 bis 22.15 Uhr. Fahrkarten kosten zwischen 9,50 und 12,50 Euro, ermäßigt 5,80 und 7,20 Euro. Kinder unter vier Jahren werden kostenfrei befördert. Die Anlegestelle befindet sich am »Palais des Rohan«.
www.batoramashop.com
Eine Hafenrundfahrt führt bis zur Europabrücke. Der »Port autonome de Strasbourg« ist mit einem Umschlag von mehr als acht Millionen Tonnen nach Paris der zweitgrößte Binnenhafen Frank-

reichs und nach Duisburg und Köln der drittgrößte Rheinhafen. Der Hafen wurde 1890 eingeweiht und Anfang des 20. Jahrhunderts erweitert. Er verfügt heute über zwei große Vorhäfen und vierzehn Hafenbecken. Die zwei- bis dreistündigen Rundfahrten finden im Juli und August statt und belaufen sich auf 4 bis 10 Euro.
pas@strasbourg.port.fr
www.strasbourg.port.fr

51 Das »Monument aux Morts« wurde 1936 von Leon Drivier erbaut und zum Andenken an die Gefallenen des Ersten Weltkriegs auf der Place de la République errichtet. Das Totenmonument stellt eine Mutter dar, die Straßburg symbolisiert. Sie betrauert ihre beiden Söhne – einen französischen und einen deutschen Soldaten, die sich im Tode zur Versöhnung die Hand reichen.

52 Im Mittelalter ertränkte man an der Pont du Corbeau, der Raben- oder Schindbrücke, Kindsmörderinnen und Ehebrecherinnen, indem man sie bei lebendigem Leib in einen Sack steckte und in den Fluss warf. Unehrliche Kaufleute wurden in einem Käfig in die Abwässer des Schlachthauses gehängt. Viele Betrüger überlebten diese Strafe nicht – und lockten Raben an, die sich an ihnen gütlich taten.

53 »La Cave historique des Hospices de Strasbourg« an der Place de l'Hôpital 1 hat ihren Eingang an der Kapelle Saint Erhard. Besichtigt werden kann das 1395 erbaute Kellergewölbe, das dem Hospiz erst als Vorratskammer und dem Krankenhaus später als Weinkeller diente, Montag bis Freitag von 8.30 bis 12 Uhr und von 13.30 bis 17.30 Uhr. Samstags ist zwischen 9 und 12.30 Uhr geöffnet. Führungen mit Weinprobe werden ab 15 Teilnehmern für insgesamt 165 Euro angeboten. Reservierungen unter cave-hospices@chru-strasbourg.fr. Da die wenigsten Patienten ihre Rechnung damals mit Gold, sondern mit Naturalien beglichen, füllten sich die Regale mehr und mehr mit Weinflaschen. Aus diesem Grund wurden den Kranken mehrere Liter Wein zu den Mahlzeiten gereicht. Seit dem 14. Jahrhundert sezierten Ärzte und Studenten am Ende des Kellers Hingerichtete für anatomische Studien – eine höchst illegale Tätigkeit, die mit dem Tode bestraft wurde. Daher brachte man die Leichen durch einen geheimen unterirdischen Gang aus den Gräbern vor den Stadttoren in den Weinkeller des Hospitals. Derlei Sektionen wurden erst im 18. Jahrhundert legalisiert. So nahm Johann Wolfgang von Goethe 1770 im sogenannten »Anatomischen Theater« an einer Sektion teil.

54 Das »Musée d'Art Moderne et Contemporain de Strasbourg« (MAMCS) zeigt auf einer Ausstellungsfläche von rund 13.000 Quadratmetern eine Werkschau der modernen und zeitgenössischen westeuropäischen Kunst von 1870 bis zur Gegenwart. Ein Flügel des 1998 eröffneten Museums liegt am Illufer gegenüber dem Altstadtviertel »Petite

France«, der andere erstreckt sich parallel zum Bahnhofsviertel. Eine große gläserne Halle verbindet die beiden Gebäudeteile. Großzügige Schenkungen der Familie Arp, die zwischen 1920 und 1973 rund dreißig Werke von Hans Jean Arp und Sophie Taeuber Arp spendeten, führten 1973 zur Gründung des Kunstmuseums. Es hat Dienstag bis Sonntag von 10 bis 18 Uhr geöffnet. Der Eintritt kostet 7 Euro, ermäßigt 3,50 Euro. www.musees.strasbourg.eu

55 Das »Musée Tomi Ungerer – Centre International de l'illustration« wurde 2007 in der Villa Greiner zu Ehren des weltberühmten Sohnes der Stadt eingeweiht: Tomi Ungerer entstammt einer Uhrmacherfamilie und wurde 1931 in Straßburg geboren. Heute lebt er in Irland und im Elsass. Das Museum präsentiert das umfangreiche Werk, das der Künstler seit 1975 Stück für Stück seiner Heimatstadt überlässt. Darunter befinden sich Kinderbuchillustrationen, Karikaturen, Werbeplakate und erotische Darstellungen. Der Fundus beinhaltet darüber hinaus eine Spielzeugsammlung sowie Sammlungen von Zeichnern des 20. und 21. Jahrhunderts. Das Museum ist außer dienstags täglich von 10 bis 18 Uhr geöffnet. Die Eintrittskarten sind für 6 Euro erhältlich, ermäßigt für 3,50 Euro. www.musees.strasbourg.eu

56 Die »Pâtisserie Christian« direkt am Münster bietet ihren Gästen neben vielen weiteren Leckereien mit ihren Sorbetkreationen aus Früchten der Sai-

son, Kräutern, Tee, Gewürzen und überraschenden Zutaten »eine Explosion des subtilen und
raffinierten Geschmacks«, wie die Website verspricht.
www.christian.fr

Mittlerer Oberrhein – Zwischen Rheinkilometer 352 und 499

ANNE GRIESSER

HERR KLOPPSTOCK SUCHT DAS GLÜCK

Mannheim

I

Werner Kloppstock weinte nicht. Niemals. Er wusste gar nicht, wie das ging. Manchmal wünschte er, er könnte es, vielleicht würde es helfen, aber so sehr er sich auch anstrengte, es wollte einfach nicht klappen. Als er noch ein Kind war, hatte er gelegentlich geweint, aus Wut oder Schmerz, aber das war lange her. So lange, dass er sich an den Grund gar nicht mehr erinnern konnte. Jetzt war er 58 Jahre alt, und seine Augen blieben trocken. Nicht mal bei Irenes Beerdigung hatte er geweint. Nicht mal da.

Ach, Irene.

Mit dem Handrücken wischte er sich die Tränen aus dem Gesicht. Nicht, dass er geweint hätte, nein, nur die Zwiebeln machten ihm zu schaffen. Ohne die Zwiebeln wüsste er gar nicht, ob die entsprechenden Drüsen noch funktionierten.

»Na Werner, biste wieder am Heulen?«

Seine Kollegin Aysha grinste ihn an. Sie trug ein buntes Kopftuch, aber eine neckische grau melierte Haarsträhne war darunter hervorgerutscht, und die strich sie sich jetzt aus dem Gesicht. Ihre Mehlfinger hinterließen eine Staubspur auf den rosigen Wangen.

Werner Kloppstock lächelte zurück. Es geschah nicht oft, dass er lächelte, aber wenn, dann tat er es meistens für Aysha. Weil sie nett zu ihm war, ein fröhliches Gemüt besaß und gute Laune in der »Galley« verbreitete, wie die Küche genannt wurde. Weil sie ihm schon gefallen könnte, die Aysha, mit ihrer lustigen Art und dem freundlichen Wesen, auch wenn sie eine andere Religion hatte, aber was juckte ihn schon die Religion. Damit hatte er wenig am Hut, und dass Aysha kein Schweinefleisch aß, war ihm völlig egal, solange sie es ihm nicht madig machte, was ihr sowieso nicht gelingen würde. Ja, die Aysha könnte ihm gefallen, auch wenn sie sich nicht mit Irene vergleichen ließ.

Ach, Irene.

Werner Kloppstock häutete eine neue Zwiebel und hackte sie mit gezielten Messerstrichen in dünne Ringe. Seine Augen brannten.

Was war nur heute los mit ihm? Diese heimtückischen, hinterhältigen Gedanken, woher kamen sie? Warum konnte er sich nicht einfach auf seine Arbeit konzentrieren?

Aysha wandte sich schulterzuckend ab, als er nicht auf ihre Frotzelei einging. Verstohlen folgte er ihr mit dem Blick. Ob sie auch so gern tanzte wie Irene? Ob sie ihm abends vorlesen würde, wenn er sie darum bäte? Ob sie mit Geld umgehen konnte?

Er seufzte. Die Sache mit dem Geld war ihm gänzlich entglitten, seit Irene vor neun Jahren einer Krebserkrankung erlegen war. Irene – seine Ehefrau, Freundin, Wegbegleiterin, Geliebte – und Finanzverwalterin. Neun Jahre! Für manche Menschen eine halbe Ewigkeit, für ihn eine schwer fassbare Zeitspanne. Sein ganzes Leben teilte er ein in die Zeit mit Irene – und die Zeit danach. An die er nur ungern dachte. In der er nicht mehr der brave, unbescholtene und gutmütige Bürger gewesen war, der als Einkäufer in einer Großmarktfiliale arbeitete. In der nicht nur seine Finanzen, sondern sein ganzes Leben aus den Fugen geraten war.

Wütend über seine gefühlsduseligen Gedanken drosch er auf eine weitere Zwiebel ein. Das Wasser lief ihm dabei in Sturzbächen aus den Augen.

Es war die Nähe zu Mannheim, die ihn heute so aus der Fassung brachte. Was sonst?

Ach, Mannheim.

Er hielt in der Arbeit inne. In Mannheim hatte er sein halbes Leben verbracht. Die Zeit mit Irene. Und auch in den neun Jahren nach ihrem Tod hatte er dort seine beste Zeit erlebt. Hatte noch einmal so etwas wie Geborgenheit gefunden.

Vielleicht sollte er die Zwiebeln unter kaltes Wasser halten, damit sie nicht mehr so scharf brannten? Aysha zwinkerte vergnügt, als sie ihn beobachtete. »Heulsuse!«, kicherte sie. Es kostete Werner viel Kraft zurückzulächeln.

»Ihr sollt arbeiten, nicht turteln! Es ist zehn Uhr.« Kurt Häringer hatte die Galley betreten. »Die Leute da draußen haben Urlaub. Die wollen pünktlich ihr Mittagessen. Also dalli, Kloppstock, dalli!«

Häringer, der Chefkoch der »Rheinperle«, war unerbittlich, wenn es um seinen Zeitplan ging. Das Wohl der Passagiere hatte für ihn höchste Priorität. Das Wohl seiner

Untergebenen weniger. Gerne hätte Werner ihm eine Zwiebel an den Kopf geworfen, doch er beherrschte sich. Nicht mehr lange, dachte er, dann bin ich ihn los. Denn Werner Kloppstock hatte einen Plan, und falls der aufging, war er sie bald alle los: den Chefkoch, seinen widerlichen Kollegen Holger Büsnach, der ihm durch seine herablassende Art und die unterschwellige Aggressivität das Leben schwer machte, und auch Aysha. Um sie war es schade, aber das ließ sich nicht ändern. Ein paar Opfer mussten eben gebracht werden.

»Kloppstock! Sind Sie taub? In fünf Minuten sind die Zwiebeln fertig, verstanden?«

Kollege Büsnach grinste hämisch über den erneuten Anschiss. Er freute sich immer, wenn ein anderer sein Fett abbekam. Der junge Mann war der schlimmste Menschenhasser, den Werner kannte, und obwohl er sich selbst gelegentlich so bezeichnete, verabscheute er Büsnach dafür. Morgen bin ich euch los, dachte er noch einmal und erlebte einen jener seltenen glücklichen Momente, die sein Gesicht erhellten.

»Ach Kloppstock, noch etwas.«

Der Chefkoch, der sich bereits abgewandt hatte, kehrte zurück. »Sie haben heute Nachmittag frei, nicht wahr?«

Werner erstarrte. Der freie Nachmittag in Mannheim war Dreh- und Angelpunkt seines Planes, den ließ er sich nicht streichen, um keinen Preis. Lieber schmiss er seinen ungeliebten Job gleich über Bord. Er war es längst schon leid, nach der Pfeife eines Schnösels wie Kurt Häringer zu tanzen. Sich wegen ein paar Zwiebeln anpflaumen zu lassen. Und den Job würde er ab morgen sowieso nicht mehr brauchen. Dann brauchte er gar keine Arbeit mehr.

»Die Passagierin aus Kabine 124 wünscht sich zur Feier

ihrer Silberhochzeit einen *MOËT & CHANDON Brut Imperial*. Sie kennen die Maxime der Schifffahrtsgesellschaft, Kloppstock: Wir erfüllen jeden Wunsch, und sei er noch so ausgefallen. Ich weiß nicht, was Sie für den Nachmittag geplant haben, und es interessiert mich auch nicht. Aber Sie bringen gefälligst um 18 Uhr eine Flasche Brut Imperial mit, verstanden?«

Werner atmete auf. Sein Landgang war nicht gestrichen.

»Wissen Sie überhaupt, was das ist, Kloppstock?«

Geistesabwesend schüttelte er den Kopf.

»Himmel noch mal! Das ist ein edler Champagner! Büsnach, Sie helfen Kloppstock beim Einkauf!«

Werner hörte gar nicht richtig zu. Den Champagner würde er um 18 Uhr sowieso nicht mehr brauchen und den Kollegen Büsnach konnte er unterwegs sicher irgendwie abschütteln. Also hob er zustimmend die Augenbrauen, und der Chefkoch gab sich mit diesem vagen Zeichen seines wortkargen Beikochs zufrieden.

Aysha blinzelte ihm zu. »Landgang? Du Glücklicher! Bringst du mir etwas Schönes mit? Ein Geschenk?«

Werner drehte sich um, ohne eine Antwort zu geben. Er griff nach einer Zwiebel und spürte plötzlich eine große Wut in sich aufsteigen. Ja, die Aysha könnte ihm schon gefallen! Aber was nützte das? Die lächelte ja nicht nur ihn an, sondern jeden. Lächelte den Kellner Dieter an, obwohl der eine Frau im Ruhrpott sitzen hatte. War zu allen freundlich. Sogar zu diesem menschenverachtenden Holger Büsnach. Sogar zu dem.

Werner Kloppstock wischte sich mit dem Handrücken das Zwiebelwasser aus den Augen.

Ach, Irene.

Container, Kräne, Stahlgerüste, aber auch ausgedehnte Grünflächen und das Strandbad 57 . Mannheim und Ludwigshafen versprühten vom Fluss her einen herben Charme. Dann der Stadtteil Lindenhof, die Quadrate 58 , die Konrad-Adenauer-Brücke.

An Deck standen die Fahrgäste schon dicht gedrängt, obwohl das Schiff noch gar nicht am Speicher 7, schräg gegenüber der Ludwigshafener »Rhein-Galerie« 59 , angelegt hatte. Die Zeit war knapp bemessen. Fünf Stunden mochten üppig klingen, aber die meisten Passagiere hatten eine Bustour gebucht – nach Heidelberg 60 oder Speyer 61 – und nur die wenigsten von ihnen würden den halben Tag direkt in Mannheim verbringen.

Mitten unter ihnen befand sich Werner Kloppstock. Sein Herz schlug höher, als sie sich der Stadt näherten, die er seine Heimat nannte. Er trug nur einen Rucksack bei sich mit den Gegenständen, die er brauchte, um seinen Plan in die Tat umzusetzen, und mit dem gerahmten Foto von Irene, von dem er sich nicht trennen wollte. Alle übrigen Habseligkeiten konnten seinetwegen in der engen Belegschaftskabine, die er sich mit einem unsympathischen Maschinisten teilte, verrotten, wenn er am Abend nicht auf das Schiff zurückkehrte.

Für Aysha hatte er noch schnell ein Fläschchen Parfüm im Bordshop erstanden und in einer Plastiktüte verpackt an ihre Kabinentür gehängt.

Während seine Augen immer heller glänzten, je näher sie der Anlegestelle kamen, verdüsterte sich der Gesichtsausdruck seines Kollegen Büsnach noch mehr, sofern dies überhaupt möglich war.

»Hör mal, Kloppstock«, stieß er schließlich zwischen den Zähnen hervor. »Diesen bescheuerten Brut Imperial wirst du alleine besorgen, klar? Ich habe wahrlich Wichtigeres in der Stadt zu erledigen.« Er blickte Werner mit so kalten Augen an, dass diesem unwillkürlich fröstelte. Er hatte selbst Wichtigeres zu erledigen, doch gerade deshalb wollte er den Kollegen ebenso dringend loswerden wie dieser ihn. Also nickte er knapp und verließ als einer der Ersten das Schiff.

Ach, Mannheim.

Tief sog er die Luft in seine Lungen. Jede Stadt hatte ihren eigenen Geruch, wie er während der fünf Monate, die er nun als Beikoch auf der »Rheinperle« arbeitete, festgestellt hatte. Basel roch nach Zuckerwatte, Breisach nach gebratenem Fisch, Strasbourg nach Zitrone. Warum das so war, wusste er nicht. Es gab keinen Grund, und vielleicht bildete er es sich auch nur ein, das war gut möglich. Aber Mannheim duftete abwechselnd nach gebrannten Mandeln oder nach Olivenöl, da war er sich sicher. Die besten Gerüche von allen.

Am Schloss **62** stieg er in die Straßenbahn, fuhr am Wasserturm **63** vorbei und stieg schließlich in die Linie 6a um.

»Hesch gheert, sie hebbe des Tote-Hose-Konzert uffm Maimarkt-Gelände **64** abgebloose, wegge ra Bombedrohung! Terrorischte in Mannem! Also, so was geht eefach net!«

Werner schloss die Augen, belauschte die Fahrgäste und genoss den Dialekt, den auch Irene nie ganz abgelegt hatte.

Die Straßenbahn näherte sich Neuostheim, und die Gegend wurde Werner immer vertrauter. Er erkannte die Läden, in denen er früher eingekauft hatte, die Kneipen, in denen er sein Bier getrunken hatte, und schließlich stieg er aus.

Heute roch Mannheim nach Olivenöl, ganz eindeutig.

Die kleine Bankfiliale, die er ansteuerte, kannte Werner ebenfalls schon seit vielen Jahren. Immerhin war er dort Kunde. Das Konto hatte allerdings Irene verwaltet, weil er mit dem Rechnen und Haushalten schon immer Probleme gehabt hatte.

Vor der Eingangstür blieb er stehen und atmete tief durch. Gern tat er nicht, was er jetzt tun musste. Beim ersten Mal hatte er die junge Kassiererin dermaßen erschreckt, dass sie danach psychologische Betreuung benötigte und letztendlich ihren Job aufgeben musste. Aber das hatte Werner erst bei der Verhandlung erfahren. In der Bank war er für wenige Minuten ein anderer gewesen. Gar nicht er selbst. Nicht der gutmütige, ein wenig tollpatschige Bär, den Irene geliebt und geheiratet hatte. Für ein paar Augenblicke war damals etwas Bedrohliches von ihm ausgegangen, etwas Furchteinflößendes, sonst hätte sich die Kassiererin nicht so erschrocken, und sie hätte ihm niemals ohne zu zögern 28.000 Euro in eine Plastiktüte gepackt und zitternd überreicht.

Was Aysha wohl sagen würde, wenn sie ihn so sehen könnte? Ob das heitere Lächeln dann aus ihrem Gesicht verschwände? Ob sie trotzdem noch freundliche Worte für ihn übrig hätte?

Und Irene?

Ach. Werner Kloppstock setzte seinen Rucksack ab und verbot sich alle sentimentalen Gedanken. Es musste eben sein, basta.

Die Pistole war das gleiche Modell wie damals. Eine Farbspritzpistole, wie Lackierer sie für schwer zugängliche Ecken benutzten. Schwarz angemalt und von der Größe her täuschend echt.

An einen Strumpf oder eine Maske hatte er nicht gedacht, aber das war ja auch nicht nötig.

Zwei Kunden waren in Gespräche am Schalter verwickelt, doch an der Kasse, der Werners Interesse galt, stand niemand. Werner spürte, wie er um ein paar Zentimeter wuchs, als er seine Waffenattrappe anhob und auf den Mann hinter der Glasscheibe richtete. Der ihm vage bekannt vorkam.

»G…Geld her!«, sagte er. Wie immer, wenn er nervös war, stotterte er ein bisschen.

Der Mann an der Kasse nahm ihn erst jetzt wahr. Kurz zuckte sein linkes Auge, dann entspannte er sich wieder. Ein leises Lächeln huschte über sein Gesicht. »Herr Kloppstock? Kennen Sie mich nicht mehr? Ich bin doch Ihr Kundenberater.« Seine Stimme klang warm und ruhig. »Sie sind also wieder draußen.«

»G…G…Geld her, hab ich g…gesagt.« Das Stottern verstärkte sich mit dem Grad der Nervosität.

Das Grinsen auf dem Gesicht des Bankangestellten wurde breiter. »Das ist ja ’n Ding!«, sagte er und ignorierte die Spritzpistole. Er fasst sich an die Nase, schüttelte den Kopf, lachte laut auf und wiederholte: »Das ist ja ’n Ding!«

Mittlerweile waren auch die anderen Mitarbeiter auf das Geschehen aufmerksam geworden. »Soso«, sagte der Filialleiter, ein älterer Herr mit Glatze. »Der Herr Kloppstock ist wieder da. Seit wann sind Sie denn draußen?«

»V…ver…verdammt noch m…mal. G…G…Geld
her!«

»Ich bitte Sie! Nun packen Sie Ihre Pistole weg und
verschwinden Sie. Sie bekommen kein Geld von uns,
das wissen Sie doch. Und auf das Theater mit der Polizei haben wir heute auch keine Lust. Also: Einen schönen Tag noch, und bis zum nächsten Mal.«

Werner fiel in sich zusammen. Sein Gesicht glühte,
die Hand mit der Pistole bebte. Einen kurzen Moment
lang wünschte er, sie wäre echt. Dann machte er auf dem
Absatz kehrt und stürmte aus der Filiale. Tränen der
Wut hätten ihm jetzt gut getan, aber die Augen blieben
wie üblich trocken.

Ach, dachte er.

Ach, verdammt.

3

Im Luisenpark 65 kam er endlich zur Ruhe. Hier hatte
er oft die Sonntage mit Irene verbracht. Manchmal waren
sie auch hinüber ins »Technoseum« 66 gegangen, denn
sie interessierte sich für Geschichte und für Naturwis-
senschaften.

Er ließ sich auf einer Parkbank nieder. Der Gedanke
an Irene tat weh, denn Werner wusste, dass sie sein
Verhalten nicht gebilligt hätte. Er billigte es im Grunde
selbst nicht, aber er fühlte sich alt, sein Leben taugte
nichts mehr und er wusste nicht, wohin. Als hätte man
ihm vor neun Jahren den Boden unter den Füßen weg-
gezogen.

Nach seinem letzten Knastaufenthalt in Herzogenried hatten sie ihm vor fünf Monaten den Job auf der »Rheinperle« besorgt. Weil er vor langer Zeit mal eine Kochlehre absolviert hatte. »Das ist Ihre letzte Chance, Kloppstock!«, hatten sie zu ihm gesagt. »Mit 58 Jahren und mehrfach vorbestraft!«

Aber Werner wollte gar keine Chance. Er wollte nur ein Zuhause und ein bisschen Geborgenheit. Nichts davon gab es in der Küche der »Rheinperle«. Chefkoch Häringer war ein arroganter Lackaffe, der Kollege Büsnach ein undurchschaubarer Hassmensch, und die anderen Küchenhelfer wechselten schneller als Werner seine Unterhosen. Bis auf Aysha. Die ihm schon gefallen könnte mit ihrer Art und den rosigen Pausbacken. Die aber jeden anlächelte, nicht nur ihn, sogar den widerlichen Büsnach.

Nein, auf der »Rheinperle« gab es keine Geborgenheit.

In der JVA schon.

Ach, Herzogenried.

Wütend kramte Werner die Spritzpistole aus dem Rucksack und schickte sich an, sie in den Kutzerweiher zu pfeffern, doch im letzten Moment hielt er inne. War es nicht zu früh, um die Flinte ins Korn zu werfen? Nur weil sie ihn bei der Bank mittlerweile kannten und nicht mehr ernst nahmen? Beim ersten Mal, da war es echte Verzweiflung gewesen, da hatte er das Geld gebraucht, weil er ohne Irenes Hilfe innerhalb kürzester Zeit pleite gewesen war. Seine Verzweiflung hatte wohl überzeugend gewirkt, vor allem auf die junge Kassiererin, die wegen ihm ihren Job hatte aufgeben müssen. Was ihm leid tat, irgendwie.

Jetzt ging es ihm nicht mehr ums Geld. Obwohl das immer noch knapp war. Jetzt ging es ihm um die Wärme der Zelle. Jawohl, Wärme! Im Knast war sein Tag geregelt. Er schlief viel, sah fern, und zum Frühstück gab es Bohnenkaffee. Der schmeckte fast wie bei Irene. Sein letzter Zellengenosse, Ottmar, war auch schon über Fünfzig gewesen, und obwohl er ein rauer Bursche mit erschreckenden Tätowierungen am ganzen Körper war, hatten sie sich prächtig verstanden. Werner fühlte sich in der JVA aufgehoben, und der einzige Nachteil war, dass er nicht spazieren gehen durfte, wann es ihm beliebte.

Ach, Herzogenried.

Vorsichtig verstaute Werner die Spritzpistole wieder im Rucksack neben dem Bild von Irene. Landgang! Klang fast wie Hofgang. Noch hatte er dreieinhalb Stunden Zeit, bis er wieder aufs Schiff musste. Die Bank war ja nicht die einzige Möglichkeit! Beim zweiten Mal hatten sie noch von alleine die Polizei gerufen, beim dritten Mal erst auf seine Bitte hin. Und jetzt nicht einmal mehr das.

Die Tankstelle an der Möhlstraße. Gar nicht weit von hier. Tankstellen wurden ständig überfallen, und dort kannten sie ihn nicht. Man würde nicht zögern, die Polizei zu rufen. Er musste nur knallhart rüberkommen.

Als Werner aufstand, war er wieder ein paar Zentimeter gewachsen. Ja, diesmal würde es klappen!

Ach.

Drei Männer kamen gestikulierend auf ihn zu. Zwei von ihnen wirkten fremdländisch, der dritte war Holger Büsnach. Werner schaffte es gerade noch, sich hinter einem Busch zu verstecken. Nicht, dass es ihm viel ausgemacht hätte, von seinem Kollegen gesehen zu werden, aber er wollte keine Verzögerungen riskieren, nichts durfte ihn von seinem neuen, dem Plan B, ablenken.

Dass Büsnach Freunde in Mannheim hatte, wunderte ihn. Dass jemand wie Büsnach überhaupt so etwas wie Freunde oder Bekannte hatte, war an sich schon ein Rätsel. Wie schafften es andere Menschen nur, ihr Leben zu meistern?

Dann fiel ihm ein, dass Aysha erzählt hatte, Büsnach habe vor seiner Tätigkeit auf der »Rheinperle« eine Zeit lang im Mittleren Osten gelebt – und seine Begleiter sahen aus, als könnten sie von dort kommen. Sie debattierten in einer fremden Sprache und schlugen dem jungen Küchenhelfer mehrmals anerkennend auf die Schulter. Als hielten sie große Stücke auf ihn.

Seltsam.

Werner Kloppstock wartete, bis die drei Männer verschwunden waren, und machte sich dann auf den Weg zur Aral-Tankstelle.

4

»Geld her, aber sofort!«

Die Kunden im Laden duckten sich hinter die Regale, als sie den Revolver sahen. Ein beleibter Mann mittleren Alters atmete keuchend und klammerte sich an den Chipstüten fest, die daraufhin knisternd zu Boden fielen.

Der pickelige Jüngling hinter der Verkaufstheke, ein Student vermutlich, wurde blass und öffnete ohne jede Widerrede die Kasse. Mit zitternden Händen nahm er ein dickes Bündel Geldscheine heraus und schob es über den Tresen.

Der ganze Spuk dauerte gerade mal eine Minute.

Werner Kloppstock war der Einzige, der sich nicht geduckt hatte. Fassungslos starrte er dem maskierten Räuber hinterher, der sich vor der Tankstelle den Strumpf vom Kopf riss und schnell verschwand.

Werner war zu spät gekommen.

Langsam und mit schwerem Schritt verließ er den Tatort.

5

Während er durch die Straßen der Mannheimer Innenstadt wankte, schüttelte er mehrmals den Kopf. Wäre er religiös gewesen, hätte er nun an die Vorsehung geglaubt. Hätte er weinen können, wären ihm die Tränen in die Augen getreten. Aber der Beikoch der »Rheinperle« glaubte weder an Gott noch konnte er weinen, also blieben seine Augen trocken, und in seinem Kopf breitete sich eine unangenehme Leere aus.

Wie sollte es nun weitergehen?

In der Fußgängerzone setzte er sich auf eine Bank und holte Irenes Foto aus dem Rucksack. Niemand beachtete ihn.

»Ach Irene«, sagte er halblaut. »Was nun?«

In zwei Stunden musste er zurück aufs Schiff. Natürlich konnte er es in einer anderen Stadt wieder versuchen. In Mainz hatte er zwar keinen Landgang, aber in Köln. Dort gab es auch Banken. Tankstellen. Und eine JVA.

Ihm war, als schüttle Irene auf dem Foto den Kopf.

»Hast ja recht, meine Liebe«, sagte er. Irene kannte seine kriminelle Seite gar nicht. Wahrscheinlich hatte sie sich in den vergangenen Jahren mehrfach im Grab umgedreht.

Werner schloss die Augen und ließ seine Zukunft an sich vorbeiziehen. Er sah, wie er als Beikoch auf dem Kreuzfahrtschiff alt wurde. Von arroganten Chefs herumkommandiert. Von bösen Kollegen erniedrigt. Von der fröhlichen Aysha angelächelt, aber die lächelte ja jeden an, sogar den Büsnach.

Alleine, immer alleine. Niemand, der sich um ihn kümmerte. Kein Zuhause. Kein Geld, denn das reichte immer nur bis Mitte des Monats, und wenn er nicht in der Galley hätte essen können, wäre er längst verhungert.

Nein.

Werner wickelte das Foto in eine herumliegende Zeitung mit der Aufschrift *Radikalislamistische Bombendrohungen in Mannheim.* Dann verstaute er es im Rucksack, damit er Irene nicht mehr ansehen musste. Stattdessen holte er die Spritzpistole hervor. Wenn sie echt wäre – würde er sie sich dann an die Schläfe halten und abdrücken?

Eher nicht. Das war nicht seine Art.

Noch hatte er zwei Stunden Zeit, um sein Problem zu lösen. Er musste es nur raffinierter anstellen. Und größer. Er wollte nicht in Köln in den Knast, sondern in Mannheim. Nicht weil die JVA Herzogenried schöner gewesen wäre als andere – seine Mithäftlinge behaupteten sogar das pure Gegenteil – sondern einfach, weil er sie kannte.

Ach.

Als Werner den Kollegen Büsnach und die beiden Männer sah, hatte er diesmal keine Gelegenheit, sich zu verstecken. Sie gingen direkt an ihm vorüber. Büsnach wirkte kleiner als sonst und blasser. Und obwohl er mit Werner fast auf Tuchfühlung ging, als er an seiner Bank vorbeilief, obwohl sein Blick ihn streifte, zeigte er keine Spur des Erkennens, nicht einmal sein übliches herablassendes Kopfnicken. Das war selbst für den menschenverachtenden Küchenhelfer ein merkwürdiges Verhalten.

Seltsam. Sehr seltsam.

6

»Diese beiden möchte ich auch gerne ansehen.«

Werner deutete auf zwei dicke silberne Armreife, die in einer Vitrine des Antiquitätenladens ausgestellt waren. Die Verkäuferin, eine vollschlanke Frau um die Vierzig, nickte, holte die beiden Schmuckstücke heraus und breitete sie neben den drei Ketten mit den echten Rubinen und den Ohrringen auf dem Tisch aus.

»Und wiev…viel K…Karat hat dieser Diamant?«

»Oh, da muss ich leider passen. Wissen Sie, ich bin nur zur Aushilfe hier, vertrete heute eine Freundin, die zu einer Beerdigung musste. Wenn Sie eine Beratung wünschen, kommen Sie am besten morgen wieder.«

Werner nickte, betrachtete den teuren Schmuck, den die Dame so großzügig auf der Tischplatte verteilt hatte, und beschloss, dass es genügte. Für mindestens sechs Jahre Herzogenried. Er schaute sich nach einer Überwachungskamera um, in die er frontal lächeln wollte, damit sie ihn später leichter identifizieren konnten. Aber er fand keine. In der Jackentasche tastete er nach der Waffenattrappe und hielt sie bereits in der Hand, als aus dem Hinterzimmer des Ladens die Stimme Marilyn Monroes laut »Diamonds are a girl's best friend« trällerte. Die Dame am Tresen lächelte verlegen. »Das Telefon«, erklärte sie. »Einen Moment bitte.« Und damit verschwand sie im Büro.

Irritiert starrte Werner auf die Armreifen, die antiken Ketten, den Ring mit dem Diamanten und die Perlenohrringe. Die völlig schutzlos vor ihm ausgebreitet lagen. Er starrte mindestens eine Minute lang. Dann zuckte er die Schultern, nahm den Schmuck behutsam auf und verstaute ihn im Rucksack. Ohne jede Hektik verließ er den edlen Antiquitätenladen. Auf das schrille Geräusch einer Alarmanlage wartete er vergeblich.

7

»Verdammt noch mal, nun rufen Sie doch wenigstens dort an!«

Vor lauter Wut vergaß Werner das Stottern.

Der Polizist auf dem Revier Innenstadt schob gelangweilt einen Kaugummi von rechts nach links. Fehlte nur die Sonnenbrille, dann hätte er einem amerikanischen Cop-Film entsprungen sein können. »Glauben Sie mir, wenn es da einen Überfall gegeben hätte, hätten wir als Erste davon erfahren.«

Der Schnösel machte keine Anstalten, zum Telefon zu greifen.

»Aber ich *habe* den Schmuck gestohlen! Und jetzt möchte ich mich selbst anzeigen, weil mir das Gewissen keine Ruhe lässt.«

»Ha, bringe Sie ihn doch eefach zurück. Wo liegt'n do es Problem?«, mischte sich ein Kollege des Coolen ein.

»Hören Sie. D…Da war nur eine Aushilfe. V…Vielleicht ist ihr das G…Ganze peinlich und sie traut sich nicht, die P…P…Polizei zu rufen.«

»Ja klar«, lachte der Coole. »Und ›Waldhof Mannheim‹ steigt in die zweite Bundesliga auf.« Trotzdem wählte er gelangweilt die Nummer, die Werner ihm gegeben hatte. »Aha«, sagte er ins Telefon. »Verstehe. Danke. Einen schönen Tag noch. Und entschuldigen Sie die Störung.« Dann zog er die Augenbrauen hoch und wandte sich Werner zu: »Die Verkäuferin weiß von nichts.«

»A…Aber … Das ist nur eine A…Aushilfe!« Werner hieb zornig seine Faust auf den Tisch. »Sie war unaufmerksam. Die will das v…v…vertuschen! Die will …«

»Jetzt machen Sie mal halb lang! Packen Sie Ihren Familienschmuck, bevor Ihre Frau ihn vermisst, und verschwinden Sie. Wir haben Wichtigeres zu tun.«

»W…wollen Sie nicht w…wenigstens meine P…Personalien …?«

»Raus!«

Als Werner mit dem Schmuck im Rucksack das Büro verließ, hörte er noch, wie der eine zum anderen sagte: »Komisch, oder? Was sich die Leute so alles einfallen lassen, nur um ein bisschen Aufmerksamkeit zu bekommen!«

»Das sind die Bombendrohungen«, sinnierte der Coole. »Die Leute haben Angst. Und da kommen sie auf die merkwürdigsten Ideen.«

8

Mord.

Werner holte tief Luft. Es roch noch immer nach Olivenöl, fand er, aber mittlerweile nach ranzigem. Mannheim ließ ihn im Stich. Seine Heimat meinte es nicht gut mit ihm. Was er auch anpackte, es misslang.

Mord.

Lange hatte er diesen Gedanken von sich weggeschoben. Wer denkt schon gerne an Mord? Aber nun ließ er sich nicht länger verdrängen. Sollte es doch so etwas wie eine Vorsehung geben, so hatte sie nun eine deutliche Sprache gesprochen. Mit Banküberfällen oder Diebstahl ließ sich die Situation nicht lösen. Es war, als hätten sich alle gegen ihn verschworen.

Mit einem Mord kam man lange in den Knast. Richtig lange. Vor allem, wenn man vorbestraft war. Mit ein bisschen Glück sogar lebenslänglich.

Werner seufzte. Mord!

Wie sollte er das bewerkstelligen? Mit einer angemalten Spritzpistole kam er da nicht weiter. Mord war ein blutiges Geschäft. Ein unsauberes, endgültiges. Alles in ihm sträubte sich dagegen. Er würde zu einer echten Waffe greifen müssen. Eiskalt handeln.

Ach, ach. Wo er es nicht einmal schaffte, eine Tankstelle auszurauben.

Und doch schien es ihm die einzige Möglichkeit.

Mord.

Noch bedeutender als die Frage nach dem *Wie* war allerdings die Frage nach dem *Wen*. Er konnte doch nicht wahllos einen Passanten umbringen!

Am besten wäre es, einen zu erwischen, der es nicht

besser verdiente. Dummerweise sah man das den Menschen aber nicht an. Und überhaupt, was hieß das schon? War er, Werner Kloppstock, tatsächlich in der Lage zu beurteilen, wer das Leben verdiente – und wer den Tod?

Mord.

Vielleicht war es besser, ein Opfer zu wählen, das sich sowieso nach dem Tod sehnte. Dann konnte man sogar noch etwas Gutes tun. Eine Win-win-Situation sozusagen.

Werners Blick fiel auf den Obdachlosen, der sich auf der Bank nebenan ausgestreckt hatte. Er schlief offensichtlich einen Rausch aus, aber ab und zu bäumte er sich auf und hustete scheppernd Blut ab. Der hatte ohnehin nicht mehr lange zu leben.

Werner schüttelte den Kopf.

Nein. Das brachte er nicht über sich. Er hatte im Knast und auch anderswo genügend Menschen in verzweifelten Lebenslagen getroffen. Oder mit schlimmen Krankheiten. Keiner von ihnen hatte sich je nach dem Tod gesehnt. Keiner. Auch Irene nicht, selbst als der Krebs sie schon fast aufgefressen hatte und sie die Schmerzen nur noch mit den allerstärksten Morphiumdosen ertragen konnte.

Ach, Irene.

Schwerfällig erhob sich Werner von der Bank. Er fühlte sich um Jahre gealtert und um mindestens zehn Zentimeter geschrumpft.

In der Ferne sah er seinen Kollegen Büsnach mit den beiden Männern in einem unscheinbaren Gebäude verschwinden. Und plötzlich streckte sich Werner ein wenig.

Vielleicht gab es ja doch einen Menschen, der den Tod verdiente und den niemand vermissen würde. Nicht einmal Aysha, obwohl sie ihn schon angelächelt hatte. Aber Aysha lächelte schließlich jeden an.

9

Auf dem Rückweg zum Schiff besorgte Werner noch den Brut Imperial für die Dame mit der Silberhochzeit. Niemand sollte ihm nachsagen, er habe seine Pflichten vernachlässigt. Seine Arbeit hatte er immer ernst genommen, und unter anderen Voraussetzungen hätte ihm die Tätigkeit als Koch sogar Spaß machen können.

An Bord der »Rheinperle« herrschte trotz der frühen Stunde Partystimmung. Was trieb die Leute nur dazu, rund um die Uhr das Tanzbein zu schwingen? Nurso Süßkind, der Alleinunterhalter, flötete »Atemlos durch die Nacht« ins Mikro, und die anwesenden Gäste sangen mit. Das Repertoire des Mannes war reichlich begrenzt, und Werner überlegte kurz, ob er seinen Plan zugunsten Büsnachs und zulasten des Alleinunterhalters ändern sollte. Aber Nurso Süßkind war ja nur ein armer Tropf, der für eine echte Gesangskarriere zu untalentiert gewesen war. Irene hätte ihn gemocht. Sie hatte auch so gerne getanzt.

Ach, dachte Werner. Nur nicht grübeln. Es musste sein.

Chefkoch Häringer würdigte ihn kaum eines Blickes, als er den Champagner ablieferte. Er beauftragte ihn, bei der Passagierin nachzufragen, ob sie den Brut Imperial im Speisesaal oder in der Kabine serviert haben wollte. Man hatte das Ehepaar Lambrecht selten an Deck gesehen, die beiden verhielten sich gar nicht wie ein altes Ehepaar, sondern wie zwei Turteltauben in den Flitterwochen. Werner nickte und verließ die Galley, aber nicht, ohne in einem unbeobachteten Moment ein scharfes Fleischmesser in seinem Rucksack verschwinden zu lassen.

Im Vorbeigehen lächelte er Aysha an, lächelte von sich aus und als Erster, denn vielleicht war es das letzte Mal, dass er sie sah, und die letzte Gelegenheit, ihr seine Aufmerksamkeit zu schenken. Sie sah ihn verwundert an und lächelte zurück. Wärmer als sonst, wie ihm vorkam. Da kehrte er noch einmal um, nestelte in seinem Rucksack herum und bat seine Kollegin, die Augen zu schließen.

»Ich hab dir was m…mitgebracht, von meinem L… Landgang«, stotterte er und ließ den kostbaren Schmuck in ihre Schürzentasche gleiten. »Du d…darfst aber erst nach Feierabend nachsehen, was es ist.«

Aysha kicherte wie ein junges Mädchen. »Okay«, sagte sie. »Du verrückter Kerl.«

10

Das Schiff legte langsam ab, als Werner sich auf die Suche nach Holger Büsnach machte.

Mord.

Die Angelegenheit erlaubte keinen weiteren Aufschub. Werner musste es tun, solange der Entschluss noch frisch, die Schmach des Tages noch lebendig und die Verzweiflung groß genug waren. Später würde er nicht mehr die Kraft dazu finden.

Er entdeckte den Küchenhelfer auf dem Hauptdeck, in einer einsamen Nische, wo er unverwandt auf das Wasser starrte. Sein schmales Gesicht wirkte noch bleicher und spitzer als wenige Stunden zuvor in der Stadt.

Werner stutzte. So elend sah man eigentlich nur aus, wenn man seekrank war. Aber auf dem Rhein wurde man nicht seekrank, der plätscherte ruhig dahin, was war also mit dem Küchenhelfer los? Büsnach wirkte nicht nur elend, sondern geradezu gebeugt, außerdem sah er merkwürdig unförmig aus, besonders an der Hüfte. Er drehte sich um und erkannte Werner.

»Ah, Kloppstock«, sagte er mit kalter Stimme, und seine Mundwinkel verzogen sich bösartig nach unten. Sofort sah er wieder aus wie immer. »Was willst du von mir?«

Seine Augen versprühten gasförmigen Hass, und Werner wich einen Schritt zurück.

Jetzt, sagte er sich. Tu es jetzt.

Aber ach, er konnte nicht.

»Bist du religiös, Kloppstock?«, fragte Büsnach und musterte ihn verächtlich.

Werner schüttelte den Kopf.

»Pech für dich. Denn jetzt solltest du beten. Es wäre der richtige Zeitpunkt dafür.«

Werner atmete schwer. Was sollte das werden? Wollte sich Büsnach mit ihm über den Sinn des Lebens unterhalten? Ausgerechnet jetzt?

»Na los, Kloppstock! Was willst du von mir?«

Werner brachte kein Wort über die Lippen. Aber er zog langsam und bedächtig das Fleischmesser aus dem Rucksack.

Büsnach starrte ihn ungläubig an, dann verzog sich sein Mund zu einem unschönen Grinsen, und schließlich lachte er, bis es ihn schüttelte. Er lachte aus vollem Hals, aber es war kein herzhaftes Lachen, sondern ein gehässiges, ein diabolisches.

»Du willst mich aufhalten?«, japste er schließlich, als er sich wieder beruhigt hatte. »*Du*, Kloppstock? – Wie hast du es überhaupt herausgefunden?«

Werner wusste nicht, was er sagen sollte, doch Büsnach erwartete auch gar keine Antwort. »Aysha«, vermutete er. »Natürlich. Das Weib, die Abtrünnige. Sie ahnte, dass ich in Afghanistan im Dschihad-Trainingslager war. Da hat sie eins und eins zusammengezählt. Ich hätte sie rechtzeitig zum Schweigen bringen sollen. Aber …« Er zuckte die Schultern. »Das Weib wird mich nicht aufhalten. Und du erst recht nicht, Kloppstock!« Seine Stimme klang heiser. »Hast du all die dekadenten Menschen an Bord gesehen? Diesen Abschaum, der tanzt und grölt und säuft und sich einen Dreck um die Gesetze Gottes schert? Sie haben es nicht besser verdient.«

In die Augen des Küchenhelfers trat neben den Hass ein zweiter, ein irrer Glanz. Werner wich noch weiter vor ihm zurück.

»Die Welt wird aufhorchen, wenn ich getan habe, was ich tun muss! Und mir ist das Himmelreich gewiss, mit all seinen Annehmlichkeiten.« Büsnach hob seinen Pullover hoch. Darunter trug er einen breiten Sprengstoffgürtel, eng an den Leib geschnürt. »Ich werde jetzt

in den Maschinenraum gehen und mich mitsamt dem
Schiff und all seinen ungläubigen Passagieren in die
Luft jagen. Bete, Kloppstock, wenn du kannst! Denn
ich glaube nicht, dass du es fertigbringst, mich aufzu-
halten.«

»Ach, Irene«, sagte Werner und atmete tief durch.

Dann stach er zu.

11

Mord.

Der letzte Ausweg.

Doch sie verhafteten Werner Kloppstock nicht. Sie
feierten ihn als Helden.

Der Selbstmordattentäter Holger Büsnach mochte
noch gelebt haben, als Werner ihn über Bord katapul-
tierte. Es spielte keine Rolle. Explodiert war er auf der
Höhe des Handelshafens 67, als die »Rheinperle« längst
außer Reichweite war. Menschen waren keine zu Scha-
den gekommen.

Ein verrückter Kerl, dachte Aysha, dieser Werner! Der
ihr schon gefallen könnte, mit seiner melancholischen
Art. Der ihr einfach so fünf kostbare Schmuckstücke in
die Schürzentasche gesteckt hatte. Und der jetzt auch
noch ein Held war.

Wenn sie den Schmuck verkaufte, konnte sie vielleicht den türkischen Imbiss ihres Schwagers im Jungbusch 68 übernehmen und das unstete Leben auf dem
Schiff aufgeben. Alleine hatte sie dazu allerdings keine
Lust.

Sie ging hinüber und legte Werner mutig die Arme um den Bauch. Diesem verrückten Kerl, der ihr schon gefallen könnte, trotz seiner melancholischen Art.

Ach, dachte Werner Kloppstock und wischte sich eine Träne aus dem Auge.

Ach, Aysha.

57 Das Strandbad liegt in einer Rheinschleife im Waldpark (Stadtteil Neckarau). Sechshundert Meter Kiesstrand, eine breite Promenade, schattige Spiel- und Liegewiesen, Badmintonfelder und eine ausgewiesene Grillzone – seit der Inbetriebnahme im Jahr 1927 ist das Strandbad ein beliebtes Ausflugsziel. Und obwohl das Baden im Rhein verboten ist, lässt es sich im Strandbad gut chillen – mit ein bisschen Fantasie fühlt man sich, je nach Wetterlage, ans Mittelmeer oder an die Ostsee versetzt.

Das Restaurant Strandbad war bei Redaktionsschluss (Frühjahr 2016) geschlossen und suchte einen neuen Pächter. Aber am nahe gelegenen Campingplatz gibt es Pizza und Eis.

Wer nicht mit dem Fahrrad oder zu Fuß anreist, erreicht das Strandbad gut mit der Straßenbahnlinie 3 (Endstation Rheingoldhalle). Von dort gibt es im Sommer einen Shuttlebus.

In unmittelbarer Nähe befindet sich außerdem das Naturschutzgebiet Reißinsel, eine ursprüngliche Landschaft mit vielen seltenen Vogelarten. Um den Tieren eine ungestörte Brutzeit zu ermöglichen, ist die Reißinsel jeweils vom 01.03. – 30.06. jeden Jahres geschlossen.

58 Die Mannheimer Innenstadt ist als einzige europäische Stadt nicht nach Straßennamen sortiert, sondern nach alphabetisch und numerisch bezeichneten Planquadraten.

Der schachbrettartige Grundriss der Stadt geht auf den holländischen Festungsarchitekten Bartel Janson zurück, der Mannheim Anfang des 17. Jahrhunderts im Auftrag des pfälzischen Kurfürsten Friedrich IV. erweiterte. Anfangs wurden die meisten Straßen noch nach dem dort ansässigen Gewerbe benannt, erst im Jahr 1648 ordnete man die einzelnen Häuserblöcke numerisch. 1798 wurde die Stadt neu eingeteilt und die Blöcke nach den Buchstaben des Alphabets benannt.

Heute bezeichnet man die gesamte Innenstadt, die vom Ring eingeschlossen wird, als »die Quadrate«. Jeden Samstag kann man an einer Stadtführung der Touristinformation Mannheim teilnehmen. Beim »Mannheimer Quadrategang« erfährt man Wissenswertes zum Schachbrettmuster sowie viele Anekdoten aus der Geschichte der Stadt.

Jeden Samstag (von April bis Ende Oktober) um 14.30 Uhr. Treffpunkt im Ehrenhof am Eingang der Schlosskirche, Dauer etwa zwei Stunden.

Tourist Information Mannheim, Willy-Brandt-Platz 5, Tel. 0621/2938700

www.tourist-mannheim.de

Wer die Stadt auf eigene Faust erkunden und dennoch nichts verpassen will, kann sich bei der Touristinformation einen Mini-Computer mit den wichtigsten Infos ausleihen.

59 Die »Rhein-Galerie« ist ein großes modernes Einkaufszentrum, das im Jahr 2010 seine Pforten öffnete. Auf 30.000 Quadratmetern Fläche finden sich insgesamt 130 Läden, Restaurants, Bistros und Cafés.

Die Anlage will architektonisch eine Verbindung zwischen der City Ludwigshafen und dem Rhein schaffen. Wellenförmige Bögen und ein Membrandach, das nachts blau und weiß leuchtet, nehmen Bezug auf den Fluss.

Öffnungszeiten: Montag bis Samstag 10 Uhr bis 20 Uhr, freitags: Shoppen bis 21 Uhr und Gastronomie mit DJ bis 22 Uhr.

60 Fast alle Kreuzfahrtschiffe bieten von Mannheim aus einen Halbtagesausflug nach Heidelberg an.

Die Stadt am Neckar ist so reich an Sehenswürdigkeiten, dass man für einen drei- bis fünfstündigen Rundgang auf jeden Fall eine Auswahl treffen muss.

Das Heidelberger Schloss gilt als die romantischste Ruine Deutschlands. Von hier hat man außerdem einen wunderschönen Panoramablick auf die Altstadt. Am angenehmsten reist es sich mit der Bergbahn an, die am Kornmarkt startet. Am Schloss ist noch nicht Endstation, man kann bis zur Haltestelle Molkenkur weiterfahren, wo viele Wanderwege ihren Anfang nehmen, und dort in die historische Bahn umsteigen, die bis zum Königstuhl (dem mit 567,8 Metern höchsten Berg des Kleinen Odenwaldes) fährt, wo ein Walderlebnispfad, eine Falknerei und das »Märchenparadies« locken.

www.schloss-heidelberg.de

www.bergbahn-heidelberg.de

Ein besonderes Erlebnis ist ein Spaziergang durch die Altstadt mit ihren vielen malerischen Gassen und Sehenswürdigkeiten: die Alte Brücke, die

alte Universität mit Studentenkarzer, Hexenturm, Peterskirche, Bibliothek, das Rathaus, der Marktplatz, die Heiliggeistkirche und vieles mehr.
www.heidelberg-marketing.de

Auf dem Philosophenweg lässt sich die Stadt von oben bewundern. Der etwa drei Kilometer lange Spazierweg liegt dem Schloss und dem Königstuhl gegenüber. Unterwegs sind die Hölderlin Gartenanlage, der Merian-Stich, der Liselotte-Stein, die Eichendorff-Anlage und die Bismarck-Säule sehenswert. Zu Beginn des Rundwanderweges muss ein steiler Anstieg bewältigt werden.
heidelberg.gequo-travel.de

61 Auch nach Speyer werden von vielen Kreuzfahrtschiffen Halbtagesausflüge angeboten. Hauptattraktion ist hier der romanische Kaiserdom (Baubeginn in den 1020er-Jahren), der zum UNESCO Weltkulturerbe zählt.
www.dom-speyer.de

Weitere Sehenswürdigkeiten sind »Altpörtel« (westliches Haupttor der mittelalterlichen Stadtbefestigung), der mittelalterliche Judenhof, die Dreifaltigkeitskirche sowie die Luther-Gedächtniskirche.
Lohnenswert sind außerdem ein Besuch im »Historischen Museum der Pfalz« oder im Technikmuseum.
www.museum.speyer.de
speyer.technik-museum.de

62 Das Mannheimer Schloss zählt zu den größten Barockschlössern Europas.

Im Jahr 1720 begann der Kurfürst Carl Philipp mit dem Bau der Residenz, die im 19. Jahrhundert unter der Regierung des Hauses Baden eine zweite Blütezeit erlebte. Im Zweiten Weltkrieg wurde die prächtige Anlage nahezu vollständig zerstört. Obwohl man mit dem Wiederaufbau und der Rekonstruktion einiger Räume gleich nach dem Krieg begann, wurden erst 2007 die letzten Arbeiten am Dach fertiggestellt.

Das Mannheimer Barockschloss kann mit Audioguide oder im Rahmen einer Führung besichtigt werden. Geöffnet hat es Dienstag bis Sonntag von 10 Uhr bis 17 Uhr.

www.schloss-mannheim.de

63 Am Friedrichsplatz erhebt sich der 60 Meter hohe Wasserturm, das Wahrzeichen der Stadt.

Nach seiner Fertigstellung im Jahr 1889 diente der gelbe Sandsteinbau mit der schönen Freitreppe und den vielen Bildhauerarbeiten als Trinkwasserreservoir, ab 1909 als Reservebehälter.

Heute sind Wasserturm und Friedrichsplatz ein beliebter Treffpunkt zum Rasten und Verweilen. Besonders nach Einbruch der Dunkelheit beeindrucken während der Sommermonate die Farb- und Wasserspiele. Alle 15 Minuten wechseln die Fontänen ihre Gestalt, wochentags werden sie am Abend weiß, am Wochenende farbig beleuchtet.

Die Fontänen sprudeln Anfang April bis Mitte Oktober an Wochentagen von 12 Uhr bis 14 Uhr und von 16 Uhr bis 23 Uhr, am Wochenende durchgehend von 11 Uhr bis 23 Uhr.

64 Der Mannheimer »Maimarkt« findet jedes Jahr elf Tage lang ab dem letzten Samstag im April statt. Mit rund 350.000 Besuchern und etwa 1.400 Ausstellern ist er die größte Regionalmesse Deutschlands. Vom Gurkenhobel bis zum E-Bike: Die Messe präsentiert Neuheiten und Bewährtes für alle Bereiche des Lebens.

Der »Maimarkt« geht auf die 1613 von Pfalzgraf Johann II. von Zweibrücken verliehenen Marktprivilegien zurück und gehört damit zu den ältesten Traditionen der Stadt. Seit 1985 hat die Messe auf dem eigens dafür erschlossenen Maimarkt-Gelände eine Heimat gefunden. Das ganze Jahr über finden dort weitere Großveranstaltungen (Open Air oder in der Maimarkthalle) statt.

Veranstaltungskalender unter: www.maimarktgelaende-mannheim.de

65 Der Luisenpark liegt stadtnah in einer alten Neckarschleife und ist die größte Parkanlage Mannheims. Er ist sommers wie winters geöffnet und bietet viele Attraktionen: unterschiedliche Themengärten, ein Pflanzenschauhaus, einen chinesischen Garten, den Kutzerweiher mit der Seebühne, einen Bauernhof mit der entsprechenden Tierwelt, eine Pinguinanlage, die Stelzvogelwiese, die Klang-Oase und vieles mehr.

Der Park ist täglich geöffnet, die Eingänge haben jedoch unterschiedliche Öffnungszeiten. Meist ist der Zutritt ab 9 Uhr oder 10 Uhr möglich, geschlossen wird bei Einbruch der Dunkelheit.

66 Auf rund 9000 Quadratmetern Ausstellungsfläche zeigt das »Technoseum« die Geschichte der Industrialisierung und die Sozialgeschichte der Arbeit. Die Dauerausstellung vermittelt das Gefühl einer Zeitreise, verstärkt durch einen virtuellen Museumsführer namens »Herr Eisele«, der mit schwäbischem Akzent am Bildschirm die verschiedenen Epochen erklärt.

An den Vorführstationen können Naturwissenschaft und Technik experimentell erfahren werden, so etwa in der Sternwarte, der Papiermühle, der Weberei, bei Eisenbahn und Dampfmaschine und in den Elementa-Mitmachbereichen.

Zum Museum gehört das Museumsschiff, ein historischer Schaufelraddampfer, der bei der Kurpfalzbrücke am Neckar liegt.

Neben der Dauerausstellung gibt es jedes Jahr Sonderausstellungen mit wechselnden Themen.

Das Technoseum hat täglich von 9 Uhr bis 17 Uhr geöffnet, das Museumsschiff täglich von 14 Uhr bis 18 Uhr.

Landesmuseum für Technik und Arbeit, Museumsstraße 1, 68165 Mannheim
www.technoseum.de

67 Neben Duisburg und Köln gehört der Mannheimer Hafen zu den bedeutendsten Binnenhäfen Deutschlands. Am besten lässt er sich auf einer etwa zweistündigen Hafenrundfahrt erkunden.

Im Mühlauhafen geht es beispielsweise an einem riesigen Containerterminal vorbei, später am »Goliath«, dem größten und leistungsstärksten Kran im Hafen. Am Ende der Tour durchfährt man die Hafenschleuse, die den Höhenunterschied zwischen Industriehafen und Neckar ausgleicht.

Die Fahrt wird entweder vom Band oder live vom Kapitän kommentiert.

Saison: April bis Oktober

Schiffsliegeplatz: Mannheim-Kurpfalzbrücke

Kurpfalz Personenschifffahrt, Friedrichsring 48, Tel. 0621/17895282, mobil 0177/7543038, E-Mail: kurpfalz@online.de

68 Der Stadtteil Jungbusch, westlich der »Quadrate« gelegen, ist 1870 entstanden. Anfangs lebten hier hauptsächlich Kaufleute, Reeder und Kapitäne. Später wandelte sich der Jungbusch zum Rotlichtbezirk mit zweifelhaftem Ruf. Heute leben dort hauptsächlich Studenten, junge Familien und Arbeiter – und der Stadtteil wandelt sich erneut. Vom verrufenen Quartier entwickelt er sich zum multikulturell geprägten quirligen Viertel mit kulturellen Einrichtungen, Galerien und Szenetreffs. Die »Popakademie« (Hochschule für populäre Musik) und der »Musikpark Mannheim« (Existenzgründerzentrum für Musikschaffende) haben hier ihren Sitz. Im Jungbusch lässt sich Mannheim fernab der üblichen Routen erleben.

BARBARA SALADIN

FIT FÜR DIE ZUKUNFT

Mainz

Der Septemberwind trieb ein Papiertaschentuch über die Rasenfläche bei der Zitadelle **69**, als Robert seine Joggingrunde schon fast beendet hatte. Sein dunkles, an den Schläfen angegrautes und im Stirnbereich erst leicht ausgedünntes Haar klebte ihm am Kopf, die Frisur war selbstverständlich im Eimer. Noch fünf Minuten und vierzig Sekunden hatte er Zeit, um einen neuen Zeitrekord aufzustellen. Den brauchte er, um zu wissen, dass er fit genug war für das, was er plante.

Aber Roberts Kräfte ließen allmählich etwas nach, die Füße schmerzten, und er musste sich konzentrieren, damit er den schreienden Muskeln kein Gehör schenkte und den Rhythmus beibehielt. Im-mer-wei-ter im-mer-wei-ter lau-fen-lau-fen lau-fen-lau-fen. In einem solchen Moment war es absolut unnötig, dass ihm ausgerechnet beim Anblick eines hundsnormalen Papiertaschentuchs, das vom Septemberwind über die Rasenfläche bei der Zitadelle getrieben wurde, in den Sinn kam, dass sein Vorrat an Papiertaschentüchern aufgebraucht war und er neue kaufen musste. Hallo? Waren das würdige Gedanken kurz vor der Veränderung des Lebens? Hatte sich sein Hirn nichts Wichtigeres zu überlegen? Das hatte doch Zeit bis danach. Falls er danach überhaupt noch selber einkaufen gehen würde … Über diesen Gedanken stolperte Robert förmlich. Allerdings nicht nur über den Gedanken, sondern auch über eine Baumwurzel, die sich ihm hinterlistig genau jetzt in den Weg gelegt hatte. Im letzten Augenblick fing er sich. Das konnte er jetzt aber gar nicht brauchen, sowas! Ein verletzter Knöchel konnte ihn glatt einige Wochen zurückwerfen. Und allzu trübe Gedanken waren ebenfalls nicht förderlich. Konzentration, Robert! Im Moment war es absolut unangebracht, sich den Kopf zu zerbrechen, wer in Zukunft die Papiertaschentücher kaufte, ob er selber oder sein neu einzustellender Dienstbote – oder das Gefängnispersonal. Wenn er jetzt keine Fehler beging, konnte er dies steuern. Und das war es, worauf er zu achten hatte.

Robert tänzelte ein wenig auf der Stelle und atmete tief durch, bis sein Herzschlag sich nach dem Stolperschritt wieder normalisiert hatte und sein Atem gleichmäßig ging. Dann joggte er weiter, an einem Ehepaar vorbei, das den Drususstein **70** betrachtete, und weiter in Richtung nach Hause.

*

»Das ist der Drususstein, das Scheingrab des römischen Feldherrn Drusus«, erklärte Monika, und ihr Blick wanderte abwechselnd in das schmale Büchlein mit der Aufschrift »Mainz – alle Sehenswürdigkeiten, handlich und kompakt« in ihrer Hand und auf das klobige runde Bauwerk vor ihr.

Keine Antwort.

Sie schraubte die Lautstärke ihrer Stimme etwas hoch: »Er steht seit über zweitausend Jahren da. Schon beeindruckend, nicht?«

Keine Antwort. Monikas Geduldsfaden riss.

»Interessierst du dich denn überhaupt für irgendwas?«, fragte sie ihren Ehemann verärgert.

»Ja, für Fußball«, sagte Arnold und lachte über seinen eigenen Witz, während Monikas Blutdruck sich deutlich erhöhte. Da war sie wieder, eine jener Situationen, in denen sie gerne geweint oder geschrien hätte, oder am liebsten beides zusammen. Aber sie tat es nicht.

Stattdessen stellte sich ein anderes Gefühl ein, das sich ihrer in den letzten Tagen immer häufiger bemächtigte, das sie schadenfreudig angrinste und höhnte: Ätschebätsche, selber schuld. Wie konntest du auch nur so blauäugig sein und glauben, es werde alles wieder wie früher, nur weil ihr in Urlaub fahrt?

Zwölf Jahre war es her, seit Arnold und sie geheiratet hatten. Und in jedem einzelnen dieser unerbittlich ins Land gezogenen Jahre hatte sich die gegenseitige Liebe und die Leidenschaft allmählich verabschiedet, schleichend und durch die Hintertür, bis irgendwann und irgendwie gar nichts geblieben war. Ja, vielleicht wäre alles anders gekommen, wenn sie hätten Kinder kriegen können. Da war er wieder, dieser Schmerz in Monika, den sie sofort mit aller Kraft unterdrückte. Denn sie konnten nicht. Das war nun mal so. Beide konnten sie nicht. Dieses Schicksal hatte auch der Liebe zum Partner sämtliche Energie entzogen.

Monika hatte gehofft, dass es vielleicht wieder besser würde auf der gemeinsamen Kreuzfahrt, wenn sie erst einmal wieder Zeit miteinander verbrachten und den Alltag verlassen konnten. Denkste. Sie hatte vergeblich gehofft. All ihre Interessen schienen Arnold absolut gleichgültig zu sein, und er wiederum fand Gefallen an Dingen, die sie entweder langweilten oder anekelten. Oder beides.

»Kommst du?«, riss Arnold seine Frau aus ihren trüben Gedanken. »Mit deinem Dusselstein bringst du mich noch ins Grab, aber in ein echtes, nicht bloß in ein Scheingrab, und wenn du diesen Schutthaufen noch lange anstarrst, zerbröselt er zu Staub, und dann hast du eine Klage der Stadt Mainz am Hals wegen Zerstörung von schützenswerten Ruinen.« Wieder lachte er laut.

Monika schwieg. Was nützte es zu reden. Sie hatte es versucht. Hundert Mal, tausend Mal. No way. Das Einzige, was sie sich fragte, war, weshalb ihr diese Erkenntnis erst auf halbem Weg zum Meer gekommen war.

*

Später saß Roberts Frisur wieder perfekt. Er war geduscht und frisch gegelt und fühlte ein starkes Glücksgefühl in sich: Er hatte den Temporekord geschafft. Und sich damit quasi die Erlaubnis erarbeitet, endlich ein neues Leben zu beginnen.

Es war Nachmittag in der Altstadt von Mainz, und eine Handvoll Touristen bewunderte den Fastnachtsbrunnen **71** auf dem Schillerplatz **72**. Die bronzenen Narren und ihre Freunde schienen in dem Brunnen ihren Spaß zu haben und spritzten wild um sich, und die Touristen ließen sich Zeit, einzelne Vertreter der zweihundert Figuren zu betrachten und zu kommentieren.

Robert hatte keine Zeit dafür und auch keine Lust. Er hatte Wichtigeres im Sinn. Endlich fühlte er sich fit und hart genug, um zur Tat zu schreiten. Nein, verletzen wollte er niemanden bei seinem Einsatz, töten schon gar nicht, deshalb hatte er sich nach verschiedenen Szenarien für die Variante ohne Schusswaffe entschieden. Überraschungsmoment statt Bedrohung, das war doch gleich viel humaner. Und würde ihn, falls sein Plan misslang, nicht länger als einige wenige Jährchen hinter Gitter bringen. Vielleicht sogar nur für Monate oder auf Bewährung. Robert kannte sich in der Juristerei nicht wirklich aus. Als er den Versuch eines Rechtswissenschaftsstudiums an der Universität Mainz erfolglos abgebrochen hatte, waren die Bildschirme noch bauchig gewesen, und die Disketten hatten eine Speicherkapazität von nicht mehr als einem Megabyte gehabt.

Robert lenkte seine Gedanken zurück in die Gegenwart und zwang sich, nicht an seine zukünftigen Opfer zu denken, denn auch wenn alles sehr schnell gehen würde, würde er wohl nicht darum herum kommen, andere Menschen tüchtig zu erschrecken.

Er ging weiter. Sein Ziel befand sich in einer kleinen Seitengasse am Rand der Altstadt in der Nähe der St. Stephans-Kirche mit ihren Chagall-Fenstern **73**. Robert verlangsamte sein Tempo und spitzte die Ohren. Hinter ihm klackerten hohe Absätze über das Kopfsteinpflaster, und etwas weiter entfernt drang Musik aus den geöffneten Fenstern einer Studentenkneipe. Er rief sich in Erinnerung, dass es eigentlich gar nicht nötig war, die Umgebung so genau zu checken. Er hatte ja keinen bewaffneten Raubüberfall im Sinn. Er musste nur einfach schnell sein. Und wenn er merkte, dass sein Plan nicht aufging, dann würde er sich immer noch bedanken und weitergehen können, und überhaupt nichts würde geschehen.

»Schanz & Weibel, Schmuck und Uhren«. Die Leucht-reklame, die an der Fassade über einem eher minimalistisch eingerichteten Schaufenster prangte, wirkte etwas schief. Der Schmutz, der sich über Jahre auf ihr abge-lagert hatte, sorgte für einen anthrazitfarbenen Schatten auf den einst hellroten Buchstaben. Wenn »Schanz & Weibel« mit so niederen Margen verkauften, dass sie sich nicht einmal ein anständiges äußerliches Erschei-nungsbild leisten konnten, dann gute Nacht, dachte er. Wenn sie den Sicherheitsvorkehrungen allerdings gleich viel Aufmerksamkeit schenkten wie der Außenwirkung ihres Juwelierladens – und das schien wirklich so zu sein, wenn seine Recherchen sich als richtig erwiesen – dann stand Robert nun genau vor seiner ganz großen Chance.

Er straffte die Schultern, atmete tief ein und brachte die letzten paar Schritte zur Ladentür hinter sich. Eine elektronische Glocke erklang, als er das Geschäft betrat.

*

Auf dem 50. Breitengrad **74** beim Gutenbergplatz **75** ver-suchte ein Mann vergeblich, seinen Hund dazu zu bewe-gen, genau auf dem Kupferband sitzen zu bleiben und keck in die Linse seiner Kompaktkamera zu blicken. Das Stillsitzen klappte zwar auf Befehl, aber der Hund legte seine schlabbernden Ohren an und blickte so lei-dend, dass es mehr als offensichtlich war, dass er viel lie-ber die Tauben auf dem Platz gejagt hätte, als hier Foto-modell zu spielen.

»Lass doch den Blödsinn, Peter. Komm, wir müssen langsam aufs Schiff zurück«, sagte die Begleiterin des Mannes und nahm ihn am Arm. Peter schmunzelte und pfiff dem Hund, was diesen losjucken ließ wie eine Sprungfeder, die endlich gelöst wurde. »Fläcki war doch noch nie in seinem Leben so weit im Norden!«, sagte er, und deutete dann hinüber zum Bronzestandbild Gutenbergs, Mainz' berühmtestem Sohn: »Schau mal, dort drüben sind die Lambrechts.« Man winkte sich zu und machte sich gemeinsam auf den Rückweg zur »MS Rheinperle«, die an der Schiffsanlegestelle darauf wartete, ihre Passagiere nach ein paar Stunden Landgang wieder aufzunehmen.

Monika beobachtete aus einer Seitenstraße, wie das Ehepaar aus Gailingen gemeinsam mit dem Schweizer Ehepaar, umwedelt von dessen lustigem grau-schwarzem Hund, in Richtung Rhein schlenderte. Während sie vor einem Tabakgeschäft auf ihren Mann wartete, diskutierte dieser im Laden mit einer jungen Verkäuferin über die Vorzüge von filterlosen Zigaretten. Mit dieser aufgebrezelten Tante kann er sich unterhalten, dachte sie bitter. Da drin verteilte er seinen Charme mit vollen Händen, aber für seine eigene Ehefrau hatte er nur Gleichgültigkeit und bestenfalls herablassende Sprüche übrig. Wieso konnte er nicht so liebenswert und galant mit ihr sein, wie dieser alemannische Polizist oder der drahtige Schweizer aus den Bergen mit ihren Frauen umgingen? Wieso tat sie sich das eigentlich immer noch an mit Arnold? Weil sie vor zwölf Jahren mal Gott versprochen hatte, zu ihrem Ehemann zu halten, in guten wie in schlechten Zeiten? Was, wenn die Balance zwischen Gut und Schlecht längst aus dem Ruder gelaufen war? War es wirklich noch so etwas wie Liebe, was sie bei ihm hielt, oder fürchtete sie sich einfach vor einer Entscheidung, die ihr Leben nachhaltig veränderte? Ach herrjeh.

*

Über zwanzig Minuten lang ließ Robert sich beraten, nachdem er den Schmuck und die teuren Uhren in den Vitrinen eingehend studiert und sich im Kopf zusammengerechnet hatte, mit welchem Stück er wie lange ein freies, wildes Leben würde führen können. Dann fragte er nach den von ihm ausgewählten Colliers und Ohrringen und ließ sie sich detailliert präsentieren, fragte nach Herkunft, Produzent und Karat. Auch mehrere Uhren der edelsten Marken ließ er sich vorführen und wollte genau über deren technische Raffinessen Bescheid wissen. Seine Schauspielausbildung, die er vor vielen Jahren einmal begonnen hatte, hatte ihn schon oft weitergebracht. Im Gegensatz zu dem kurzen Ausflug an die juristische Fakultät. Auch jetzt half sie ihm, glaubwürdig zu sein und erfolgreich den genauso interessierten und vermögenden wie diskreten potenziellen Käufer zu mimen.

Den Moment, der der richtige war, wählte er intuitiv aus. Eine scheinbar unvorsichtige Bewegung, und Robert hatte einen Ohrring (Wert: 15.950 Euro) vom Präsentationstisch gewischt, der Verkäuferin direkt auf die Schuhe. Natürlich bückte sie sich danach, um ihn aufzuheben, und diesen Moment nutzte Robert aus, raffte die gesamten auf dem Tisch liegenden Wertsachen zusammen, schaufelte sie in eine Plastiktüte und flog, als die Verkäuferin sich aufrichtete und begriff, was passiert war, bereits durch die Tür. Entsetzt schrie sie auf, doch Robert nahm ihren Aufschrei nur noch ganz am Rande war. Auch der schrille Ton, der einsetzte, und das nervöse Blinklicht über dem lieblos eingerichteten Schaufenster des Juwelierladens, das sofort die ungeteilte Aufmerksamkeit der Passanten auf sich zog, ging ihn schon nichts mehr an. Er war bereits eine Straße weiter, dann zwei, dann drei.

Das Martinshorn heulte schneller auf, als er erwartet hatte. Unwillkürlich drosselte Robert das Tempo und verwandelte sich vom Fliehenden in den Flanierenden. Hatte ihn jemand beobachtet? Sollte er einfach weitergehen, eine Menschenmenge aufsuchen oder machen, dass er so schnell wie möglich wegkam? Vielleicht war es auch besser, an einem ganz besonderen Ort Schutz zu suchen, der den Menschen schon seit Jahrhunderten half …

Als er die schwere Tür des Mainzer Doms **76** aufdrückte und eintrat, kam er sich vor, als würde sich sofort eine schützende Hand über ihn legen. Die gedämpfte Ruhe in der Kirche und das dämmrige Licht verschluckten ihn sofort. Leises Murmeln schwebte durch das Kirchenschiff, Schritte verloren sich irgendwo in der Höhe der widerhallenden Hallen. Robert senkte den Kopf und deutete ein Kreuz vor Stirn, Schultern und Brust an. Dann setzte er sich in eine Kirchenbank und versank scheinbar ins Zwiegespräch mit Gott.

Doch seine Ohren waren gespitzt. Die Plastiktasche mit dem Schmuck hielt er an den Unterleib gepresst. Er harrte aus. Solange ihn nur die Heiligen von den Wandbildern oder die prunkvollen Statuen beobachteten, war ihm das egal. Das Einzige, was ihm fehlte, war ein verdammtes Taschentuch. Immer wieder schniefte er unauffällig. Eine laufende Nase war das Letzte, was er jetzt brauchte.

*

»Nun hast du aber genug gebetet«, fand Arnold. Monika kam es vor, als würde jede einzelne Person, die sich in den Hallen des weitläufigen Doms aufhielt, die Worte ihres Mann verstehen können. Es gab nun mal Menschen, die konnten einfach nicht flüstern. Genau einen solchen hatte sie geheiratet – wobei sie ja noch dankbar gewesen wäre, wenn Flüstern das Einzige gewesen wäre, was ihr Gatte nicht beherrschte. Zum Glück wusste er nicht, worum sie Gott in eben diesem Augenblick gebeten hatte.

Als sie aufstand, fiel ihr eine Euromünze aus der Handtasche und rollte unter den Kirchenbänken hindurch davon.

»Kannst du nicht aufpassen?«, fragte Arnold so laut, dass es wohl sogar die Heilige Maria in ihrer Kapelle hörte.

»Nein, natürlich nicht«, antwortete Monika genervt. Doch bevor sie sich nach dem Geldstück bücken konnte, das just vor die Füße eines vermeintlich Betenden gerollt war, hob dieser es auf und drückte es ihr in die Hand.

»Dankeschön«, sagte sie und sah den Fremden an, der eine Plastiktüte an sich drückte, als befände sich darin ein unsagbarer Schatz.

»Gern geschehen«, flüsterte er. Er blickte ihr direkt in die Augen, lächelte und schniefte ein wenig. Mit dem Handrücken fuhr er sich verlegen über die Nasenlöcher.

Diese Augen! Und dieses Flüstern. Wie in Trance zog Monika ein Taschentuch aus ihrer Handtasche und überreichte es dem Fremden. Ihre Fingerspitzen berührten sich.

Es war nur ein Sekundenbruchteil, aber es reichte. Ihr ganzer Körper fing Feuer. Sofort, von null auf hundert, hier, jetzt. Dieser Mann! Seine Aura zog sie magisch an und verschluckte sie mit Haut und Haar.

Und auf dem gesamten Weg zurück zum Rhein vergaß Monika, in ihren Reiseführer zu schauen und den Marktbrunnen **77** oder das Heilig-Geist-Spital **78** zu beachten, sondern sie sah vor ihrem inneren Auge nur diese wunderschönen Augen des Fremden im Dom. Es fühlte sich an, als habe sich ihr für einen kurzen Moment das Tor zum Paradies geöffnet, und plötzlich wusste sie, wofür sie bisher gelebt hatte und was sie wollte.

*

Sich einer ausländischen Touristengruppe anschließend, wagte Robert sich schließlich aus dem Schutz des Doms. Nun brauchte er nur noch unauffällig nach Hause zu gelangen, und dann war er aus dem Schneider. Und reich. Fürs nächste Jahrzehnt hatte er ausgesorgt. Mindestens.

Doch die Polizisten, die beim Brückenturm standen, passten nicht in sein Konzept. Als er sie sah, schoss ihm Adrenalin in die Adern. Nun ganz durchschnittlich aussehen und cool bleiben, dachte er und war froh, dass er in diesem Moment nicht an einen Lügendetektor angeschlossen war. Er unterdrückte den sofortigen Fluchtreflex. Wenn er jetzt die Richtung wechseln würde, würde er sich erst recht verdächtig machen. Also galt es, so

cool wie möglich an den Ordnungshütern vorbeizuge-
hen. Ruhig Blut, versuchte er, sich im Stillen zu beruhigen, ohmmmmm, ohmmmmm. Du siehst nicht aus
wie Ede, der Panzerknacker, sondern wie ein ganz normaler anständiger Mensch mit gut sitzender Frisur, von
dir wollen sie ni…

»Guten Tag, Personenkontrolle!« Freundlich, aber
bestimmt trat ein Polizist auf ihn zu und stellte sich ihm
in den Weg. Roberts Herz rutschte in die Hose.

»Personenkontrolle?«, hauchte er. »Oh, ist etwas
geschehen, äh, suchen Sie jemanden?«

»Wir sind für die Sicherheit der Mainzer Bevölkerung
und ihrer Gäste zuständig«, antwortete der Polizist, ohne
auf seine Frage einzugehen. Während Robert umständlich seinen Ausweis aus der Hosentasche klaubte, deutete der Polizist auf den Plastiksack: »Darf ich da mal
eine Blick hineinwerf… He, hiergeblieben!«

Wie eine Gazelle, die den Geparden aus dem Gebüsch
auf sich zufliegen sieht, sprintete Robert los. Die Polizisten hinterher. Wie gut es jetzt war, dass er seinen
Körper trainiert hatte, huschte es ihm durch den Kopf.
Den Rest seines Denkens verdrängte ein einziges großes Wort: Flucht.

Er hörte, wie einer der Polizisten über Funk Verstär-
kung anforderte. Nun musste er sich etwas einfallen lassen. Doch wohin in der Not? In die engen Gassen der
Altstadt zurück? Über die Theodor-Heuss-Brücke auf
die andere Seite des Rheins? Oder in den Rhein hinein und buchstäblich abtauchen? Robert war nicht nur
ein guter Jogger, sondern hatte auch einmal einen Kurs
in Apnoetauchen absolviert. Die Zeit, die er auf diese
Weise unter Wasser gewinnen konnte, während die Poli-

zei bereits von seinem Ertrinkungstod ausging, konnte ihn retten.

Als er um die »Rheingoldhalle« 79 herum und zur Uferstraße rannte, sah er ein Flusskreuzfahrtschiff an der Anlegestelle warten. Soeben betraten mehrere Leute über die Gangway den Kahn. Eine der letzten Personen, die sich noch auf festem Boden befand – wenn Roberts Herz in der Eile Zeit dafür gehabt hätte, stehen zu bleiben, hätte er dies getan – war die Frau, die er vorhin im Dom getroffen hatte. Der er den Euro zurückgegeben und die ihm ein Papiertaschentuch und das bezauberndste Lächeln auf Erden geschenkt hatte. Und – Gott hatte seine imaginären Gebete vorhin vielleicht doch erhört – sie sah sich in dem Moment um, als er angerannt kam. Ihr Gesichtsausdruck war fragend und sehnend zugleich, als sie ihn erkannte. Die Polizisten waren noch nicht um die Ecke. Das war Roberts Chance.

»Rette mich«, flüsterte er der Unbekannten ins Ohr, als er bei ihr angelangt war. Sofort schlang sie ihre Arme um ihn.

»He, he, holla, was soll denn das?«, polterte es neben den beiden. Als Arnold, der auf seinem Smartphone nach den neusten Sportresultaten gesucht hatte, bemerkte, wie seine Frau plötzlich einen Fremden umarmte, musste er natürlich eingreifen. War ja klar. Die beiden tuschelten, schienen eilig Informationen auszutauschen, dann blickte Monika ihn an, wie sie ihn noch nie angesehen hatte. Eiskalte Augen.

»Lass mich in Ruhe«, sagte sie. Aber nicht etwa zu dem Fremden, sondern zu *ihm*! Sie löste sich aus der Umarmung und scheuchte den Fremden förmlich vor sich her aufs Schiff. So nicht!, dachte Arnold. Und »so nicht!« schrie er und packte seine Frau an der Schulter.

»Noldi, beruhige dich«, sagte sie, griff ihn am Kragen und stopfte ihm etwas in die Jackentasche. Bevor Arnold begriff, was vor sich ging, wandten sich die Köpfe der Umstehenden, die vorher gespannt ihren kleinen Ehestreit mitverfolgt hatten, von ihm weg zu ein paar Polizisten hin, die im Laufschritt auf sie zugerannt kamen.

»Da ist der Dieb!«, rief Monika und fuchtelte wild mit den Armen. Die Beamten waren sofort da. Der ausgestreckte Finger, mit dem seine Frau auf ihn zeigte, bohrte sich Arnold förmlich ins Herz. Er verstand die Welt nicht mehr.

»In der Jackentasche!«, rief Monika, bevor sie aus seinem Blickfeld verschwand, denn er wurde brutal zu Boden geworfen. Aus seiner Tasche kullerten zwei Fingerringe, und wie eine Schlange wand sich eine diamantenbestückte Halskette in die Freiheit.

»Aber ich …«, stotterte Arnold. Weiter kam er nicht. Der auf ihm kniende Polizist drückte ihm fast die Luft ab. Seine Hände wurden hart auf den Rücken gedrückt, und kaltes Metall schloss sich um die Gelenke. Er spürte, wie die Blicke der Umstehenden auf ihm ruhten. Alle starrten sie ihn an, der dickliche Polizist aus Süddeutschland und seine Gattin und dieses Schweizer Ehepaar, das mit seinem Köter angereist war. Nur seine Frau war im Innern des Schiffs verschwunden. Gemeinsam mit dem Fremden.

Arnold verstand die Welt nicht mehr. Dann wurde er abgeführt und blieb in Mainz, während die »Rheinperle« ihre Reise stromabwärts fortsetzte.

69 Die Zitadelle von Mainz ist eine der wenigen erhaltenen neuzeitlichen Zitadellen Deutschlands. Das Festungswerk stammt in seiner heutigen Form aus dem Jahr 1660, früher stand auf dem Jakobsberg am Rand der Altstadt ein Benediktinerkloster. Die Zitadelle ist Teil der einst stärksten Bundesfestung Deutschlands und bietet heute Platz für Veranstaltungen und Führungen. Doch an dem Bauwerk nagt der Zahn der Zeit, und Wildwuchs an den Mauern bringt mit seinen Wurzeln die Gemäuer trotz Denkmalschutz zum Bröckeln.
www.zitadelle-mainz.de

70 Der Drususstein erinnert an den römischen Feldherrn Drusus, der im Jahr 9 vor Christus durch einen Sturz vom Pferd starb. Das Andenken, das seine Legionäre für ihn danach errichteten, ist ein sogenannter Kenotaph, also ein leeres Grab oder Scheingrab. Früher war der Drususstein ein beeindruckendes Denkmal, heute ist nur noch sein Rumpf vorhanden, welcher allmählich zerfällt. Im Mittelalter wurden sowohl Außenverkleidung als auch eine Treppe in der Mitte des Grabmahls abgetragen und als Material für andere Zwecke verwendet, deswegen ist nur noch ein 20 Meter hoher Sockel von ihm übrig.

71 Der Fastnachtsbrunnen erinnert an die »närrische Jahreszeit«. Gestaltet hat ihn der Münchner Künstler Blasius Spreng. Eingeweiht wurde der fast neun Meter hohe turmartige Brunnen im Jahr 1967. Über 200 Figuren sind auf ihm zu finden, die alle mit der Mainzer Stadt- und Fastnachtsgeschichte zusammenhängen. Einige Beispiele sind der Narr, der Harlekin, Till Eulenspiegel, die Stadtgöttin Moguntia, der Hanswurst – und Vater Rhein. Der Aufbau des Brunnens ist aus Bronze, sein Becken aus rotem Sandstein gefertigt.

72 Der Schillerplatz liegt zentral in der Innenstadt von Mainz und ist von mehreren Adelshöfen umgeben. Seit dem Mittelalter wurde er als Marktplatz genutzt. Neben dem berühmten Fastnachtsbrunnen **71** steht auch das Schillerdenkmal auf dem Platz, das naheliegenderweise an Friedrich Schiller erinnert.

73 Die neun sogenannten Chagall-Fenster in der Kirche St. Stephan leuchten in verschiedenen Blautönen. Im Jahr 1985 vollendete der jüdische Künstler Marc Chagall – im Alter von 98 Jahren! – das letzte von ihnen. Chagalls Mystik des blauen Lichts, welche für die jüdisch-christliche Verbundenheit und Völkerverständigung steht, lockt jährlich rund 200.000 Besucher in die Kirche. St. Stephan hat aber auch einen hübschen Kreuzgang zu bieten.

74 »50. Grad nördlicher Breite« steht in großen Eisenbuchstaben auf einer Markierung, die sich quer über den Gutenbergplatz **75** spannt – auch wenn der Breitengrad 50°00' in Wirklichkeit ein wenig nördlich davon verläuft. Dennoch ist das Band ein beliebtes Fotomotiv in Kombination mit netten Menschen (oder Tieren).

75 Der Gutenbergplatz in der Mainzer Altstadt ist dem berühmtesten Sohn der Stadt, Johannes Gutenberg, gewidmet, der als Erfinder des modernen Buchdrucks gilt. Gutenberg wurde um 1400 in Mainz geboren und starb 1468 in seiner Geburtsstadt. In der Mitte des Gutenbergplatzes befindet sich das Gutenberg-Denkmal, das den bärtigen Mann in Bronze zeigt.

76 Der Hohe Dom St. Martin zu Mainz beeindruckt schon allein durch seine Größe. Das wuchtige sechstürmige Bauwerk hat über tausend Jahre auf dem Buckel und prägt seither das Gesicht der Stadt Mainz. Im Jahr 975 nach Christus wurde der Grundstein gelegt. Gebaut wurde der Dom ursprünglich nach dem Vorbild des St. Peter-Doms von Rom, wurde aber nur wenige Jahrzehnte alt, bis ein Brand ihn zerstörte und er neu aufgebaut wurde. Nicht weniger als sieben Mal hat der Dom im Laufe seines langen Bestehens übrigens gebrannt, und sieben Königskrönungen fanden darin statt. Das wuchtige Bauwerk hat verschiedenste Baustile vergangener Jahrhunderte in sich vereint, beherbergt einen spätgotischen Kreuzgang und sogar ein Museum: das Dom- und Diözesanmuseum. Führungen können über das Tourist Service Center Mainz am Brückenturm gebucht werden.

77 Der Marktbrunnen stammt aus dem 16. Jahrhundert und wird als der älteste und bedeutendste seiner Art angesehen. Der Dreistützenbrunnen aus rotem Sandstein auf dem Marktplatz wurde gespendet vom Mainzer Erzbischof Kardinal Albrecht von Brandenburg, der mit der Ikonographie auf dem Brunnen die Machthabenden glorifizierte und aufzeigte, dass jede Auflehnung gegen die gottgegebene Obrigkeit verwerflich sei. Hintergrund dafür war der Ausbruch des Bauernkriegs zwei Jahre zuvor, bei dem die Bauern für soziale Gerechtigkeit und Freiheit kämpften, und der auch Mainz erfasste.

78 Das Heilig-Geist-Spital ist das älteste Bürgerspital von ganz Deutschland und stammt aus dem Jahr 1236. Wo früher Kranke, Alte, Obdachlose und Pilger Unterschlupf fanden, befinden sich heute Restaurant, Bar und Café.

79 Die Rheingoldhalle, eingeweiht im Jahr 1968, befindet sich ganz in der Nähe der Schiffsanlegestelle am Rhein. 15 Räume und Säle bieten Platz für Veranstaltungen verschiedenster Art, vom Ballett bis zur Comedy.

Mittelrhein –
zwischen Rheinkilometer 530 und 640

NADINE BURANASEDA
BLUTSBRÜDER

Loreley

In kristallne Quellen
schleudre keinen Stein,
bete zu den Wellen:
Wär auch ich so rein!

August Graf von Platen
(1796–1835)

Werl, den 13. Mai

Mein lieber Harro,

es ist kaum zu fassen: Der Prozess liegt fünf Monate zurück. Ich weiß nicht, ob ich sagen soll: schon oder erst. Das Leben hinter Gittern ist eintönig. Wenn man das überhaupt als Leben bezeichnen kann. Alles ist reglementiert. Sogar, wie viel Klopapier ich zum Scheißen benutzen darf. Ich stehe um 5.30 Uhr auf und ziehe mich an, um das Frühstück in Empfang zu nehmen. Die Brotscheiben müssen bis zum Abendessen reichen. Wenn ich verschlafe, gehe ich leer aus. Das ist mir einmal passiert. Und danach nie wieder. Denn mieses Essen ist besser als kein Essen. Um 6.55 Uhr rücke ich zur Arbeit aus. Ich erkenne keinen Sinn darin, dass sie uns jedes Mal mit einer Metallsonde abtasten. Wir fertigen Bügelbrettbezüge für ALDI. Was soll ich da mitgehen lassen? Um 9 Uhr unterbrechen wir für dreißig Minuten, um das Arbeiterfrühstück einzunehmen. Um 11.45 Uhr findet die nächste Kontrolle statt. Das Mittagessen dauert bis 12.25 Uhr. Nach guten drei Stunden ist Feierabend, um 16 Uhr geben sie uns das Abendbrot. Die gleiche graue Wurst, der gleiche ungenießbare Frischkäse. Kein Wunder, dass ich mir selbst fast nicht mehr ähnlich sehe. In der Freistunde verzichte ich in der Regel auf Sport. Ich dusche lieber, dann hab ich meine Ruhe. Um 21 Uhr ist Einschluss. Oft fallen mir die Augen früher zu. Ich ertrag es nicht, im Schlafanzug auf den Schließer zu warten. Einen Rest Würde muss man sich hier drinnen bewahren, sonst dreht man durch. Bevor ich einschlafe, denke ich: wieder 24 Stunden geschafft. Wieder 24 Stunden näher an der Freiheit.

Ich habe mich an die Routine gewöhnt, so verrückt das klingt. Tag für Tag versuche ich, die Haft sinnvoll zu nutzen. In der kurz bemessenen Freizeit, die mir bleibt, lese ich die Gerichtsprotokolle. Betrachte jedes Detail von allen Seiten. Ich glaube nicht an Gott. Ich glaube aber an Gerechtigkeit, daran, dass sie den wahren Täter eines Tages ergreifen werden. Ich baue darauf, dass die Zeit für mich arbeitet. Und du nicht länger an mir zweifelst. Du weißt, dass ich nicht lügen *kann*, Harro. Wir kennen uns seit Kindertagen. Und spätestens, wenn ein weiterer Frauenmord nach demselben Muster geschieht, wird mein Verfahren neu aufgerollt.

Bitte lass deine Mutter nicht im Stich. Sie hat immer zu mir gehalten. Seit meine Eltern bei dem schrecklichen Autounfall gestorben sind, als ich fünf war, hat sie mich behandelt wie ihren eigenen Sohn. Der Tod hat meine Welt vollkommen auf den Kopf gestellt. Aber immerhin müssen die beiden nicht mit ansehen, wie ihr Junge unschuldig im Gefängnis sitzt.

Ich hoffe beinahe täglich auf Post von dir.

Weißt du, was mich am meisten anwidert? Das Essen, auf Stahltellern serviert. Dazu gibt es biegsames Besteck. Du lachst, aber ich meine es ernst: Ich spreche nicht von dem Fraß, der mit Tütengewürz gestreckt wird, ich spreche davon, dass er von Mörderhänden zubereitet wird. Der Gedanke treibt mich bei jeder Mahlzeit um und erinnert mich, dass ich nicht hierher gehöre. Mein Gott, was für ein Albtraum! In diesem Hochsicherheitsgefängnis sitzen nur die schweren Jungs: Mörder, Vergewaltiger, Kinderschänder. Sie bewachen uns mit Sturmgewehren und Maschinenpistolen. Die Männer stehen auf Wachtürmen. Auch wenn ich sie nicht sehen kann, spüre ich ihren Blick bis in meine Zelle hinein. Der Richter hat mir die besondere Schwere der Schuld attestiert, dabei kann ich keiner Fliege etwas zuleide tun. Bis zuletzt habe ich gehofft, dass alles ein Irrtum ist, dass das Gerichtsverfahren eingestellt oder dass ich freigesprochen werde.

Mir ist klar, dass du beschäftigt bist. Aber dein bester Freund würde sich freuen, wenn du ihn bald besuchen kommst.

Dein Wolfi

*

Lieber Harro,

ich fühle mich, als läge ich im Wachkoma. Als würde ich alles um mich herum mitbekommen, wäre aber nicht in der Lage, mich bemerkbar zu machen. Ich bin unsichtbar. Wusstest du, dass ich niemals träume? Hier drin, meine ich. Dabei müsste es in meinem Unterbewusstsein arbeiten wie in einem Uhrwerk.

Vielleicht ist es besser, dass du mich noch nicht besucht hast. Dein Anblick würde mir ins Bewusstsein rufen, dass es ein Leben da draußen gibt, von dem ich ausgeschlossen werde. Ja, ich glaube fast, es ist einfacher so.

Die Zeitungen haben geschrieben, dass ich bei der Urteilsverkündung vollkommen reglos gewesen sein soll. So ein Schwachsinn! In mir hat es getobt. Ich habe die Fäuste geballt und hätte beinahe aufgeschrien, als ich deine Mutter habe weinen gehört. Die arme Frau. Sie macht eine Menge durch, seit sie mich schuldig gesprochen haben. In den vergangenen Monaten hat sie sich aufgerieben. Das schmerzt mich sehr. Die Initiative, die sie für mich gegründet hat, kostet sie alle Kraft. Sie kämpft gegen Windmühlen, aber sie gibt nicht auf. Das rechne ich ihr hoch an. Ich bin froh, dass sie die Rheinkreuzfahrt `80` – `81`, die sie voriges Jahr gebucht hat, trotzdem antritt. Ein paar Tage Unbeschwertheit werden ihr guttun. Sie kann es kaum abwarten, endlich die Loreley `82` – `86` zu sehen.

Ich hoffe, sie beim nächsten Mal fröhlicher zu erleben. Ich schreibe dir wieder.

Auf bald
dein Freund Wolfgang

*

Werl, den 21. September

Lieber Harro,

deine Mutter ist unverbesserlich, ehrlich. Sie ist so eine gute Seele. Die Schiffsreise hat sie für einen seligen Moment von ihren Sorgen befreit. Sie hat sich seitenlang über die unzähligen Burgen rechts und links des Rheins 87 – 89 ausgelassen. Ich musste wirklich lächeln. Das Feuerwerk 90 hat sie am meisten beeindruckt. Sie hat davon geschrieben, als wäre sie ein kleines Mädchen. Beneidenswert. Wann höre ich von dir, Harro? Besuchst du mich? So langsam vermisse ich dein zerknittertes Gesicht, alter Freund.

In Liebe
dein Wolfi

*

Werl, den 2. Oktober

Mein lieber Freund,

jeder Augenblick hinter diesen gottverdammten Gefängnismauern vergeht wie in Zeitlupe. Das macht mich mürbe. Manchmal habe ich das Gefühl, dass die Wände meines Haftraums näher und näher rücken und mich zerquetschen. Sieben Quadratmeter Tristesse. Ich bin froh, dass ich mir die Zelle mit niemandem teilen muss. Überall riecht es nach Männerschweiß, Instantkaffee, Zitrusreiniger und Nikotin. Wenn sich noch der Scheißegestank eines anderen darunter mischen würde, könnte ich mich gleich erhängen. Kannst du dir vorstellen, dass es Lebenslängliche gibt, die gar nicht mehr raus wollen? Das könnte mir nicht passieren. Wenn kein Wunder geschieht, kann ich erst nach 25 Jahren einen Antrag auf Bewährung stellen. Dann sind wir siebzig, Harro. Gott, darüber darf ich gar nicht nachdenken.

Immerhin schlafe ich wie ein Stein. Ich habe kein schlechtes Gewissen. Warum auch? Ich habe nicht getan, was sie mir vorwerfen. Dennoch tut es mir leid, was deinem Schwarm passiert ist. In jener Nacht. Ich wünschte, ich hätte sie kennenlernen können. Sie hieß Lisa, richtig? Ein verrückter Zufall, dass es ausgerechnet sie getroffen hat. Ich komme immer noch nicht dahinter, wie meine DNA bei ihr sichergestellt werden konnte. Ich kannte das Mädel gar nicht. Bin ihr nie begegnet. Glaub mir, ich verstehe, dass du vergessen willst. Ich werfe dir das nicht vor. Gott bewahre!

Halt die Ohren steif, alter Freund!
Dein Wolfi

*

Werl, den 30. November

Lieber Harro,

wie geht es dir? Bitte sieh es mir nach, dass ich meistens nur von mir schreibe. Ich denke oft an dich und unsere wilden Jahre. Wir hatten eine Menge Spaß, oder? Du warst immer der Ruhigere von uns beiden. Vielleicht haben wir uns deshalb so gut verstanden. Wir ergänzen uns da, wo es nötig ist. Das sagt deine Mutter immer. Sie hat recht. Ja die guten alten Zeiten. Die Erinnerung daran kann mir niemand nehmen. Ich würde viel dafür geben, dass wir uns in die Augen sehen könnten. Über alles sprechen.

Gestern war ich nicht auf Arbeit. Ich musste zum Gefängnisarzt. Einer dieser muskelbepackten Russlanddeutschen hat mir ein paar Zähne ausgeschlagen. Dabei hatte ich einem Mann für meinen Schutz – nennen wir es – gewisse Gefälligkeiten erwiesen. Auf die Details kann ich hier nicht näher eingehen, das kannst du dir denken. Sie kontrollieren jeden Schnipsel, der das Gefängnis verlässt. Nur so viel: Der Mistkerl hat die Leute draußen um ihre Anlagen betrogen. Einmal Betrüger, immer Betrüger. Das musste ich schmerzlich erfahren. Der Mensch ist schlecht. Und er wird im Knast nicht besser.

Dein Wolfgang

*

Werl, den 17. Dezember

Lieber Harro,

ich habe einen Riesenaufstand bei der Gefängnisleitung gemacht, weil ich dachte, dass sie meine Briefe an dich nicht weiterleiten. Aber deine Mutter hat mir gesagt, dass du sie nicht liest. Sie will nicht, dass du das weißt. Ihr redet ja kaum noch miteinander. Sie denkt, dass du ihr vorwirfst, keine Zeit mehr für dich zu haben, seitdem sie sich so für mich einsetzt. Aber so ist es nicht, oder?

Das Unschuldsprojekt hat neue Dimensionen angenommen. Ein Fernsehteam hat deine Mutter besucht. Ich bin gespannt auf die Aufnahmen. Wenn ich ehrlich bin, gibt mir das ein wenig Auftrieb. Dann erfährt die ganze Welt, dass mein Urteil ein Justizirrtum ist! Daran ändert auch das Geständnis nichts, das ich bei meiner Verhaftung abgelegt habe. Ich habe meine Aussage widerrufen. Der Druck in der Vernehmung war einfach zu groß für mich. Sie haben eine Nacht lang auf mich eingeredet. Irgendwann konnte ich nicht mehr, wollte nur noch, dass es endlich vorbei ist. Ich war damals so naiv zu glauben, dass sich alles aufklären wird. Und jetzt siehst du, wohin mich das gebracht hat.

Bitte, ich muss dich sehen. Ich könnte hier drin wirklich einen Freund gebrauchen.

Für immer der Deine
Wolfgang

*

Werl, den 23. Dezember

Hallo Harro,

langsam mache ich mir doch Gedanken über dein Schweigen. Ich finde keine Entschuldigung dafür, so sehr ich mich auch bemühe. Du bist – abgesehen von deiner Mutter – der einzige Mensch auf Erden, der mir etwas bedeutet. Wir sind Blutsbrüder, schon vergessen? Es ist deine verdammte Pflicht, mir in dieser schweren Zeit beizustehen, Harro!

Wolfgang

*

Werl, den 30. Dezember

Mein lieber, bester Harro,

bitte entschuldige meinen Ausbruch im letzten Brief! Ich hoffe immer noch darauf, dass du das hier liest. Du musst wissen: Ich habe in meiner Gefängniszelle randaliert, die Matratze angezündet und sie gegen die Tür gelehnt. Ich wollte sterben, damit keine Missverständnisse aufkommen. Sie haben mich trotzdem rausziehen können und in eine B-Zelle gesteckt. Der Raum soll reizarm sein. Eine Schaumstoffmatte. Ein Loch im Boden. Sonst nichts. Aber es stinkt gewaltig nach Pisse. Über eine Kamera beobachten sie jede Regung. Am schlimmsten war das grelle Licht. Es wurde niemals dunkel, auch wenn ich die Augen geschlossen habe. Ich habe da drin nur meinen Herzschlag gehört. Und die Kopfschmerzen meines Lebens bekommen.

Dein Wolfi

*

Harro,

ich glaube langsam, ich verstehe, wie das hier läuft. Du bestrafst mich. Bereits während des Prozesses hast du im Zuschauerraum gesessen und mich nicht angesehen. Kein einziges Mal. Ich habe immer wieder deinen Blick gesucht, aber …

Also gut, du hast es nicht anders gewollt: Mein Therapeut hat mir geraten, mich dir zu öffnen. Damit es mir endlich besser geht. Wo soll ich anfangen? Mein Leben war von der ersten Sekunde an eine Gratwanderung. Ich habe mich bemüht, dieses Brennen im Magen zu verdrängen. Über Jahre ist es mir gelungen, bis ich sie getroffen habe. Sandra. Wir waren sechzehn. Ihr gefiel nicht, was ich mit ihr anstellen wollte. Sie hat sich gewehrt. Und ich schwöre: Es war ein Unglücksfall! Ich habe die Hände um ihren Hals gelegt – und plötzlich war sie tot. Ich habe noch versucht, sie wiederzubeleben, ehrlich. Doch es war zu spät für sie. In den ersten Monaten war ich sicher, dass die Polizei jeden Augenblick auf der Matte stehen würde. Aber nichts dergleichen. Danach habe ich weitergelebt, als wäre nichts geschehen. Und auf einmal fühlte es sich so an, als wäre das alles tatsächlich nie passiert. Ich habe mich in diesem Leben eingerichtet. Und du weißt ja, eigentlich hab ich einen Schlag bei Frauen. Sie fressen mir aus der Hand. Du hast dich damit schwergetan. Hast nie die Zähne auseinander gekriegt, wenn es nötig gewesen wäre. Erst Wochen danach hab ich kapiert, dass du Lisa gekannt hast. Dass du mit ihr verabredet warst. Wir waren in dieser Diskothek. Sie hat hinter dem Tresen gearbeitet. In jener Nacht war das Brennen besonders stark. Wir sind nach draußen gegangen, um frische Luft zu schnappen. Die Musik wummerte aus dem Inneren zu uns in die Kälte. Du hast mir nicht zugehört. Ich habe versucht, es dir zu sagen, Harro. Kapierst du das? Aber du hast mich stehen gelassen. Mit diesem fürchterlichen Brennen im Magen. Vier Frauen sind tot. Zwei davon hättest du retten können.

Du hast gewonnen. Bist du nun zufrieden?
Rede mit mir, Harro!

80 Das Obere Mittelrheintal wurde 2002 in die Liste des UNESCO-Weltkulturerbes aufgenommen. Auf dem Mittelrhein verkehren neben Fähren nicht nur Kreuzfahrt- und Linienschiffe, sondern auch ein historisches Schaufelradschiff. Die »Goethe«, Baujahr 1913, bietet bis zu 500 Gästen Platz und lässt die »Goldenen Zwanziger« wieder auferstehen. Das von der »Köln-Düsseldorfer« betriebene Seitenradschiff fuhr 2008 zum letzten Mal unter Dampf. Mit seinen Salons im Stil des Art déco verkehrt es von April bis Oktober täglich auf der Strecke Koblenz – Rüdesheim.
www.k-d.com

81 Entlang des bekanntesten deutschen Stroms lädt der Rheinsteig, der im September 2015 sein zehnjähriges Jubiläum gefeiert hat, zum Wandern ein. Zwischen Bonn, Koblenz und Wiesbaden führt der 320 Kilometer lange Wanderweg rechtsrheinisch auf überwiegend schmalen Wegen und anspruchsvollen Steigen bergauf und bergab zu Wäldern, Weinbergen und spektakulären Ausblicken. Wer zu einer spannenden Schnitzeljagd aufbrechen möchte, startet die Rheinsteig-App und entdeckt unterwegs virtuelle Pins am Wegesrand.
www.rheinsteig.de

82 Die weltberühmte Loreley erhebt sich auf der rechten Rheinseite, etwa einen Kilometer von den Städtchen Sankt Goar und Sankt Goarshausen entfernt. Der rund 132 Meter hohe Schieferfelsen zwingt den Rhein an dieser Stelle in eine gefährliche Rechtskurve. Die Fahrt zwischen den Felsbarrieren hindurch ist trotz modernster Signaltechnik und Sprengungen im engen Flussbett nach wie vor schwierig. Der Blick in die Rheinschlucht hat viele Komponisten und Dichter inspiriert, darunter Heinrich Heine und Friedrich Silcher. Clemens Brentano war der Erste, der eine Frau namens Lore Lay schuf. In seinem Roman »Godwi« erschien die Ballade »Zu Bacharach am Rheine«, in der die atemberaubend schöne Lore Lay mit ihrem Gesang die Männer verzauberte und Unheil über sie brachte. Sie selbst war jedoch unglücklich verliebt und stürzte sich vor Kummer in den Tod. Der Tourismusverband von Sankt Goarshausen kürt seit 1979 alle zwei bis drei Jahre eine blonde Schönheit zur Loreley. Als Zepter dient ihr ein goldener Kamm. Unter www.tempus-rhenus.de finden Sie verschiedene Führungen rund um die sagenumwobene Loreley.

83 Das Loreley-Besucherzentrum, 2000 als regionale Außenstelle der EXPO in Hannover eröffnet, vereint heute Ausstellung, Bistro-Mittelrhein und eine Tourist-Info unter einem Dach. Es ist vom 1. April bis 1. November täglich von 11 bis 17 Uhr geöffnet. Außerhalb dieser Zeiten erhalten Sie weitere Informationen unter Tel. 06771/9100.
www.loreley-touristik.de

84 Etwa 50 Meter vom Parkplatz des Besucherzentrums entfernt befindet sich der Zugang zum »Loreley-Bob«. Die Sommerrodelbahn befördert die Besucher mit einem Liftersystem bequem zur Bergstation, wo sich der Rodelschlitten automatisch zur actionreichen Abfahrt mit (S-)Kurven, Wellen und Jumps ausklinkt. In Komfortschlitten sausen die Rodelgäste mit bis zu 40 Stundenkilometern in einer 700 Meter langen Edelstahlmulde zu Tal. Kinder ab drei Jahren können in Begleitung eines Erwachsenen rodeln, ab acht Jahren darf die Anlage alleine benutzt werden. Erwachsene zahlen für eine Fahrt 2,50 Euro, Kinder (3 bis 14 Jahre) für eine Fahrt 2 Euro. Gruppen ab 15 Personen fahren vergünstigt. Die Rodelbahn ist von April bis Anfang November täglich von 10 bis 17 Uhr bei entsprechenden Witterungsverhältnissen geöffnet. www.loreleybob.de

85 Auf der 1932 errichteten Freilichtbühne in der Nähe des Loreleyfelsens sind bereits Rockgrößen wie Genesis oder U2 aufgetreten. Auch deutsche Stars – von Herbert Grönemeyer über Xavier Naidoo bis Tokio Hotel – feierten hier Erfolge. Der legendäre »Rockpalast« fand mit der Loreley die passende Kulisse für seine Fernsehproduktion. www.loreley-the-rock.com

86 Direkt gegenüber der Loreley liegt der rund 240 Meter hohe Aussichtspunkt »Maria Ruh« in der linksrheinischen Gemeinde Urbar. Die Auffahrt erfolgt über Sankt Goar. 2005 wurde das Areal in eine terrassenförmige Parkanlage umgestaltet. Ein Restaurant mit Biergarten und eigener Kaffeerösterei lädt zum Verweilen und Genießen ein. Der »Loreleyblick Maria Ruh« veranstaltet sonntags ein Etagenfrühstück sowie romantische Picknicks im Park. www.maria-ruh.de

87 Die Burg Katz wurde zwischen 1360 und 1371 zum Schutz gegen die benachbarte kurtrierische Burg Maus erbaut. Zusammen mit der Burg Rheinfels auf der anderen Rheinseite verstärkte die Hangburg die Zollschranke der Grafen von Katzenelnbogen, die viele Burgen in Südwestdeutschland kontrollierten. Heute befindet sich die Burg Neukatzenelnbogen in Privatbesitz und ist nicht zu besichtigen. Dafür eignet sie sich zu Lande und zu Wasser als schönes Fotomotiv.

88 Über dem Rheindorf Wellmich, drei Kilometer von Sankt Goarshausen entfernt, thront die Burg Maus. Die Höhenburg wurde 1388 nach einer Bauzeit von 35 Jahren fertiggestellt und zerfiel im 18. Jahrhundert zusehends. Zwischen 1900 und 1906 wurde die Burg Maus daher in ihrer historischen Form mit Schildmauer und rundem Bergfried und der quadratischen Kernburg samt Innenhof und zwei Wohntürmen restauriert. Bis 2010 war ein vielbesuchtes Adler- und Falkengehege dort untergebracht.

89 Die Burg Rheinfels stellt mit ihrem 54 Meter hohen Bergfried, dem Frauenhaus, dem Eckrundturm zur

Rheinseite und dem Treppenturm zum Innenhof hin sowie der mächtigen Schildmauer, flankiert von Uhr- und Büchsenmeisterturm, die größte Burganlage am Mittelrhein dar. Bei klarer Sicht konnten die früheren Bewohner weit in den Hunsrück und den Taunus schauen. Die Ruinen der mittelalterlichen Burg sowie die zahlreichen unterirdischen Gänge der Festung sind mehr als eindrucksvoll. Das Museum auf Burg Rheinfels wurde 1991 neu gestaltet. Ebenso wie die Schönburg bei Oberwesel beherbergt Burg Rheinfels ein renommiertes Schlosshotel mit Restaurant. Auf www.st-goar.de finden Sie Informationen zu Burg- und Themenführungen und weiteren Veranstaltungen wie Ritterspielen für Groß und Klein, Laternenführungen oder den beliebten Krimidinnern.

90 Jedes Jahr taucht »Rhein in Flammen« die Uferpromenaden und Sehenswürdigkeiten zwischen Rüdesheim und Bonn in ein romantisches Rot. Eine festlich illuminierte Schiffsflotte fährt längs des Rheins. Das Großfeuerwerk findet jährlich zu folgenden Zeiten statt: am ersten Samstag im Mai zwischen Linz und Bonn, am ersten Julisamstag zwischen Niederheimbach und Bingen/Rüdesheim, am zweiten Samstag im August zwischen Spay und Koblenz, am zweiten Samstag im September in Oberwesel und am dritten Septembersamstag zwischen Sankt Goar und Sankt Goarshausen. www.rhein-in-flammen.com

Südlicher Niederrhein –
zwischen Rheinkilometer 640 und 660

NADINE BURANASEDA

EMMA

Bonn

Meine Heimat liegt im Blauen
Fern und doch nicht allzu weit
Und ich hoffe sie zu schauen
Nach dem Traum der Endlichkeit.
Wenn der Tag schon im Versinken
Und sein letztes Rot erbleicht,
Will es manchmal mir bedünken,
Dass mein Blick sie schon erreicht.

Friedrich Hermann Frey
(1839–1911)

Das Keyboard-Intro von »A Forest«, das von einzelnen Gitarrenklängen untermalt wurde, waberte aus den Lautsprechern des »Black Veg« **91**. Der passende Soundtrack für meine Sonntagsdepression. Renee saß mir gegenüber am Tisch, vor sich einen Tee, und wippte mit dem Fuß zu den einsetzenden Drums und Bassbeats des New-Wave-Klassikers.

»Wie geht's Jo?«, fragte sie und rührte das Holzstäbchen mit den aufgespießten Ingwerstücken um.

»Sie ist verliebt. Ich meine: so richtig.«

»Wurde auch Zeit. Deine Schwester hat in den letzten Jahren wirklich ein paar schräge Typen am Hals gehabt. Wer ist denn der Glückliche?«

»*Die* Glückliche.«

Renee sah vom Glas auf, in dem die heiße Flüssigkeit wirbelte. »Ach was, ehrlich?«

»Come closer and see«, begann die hypnotische Stimme von Robert Smith im Hintergrund zu klagen. »See into the trees.«

»Ja, die beiden haben sich auf einer Uni-Party kennengelernt.« Ich lehnte mich auf der Bank zurück und trommelte mit den Fingern im Takt zu »Find the girl while you can«, während ich den Blick durch das lichtdurchflutete Café mit dem Fischgrätparkett schweifen ließ. Wir waren nicht die einzigen Gäste, die sich an diesem Septembermorgen ein ausgedehntes Frühstück gönnten. Eine halbwüchsige Mutter mit Kinderwagen und weitere Paare hatten sich an den Holztischen niedergelassen und unterhielten sich gedämpft. Die Türglocke läutete hell, als ein Punk zur Tür hereinkam und einen Kaffee to go an der Theke bestellte. Der grün gefärbte Iro zitterte auf seinem rasierten Schädel, während er ein paar Worte mit der Inhaberin wechselte.

»Freut mich total für Johanna«, sagte Renee und trank vorsichtig einen Schluck. »Weiß Heinrich es schon?«

»Nö, er wird sich schwer damit tun, wie ich unseren alten Herrn kenne.«

»Ellen wird ihm schon den Kopf zurechtrücken.«

Renee hatte recht: Seit Ellen Winter nach dem Tod meiner Mutter wieder in sein Leben getreten war, war er ein anderer Mensch geworden. Der Griesgram in ihm regte sich nur noch selten.

Ein schwarz gekleideter junger Typ mit Vollbart brachte das Essen. »Lasst es euch schmecken.«

Auf meinem Teller dampfte ein englisches Frühstück. Renee hatte sich für Obst und Müsli entschieden, schielte aber auf das gegrillte Gemüse, das mit frischem Koriander garniert war.

»Bedien dich!«

Renee grinste, schnappte sich meine Gabel und schob sich einen Champignon in den Mund. »Hmm, der Hammer.«

Ich aß von den gebackenen Bohnen. »Die sind verboten gut. Musst du auch probieren.«

Die nächste Songzeile kroch aus den Boxen und setzte sich in meinem Kopf fest: »I hear her voice calling my name.«

»Wir können die beiden einladen«, sagte Renee kauend. »Was kochen, einen Film schauen.«

»Klingt gut.« Ich riss ein Stück Weißbrot ab und zog es durch die Tomatensauce.

In diesem Augenblick klingelte mein Handy.

»Wenn es das Präsidium ist …«, schaute Renee mich von unten an. Die Spitzen ihres schwarzen Bobs fielen ihr in die Stirn.

»… bleibt mehr für dich, ich weiß.« Das war ihre Art zu sagen, dass ich kein schlechtes Gewissen haben musste, sie allein zu lassen. Sie war Polizeifotografin und wusste, was es bedeutete, jederzeit zu einem Einsatz gerufen zu werden. Ich angelte den lärmenden Apparat aus der Hosentasche und nahm den Anruf an. »Hallo, Peter.«

»Lutz, tut mir leid, dich zu stören, aber ...« Die Stimme meines Partners klang, als würde er gerade durch einen Tunnel fahren. Tausend Meter unter der Erde.

»Was ist los?«

»Ein sechsjähriges Mädchen aus Plittersdorf wird seit heute früh vermisst. Schröder hat die übliche Maschinerie angeworfen: Telefonüberwachung, groß angelegte Suche. Mehrere Polizeihundeführer sind bereits auf dem Weg. Wir sollen den Vater befragen.«

»Wieso nur den Vater?« Ich pickte etwas Rührei auf, bevor es kalt wurde. »Ist er alleinerziehend?«

»Nein. Von der Mutter fehlt auch jede Spur.«

Ich sah Renee zu, wie sie Sojajoghurt in ihre Müslischale löffelte. »Scheiße. Hat sie was damit zu tun?«

»Keine Ahnung, dafür ist es noch zu früh. Bist du zu Hause?«

»Nein, ich frühstücke mit Renee in der Altstadt 92.«
Ich nannte Kirchhoff die Adresse.

»Gut, ich sammle dich an der Bornheimer Straße ein. So in zehn Minuten.«

»Alles klar, bis gleich.«

»Wir holen das hier nach, Lutz.«

Ich nickte und bestellte einen zweiten Kaffee und belegte Brötchen für unterwegs. Der Tag versprach, lang zu werden. Kurz darauf küsste ich Renee zum Abschied und verließ das Ecklokal, in dem inzwischen harter Punk lief. Als ich die Bornheimer erreichte, bremste ein silberner Audi neben mir. Ich öffnete die Tür und ließ mich auf den Beifahrersitz fallen.

Mit der freien Hand zog ich die Tür zu und biss in eine Brötchenhälfte. »Auch eins?«

Kirchhoff wendete. »Seit wann isst du wieder Fleisch?«
Ich hustete und verschluckte mich fast. »Was?«

»Ich meine das dickbelegte Mettbrötchen, mit dem du mir den Dienstwagen vollkrümelst.«

»Is kein Fleisch.« Die Mauer des Alten Friedhofs 93 wischte an uns vorbei. Dahinter ragten verwitterte Grabmale zwischen Platanen und Kiefern auf, durch die der Wind strich. »Was wissen wir?«

»Nicht viel. Der Vater wollte nach dem Aufstehen nach Emma schauen. Er wunderte sich, dass die Kleine ihn nicht längst geweckt hatte.«

»Seit wann wird sie jetzt vermisst?«

Kirchhoff warf einen Blick auf die Uhr im Armaturenbrett. »Ziemlich genau zweieinhalb Stunden. Der Vater hat das ganze Haus nach Emma abgesucht. Als er festgestellt hat, dass seine Frau ebenfalls nicht mehr da ist, hat er die Polizei verständigt.«

»Was ist mit Handyortung?«

Kirchhoff lenkte den Wagen unter der Stadthausbrücke 94 hindurch weiter Richtung Bertha-von-Suttner-Platz. An einer Ampel drängte sich eine Gruppe Touristen. Jede Wette, dass der Besuch von Beethovens Geburtshaus 95 und des Münsters 96 um die Ecke auf dem Programm standen.

»Fehlanzeige. Das Handy der Mutter war auf der Kommode in der Diele, wo sie es zum Aufladen hingelegt hatte.«

»Gab es Einbruchsspuren oder sonstige Anzeichen von Gewalt?«

»Nein, nichts dergleichen. Der Vater hat inzwischen Freunde und Verwandte angerufen. Es gibt kein einziges Lebenszeichen von den beiden. Eine Hundertschaft sucht bereits das Wohnviertel ab und befragt die Nachbarn.«

»Verdammt.« Ich packte den Rest des Brötchens weg.

Kirchhoff setzte den Blinker und bog auf die B9 ab. Wir passierten das Koblenzer Tor des Unihauptgebäudes **97**. »Eines macht mir am meisten Sorgen: Das Auto der Familie steht nicht in der Garage. Die Fahndung läuft.«

»Das könnte bedeuten, dass Mutter und Kind gemeinsam entführt wurden. Der Täter verschafft sich irgendwie Zugang zum Haus und zwingt sie, mit ihm wegzufahren.«

Wir wussten, was das hieß: Jede Sekunde zählte. Ich wollte mir nicht ausmalen, welches Leid über die Familie hereinbrechen würde, wenn wir zu spät kamen.

Wir ließen die Museumsmeile **98** hinter uns und fuhren an der Rheinaue **99** vorbei. Kurz darauf hielt Kirchhoff in der Steinstraße, in der eine Polizeistreife und drei Mannschaftswagen vor einem Einfamilienhaus parkten. Wir verließen den Audi und stiegen die Stufen zum Eingang hinauf. Nach dem ersten Klingeln öffnete uns eine Frau mit schulterlangen grauen Haaren. Sie trug Jeans und T-Shirt, darüber ein Holzfällerhemd, das mit Farbspritzern übersät war.

»Kripo Bonn.«

»Susanne Weiß, ich wohne nebenan.« Sie studierte unsere Dienstausweise und bat uns herein. »Er ist gleich da vorn.«

»Würde es Ihnen etwas ausmachen, einen Moment draußen zu warten?«

»Nein, natürlich nicht.« Die Nachbarin ließ sich auf den Treppenstufen nieder.

Ich zog die Tür zu. Auf einem Holzregal an der Garderobe stapelten sich die Schuhe der Hausbewohner. Die Küche am Ende des Flurs ging in ein helles Wohnzimmer über. An einem lang gestreckten Esstisch aus Birnenholz saß ein Mann. Er hatte, die Ellenbogen auf die Tischplatte gestützt, das Gesicht in den Händen vergraben.

»Herr Becker? Mein Name ist Peter Kirchhoff.« Er nahm am Kopfende Platz, beugte sich vor und sprach leise weiter. »Das ist mein Partner, Kriminalhauptkommissar Lutz Hirschfeld.«

Becker löste sich in Zeitlupe aus der Erstarrung und sah auf. Seine geröteten Augen verrieten, dass er geweint hatte. Ich wandte mich zur Küchenzeile. Mein Blick blieb an einem Foto hängen, das mit einem Magneten in Form einer schwarz gefleckten Französischen Bulldogge am Kühlschrank befestigt war. Es zeigte ein dunkelhaariges Mädchen, das in die Kamera lachte und eine riesige Zahnlücke entblößte. Die Kleine versank in einem rosafarbenen Prinzessinnenkleid. Unter mehreren Lagen Tüll schauten rote Gummistiefel hervor. Im Hintergrund war eine Burgruine zu sehen. Ich tippte auf den Drachenfels **100** . In einem der Hängeschränke fand ich ein Glas, das ich mit Leitungswasser füllte. Ich kehrte zum Tisch zurück und stellte es behutsam vor Becker ab.

»Haben Sie Emma und meine Frau gefunden?« Beckers Stimme war brüchig. Er räusperte sich und zog das Wasserglas zu sich heran. Seine Hand zitterte, als er es in einem Zug leerte.

Ich setzte mich ihm gegenüber. »Bisher leider nicht. Könnte Ihre Frau vergessen haben, Ihnen zu sagen, dass sie mit Emma irgendwohin fahren wollte?«

»Nein, auf keinen Fall. Das habe ich bereits alles auf der Polizeiwache zu Protokoll gegeben.«

»Bitte Herr Becker, jedes Detail könnte wichtig sein.«
Kirchhoff legte den kantigen Kopf schräg.

»Entschuldigen Sie«, sagte er matt. »Ich stehe vollkommen neben mir.«

»Schon gut.« Ich klappte meinen Notizblock auf. »Sie wissen also nichts von einem Ausflug.«

»Nein. Warten Sie: doch.« Becker fuhr sich durch das kurze braune Haar. »Wir wollten heute gemeinsam zu »Pützchens Markt« **101**. Aber selbstverständlich nicht um diese Uhrzeit, sondern am Nachmittag. Emma hatte sich schon so auf das Kettenkarussell gefreut. Das Ding fliegt ziemlich hoch, so vierzig, fünfzig Meter. Letztes Jahr war Emma noch zu klein dafür.«

Das Telefon, das vor Becker auf dem Tisch lag, klingelte. Er zuckte zusammen, als hätte ihn der Blitz getroffen, und griff hektisch danach.

»Ja? Nein, noch nichts Neues, Mutter. Ich muss die Leitung freihalten. Ich leg jetzt auf.« Becker ließ das Telefon sinken. Der Wechsel zwischen Hoffnung und kalter Ernüchterung hatte sich in Sekundenbruchteilen auf seinem Gesicht vollzogen wie eine plötzliche Sonnenfinsternis.

»Hat Emma Schwierigkeiten in der Schule?«

»Nein, sie ist gerade eingeschult worden. In dem Alter hat man keine Probleme. Nicht wirklich.«

Ich kannte Fälle, in denen das nicht zutraf, aber ich behielt den Gedanken für mich.

»Gab es Streit? Hatte Emma Angst vor einer Strafe?«

»Nichts dergleichen.«

»Und was ist mit Ihrer Frau?«, schaltete sich Kirchhoff wieder ein. »Hat sie sich in letzter Zeit anders verhalten als sonst?«

»Nein, um Gottes willen. Was wollen Sie damit unterstellen?«

»Mein Partner möchte nichts unterstellen, Herr Becker. Wir wollen nur wissen, ob Ihnen Veränderungen in Ihrem Umfeld aufgefallen sind.«

Becker dachte nach, schließlich schüttelte er den Kopf. »Bis gestern war das ein ganz normales Wochenende.«

»Ich verstehe.«

»Marie ist wieder schwanger. Im dritten Monat. Sie würde niemals etwas tun, was unser Familienglück gefährden könnte.«

Ich nickte. »Bitte schildern Sie uns die vergangenen Stunden. Wann haben Sie Ihre Tochter und Marie zuletzt gesehen?«

»Gestern Abend waren Freunde zum Grillen zu Besuch. Wir haben Emma um neun ins Bett geschickt. Um Mitternacht haben wir noch einmal nach ihr geschaut, bevor wir selbst schlafen gegangen sind.«

»War das Haus in der Nacht gesichert?«

»Wir haben keine Alarmanlage, wenn Sie darauf hinauswollen, Herr Hirschfeld. Das hier ist eine ruhige Gegend.«

Ich blickte von meinen Notizen auf und wartete, dass Becker weitersprach.

»Die Haus- und Terrassentür habe ich abends abgeschlossen. Nur die Fenster im Obergeschoss waren geöffnet.«

»Wann ist Ihnen klargeworden, dass etwas nicht stimmt?«, fragte ich.

Becker schluckte hart. »Ich bin gegen halb neun aufgewacht. Das Bett neben mir war leer. Ich habe mir nichts dabei gedacht und bin runter in die Küche, um Kaffee aufzusetzen. Ich hatte einen Kater. Daher habe ich erst mal zwei Kopfschmerztabletten genommen und mich unter die Dusche gestellt.«

»Haben Sie sich nicht gewundert, dass niemand im Haus war?« Ich unterdrückte den Impuls, mit dem Kugelschreiberende auf den Block zu klopfen.

»Nein, ich bin davon ausgegangen, die beiden wären zum Bäcker. Dann habe ich Maries Portemonnaie gefunden. Auch das Handy hat sie liegengelassen, ohne das sie nie aus dem Haus gehen würde.«

»In Ordnung.«

»Ich habe das ganze Haus und den Garten abgesucht. Als ich festgestellt habe, dass der Wagen nicht mehr in der Garage steht, wusste ich, dass etwas Schlimmes passiert sein muss. Marie würde nicht länger wegbleiben und mir nicht Bescheid geben.«

Kirchhoff zeichnete mit dem Finger die Holzmaserung der Tischplatte nach. »Fehlt irgendetwas?«

»Nein. Glauben Sie, dass die beiden entführt worden sind?«

»Dafür haben wir bisher keine Anhaltspunkte«, sagte ich. »In vielen Vermisstenfällen gibt es eine einfache Erklärung.«

Dass die Mutter ebenfalls spurlos verschwunden war, bereitete mir allerdings Sorgen.

»Wir sind nicht reich, das Haus hier habe ich geerbt.« Becker begann zu weinen. »Ich mache mir solche Vorwürfe! Wenn ich früher wach geworden wäre …«

»So dürfen Sie nicht denken.« Kirchhoff legte seine Hand auf Beckers Unterarm.

Ich erhob mich. »Macht es Ihnen etwas aus, wenn ich mir Emmas Zimmer anschaue?«

»Nein, nur zu. Zweiter Stock, die dritte Tür rechts.«

Ich stieg die Treppe hinauf und fand mich kurz darauf in einem Traum von Kinderzimmer wieder. Wenn ich es nicht besser gewusst hätte, hätte ich vermutet, dass ein Junge es bewohnte: Links befand sich ein blaues Piratenbett mit aufgeklebten Kanonenluken. An der Dachschräge über dem Schiff bauschte sich ein Bettlaken mit einem Totenkopf, das als Segel diente. Ich verpasste dem Steuerrad über dem Kopfende Schwung. Es klackerte, bis es zum Stillstand kam. Auf der gegenüberliegenden Seite war eine Unterwasserlandschaft an die Wand gemalt. Ein Tintenfisch mit Augenklappe lächelte mich an. Neben dem Schreibtisch unter dem Fenster entdeckte ich eine Schatzkiste, aus der sich ein Fischernetz ergoss. Darin hatten sich Fische und Seesterne aus Plastik verfangen. Ich setzte mich auf den Stuhl und stieß mich ab. Die Rollen quietschten über den Holzboden. Ich bremste in der Mitte des Raums, der mir das Bild eines selbstbewussten Mädchens vermittelte, und drehte mich einmal um die eigene Achse. Emmas Zimmer flog an mir vorbei und stoppte vor dem Kleiderschrank. Ich stand auf, machte die Tür auf und strich über die Kleidung. Behutsam schloss ich den Schrank – und stutzte. Ich riss die Tür erneut auf und durchsuchte den Inhalt. Das rosafarbene Prinzessinnenkleid, das Emma auf dem Foto getragen hatte, fehlte. Es sah nicht aus wie ein Kostüm. Ich würde den Vater danach fragen.

Bevor ich ins Wohnzimmer zurückkehrte, öffnete ich die Haustür.

Die Nachbarin sprang von den Treppenstufen auf. »Haben Sie etwas von Marie und Emma gehört?«

»Nein, leider nicht, Frau Weiß.«

»Ich kann immer noch nicht glauben, dass die zwei verschwunden sind.« Sie schlang die Arme um den Körper, als wollte sie sich selbst Halt geben. »Emma ist mir sehr ans Herz gewachsen. Sie besucht mich oft in meinem Atelier.«

»Haben Sie die Wand in ihrem Zimmer bemalt?«

Ein Lächeln huschte über ihr Gesicht. »Ja. Emma liebt Piraten und das Meer. Die Kleine ist sehr aufgeweckt und wilder als manch ein Junge ihres Alters.«

»Emma würde Fremden also misstrauen?«

»In jedem Fall. Ich habe mir den Kopf zerbrochen. Ich weiß nicht, ob es von Bedeutung ist, aber da war ein Mann, den ich in den letzten Wochen ein paarmal durch unsere Straße habe fahren sehen. Ich habe mir nichts dabei gedacht. Sonst hätte ich mir das Kennzeichen notiert.«

»Erinnern Sie sich an die Automarke?«

»Nein, mit Autos hab ich es nicht so, aber ich würde sagen, es war irgendein dunkler Kombi.«

»Könnten Sie den Mann beschreiben?«

»Ja, ich denke schon, Gesichter kann ich mir gut merken.«

»Wären Sie bereit, mit einem Kollegen zu sprechen, der ein Phantombild erstellt?«

»Selbstverständlich.«

Mein Handy klingelte. Im Display erkannte ich die Nummer von Jens Schröder, dem Leiter des KK11. »Grüß dich, Jens.«

»Ein Streifenwagen ist gerade auf das Fahrzeug der Beckers aufmerksam geworden. Es ist in Graurheindorf abgestellt. Über den Verbleib von Mutter und Kind haben wir dagegen keine neuen Erkenntnisse.«

»Danke, wir machen uns sofort auf den Weg.«

Ich ließ mir den Standort durchgeben, bat Schröder, einen Phantombildzeichner anzufordern, und beendete das Gespräch.

»Könnten Sie noch eine Weile nach Herrn Becker schauen?«, wandte ich mich an die Nachbarin.

»Natürlich.«

Wir gingen ins Wohnzimmer.

»Ihr Auto wurde in Graurheindorf entdeckt. Sagt Ihnen das irgendetwas, Herr Becker?«

»Ja sicher. Wir haben bis vor einem Jahr dort gewohnt, bevor wir hierher gezogen sind. Wo genau steht der Wagen?«

Ich sah in meine Notizen. »In der Karl-Legien-Straße.«

»Da gibt es einen Spielplatz am Rheinufer. Emma hat dort früher oft gespielt.« Emmas Vater stand so schnell auf, dass der Stuhl fast umkippte. »Ich begleite Sie.«

»Sie bleiben besser zu Hause. Frau Weiß wird Ihnen Gesellschaft leisten. Es sollte jemand da sein, wenn Ihre Frau und Emma zurückkehren. Wir gehen dem Hinweis nach und informieren Sie umgehend.«

Becker presste die Lippen aufeinander, sank aber zurück auf den Stuhl. Wir verabschiedeten uns, verließen das Haus und stiegen in den Audi.

Kirchhoff startete den Motor. »Ich habe kein gutes Gefühl bei der Sache.«

Ich erzählte meinem Partner von dem verdächtigen Mann, der Susanne Weiß aufgefallen war. »Wenn wir es hier mit einer Entführung zu tun haben, könnte es sich um eine Person aus dem früheren Umfeld der Beckers handeln.«

»Ein ehemaliger Nachbar?«

»Denkbar. Folgendes Szenario: Die Mutter hat einen Geliebten. Sie verlässt ihren Ehemann Hals über Kopf und nimmt das Kind mit.«

»Du meinst, Marie ist gar nicht von ihrem eigenen Mann schwanger?«

»Warum nicht? Wir dürfen ebenfalls nicht ausschließen, dass der Vater etwas mit dem Verschwinden der beiden zu tun hat, Lutz. Er ist ausgerastet und hat seine Frau im Affekt getötet.«

Ich dachte eine Weile über diese Möglichkeit nach. »Ich weiß nicht. Seine Angst wirkte echt. Außerdem gab es keinerlei Kampfspuren im Haus. Und er müsste Emma dann auch etwas angetan haben.«

Wir kamen am Alten Zoll **102** vorbei.

»Du schuldest mir noch ein Feierabendbier«, sagte ich, um auf andere Gedanken zu kommen.

»Ich weiß, hab's nicht vergessen.«

Zehn Minuten später parkte Kirchhoff in einer Seitenstraße. Wir stiegen aus dem Dienstwagen und sahen nach wenigen Metern mehrere Klettergerüste vor uns aufragen.

»Da sind sie!«, rief ich und lief auf eine Schaukel zu, deren runde Sitzfläche an ein Vogelnest erinnerte.

Eine Frau saß darauf, den Rücken zu uns gekehrt. Sie hielt einen kleinen Körper umschlugen. Ich erkannte sofort das rosafarbene Prinzessinnenkleid, unter dessen Saum nackte Füße hervorschauten.

»Frau Becker?« Ich war atemlos neben ihr stehengeblieben.

Sie unterbrach ihr Summen und schaute zu mir auf.

»Ihr Mann macht sich große Sorgen. Geht es Ihnen gut?«

Ich blickte in Emmas Gesicht. Sie sah aus, als würde sie schlafen.

»Sie war kalt. So kalt«, flüsterte Marie Becker. »Ich konnte nichts mehr für Emma tun. Sie ist eingeschlafen und nicht mehr aufgewacht. Sie muss schon ein paar Stunden tot gewesen sein. Ich habe ihr das Kleid angezogen und bin in der Frühe losgefahren. Sie hat diesen Ort hier geliebt.«

Ich nickte langsam und hörte, wie Kirchhoff hinter mich trat.

»Bitte können Sie uns noch einen Moment lassen?«

»Natürlich, Marie, nehmen Sie sich so viel Zeit, wie Sie brauchen.« Ich wandte mich ab und ging ein paar Schritte bis zum Rheinufer. Ich klopfte eine Zigarette aus der Schachtel und zündete sie an. Ein Flusskreuzfahrtschiff glitt durch die Fluten, auf denen die Sonne gleißte. Der Wind trug Musik und Stimmengewirr zu mir herüber, unterbrochen von dem Kreischen der Möwen, die das Schiff begleiteten. Ich kniff die Augen zusammen und entdeckte eine Gruppe Menschen an Deck, die mir zuwinkten. Sie bemerkten die dunklen Wolken nicht, die über dem Spielplatz hingen. Ich hob die Hand zum Gruß, nahm einen tiefen Zug und stieß den Rauch aus, hinter dem ich meine Tränen verbarg.

Weitere Fälle von Lutz Hirschfeld und Peter Kirchhoff vom Bonner KK11 können Sie in den Romanen »Seelengrab« (2010) und »Seelenschrei« (2012) nachlesen, beide erschienen im Droste Verlag.

91 Das Café »Black Veg« hat im Herbst 2014 in der Adolfstraße 43 gegenüber dem Frankenbad eröffnet (www.blackveg.de). Christina und Roland kredenzen ihren Gästen seitdem eine hervorragende Auswahl an veganen Köstlichkeiten. Neben süßem oder herzhaftem Frühstück (sonntags von 10 bis 13 Uhr) kann zwischen Snacks, etwa Mettbrötchen mit Zwiebeln und Gürkchen, und wechselnden Tagesgerichten gewählt werden. Naschkatzen plündern das Kuchenbüffet mit selbstgebackenen Torten, Cupcakes und Muffins. Aber damit nicht genug – Bonn wartet mit weiteren (rein) pflanzlichen Restaurants auf: Der »Cassiusgarten« vis-à-vis des Hauptbahnhofs bietet im Sommer veganes Eis, im Winter leckeres Weihnachtsgebäck (www. cassiusgarten.de). »Mae's Café« in der Südstadt liefert seinen Kuchen auf Wunsch auch nach Hause (www.maesrestaurant.de). Auf dem Bonner Marktplatz versorgt die »Bi-Bu«, die mobile Bio-Bude, Hungrige mit Currywurst und Pommes oder frischen Rohkost-Energyballs. Dazu wird Mayonnaise gereicht – natürlich komplett vegan und bio (www.bibu-vegan-mobil.de). Frischgepresste Säfte und leichte vietnamesische Gerichte kann man bei »Ananda« in der Fußgängerzone neben der »Sportarena« genießen (www.ananda-bonn.de). Die »Kaiserhüttn« hat österreichische Spezialitäten, etwa Leberkässemmeln und Kaiserschmarrn, im Angebot (www.kaiserhuettn.com). Fastfood wie

Vöner und Süßkartoffelvritten gibt es beim »Grünspecht« – wie das Black Veg in der Altstadt gelegen (www.gruenspecht-bonn.de).

92 Die Bonner Altstadt zählt zur Kirschblütenzeit zu den 1.000 Orten, die man gesehen haben muss, bevor man stirbt. Im April und Mai erblühen die japanischen Kirschbäume in der Heerstraße und in der Breite Straße in leuchtendem Rosa. Das jährlich stattfindende Kirschblütenfest lockt Besucher von nah und fern mit japanischer und internationaler Küche, Kampfkunst, Themenführungen und Livemusik an. Anwohner beteiligen sich mit einem Flohmarkt. Die Firma »Print & Paint« lobt jedes Jahr einen Fotowettbewerb aus. Die schönsten Kirschblütenbilder werden auf einer Vernissage ausgestellt.
www.kirschbluetenfest-bonn.de
www.kirschbluete-bonn.de
www.die-bonner-altstadt.de

93 Der Alte Friedhof, der 2015 seinen 300. Geburtstag gefeiert hat, gehört zu den bedeutendsten in Deutschland. Die zum Teil reich verzierten Gräber spiegeln die Bonner Kultur- und Geistesgeschichte des 19. und 20. Jahrhunderts wider. Neben Ernst Moritz Arndt, Karl Simrock und August Wilhelm von Schlegel haben hier viele weitere berühmte Persönlichkeiten wie Robert und Clara Schumann, die Mutter Beethovens und Mildred Scheel, die Gründerin der Deutschen Krebshilfe, ihre letzte Ruhe gefunden. Die Georgskapelle wird ab und

an auch für Lesungen genutzt. Zudem veranstaltet die »Gesellschaft der Freunde und Förderer des Alten Friedhofes in Bonn e.V.« regelmäßige Friedhofsführungen.
www.alter-friedhof-bonn.de

94 Im Stadthaus ist seit 1978 die städtische Verwaltung untergebracht. Das 72 Meter hohe, mit einer Leichtmetallfassade verkleidete Gebäude liegt am Berliner Platz an der südlichen Grenze zur Nordstadt und gilt unter Bonnern als architektonischer Schandfleck. Wer das Stadthaus jedoch erklimmt, wird mit einer atemberaubenden Aussicht belohnt und entdeckt etwa die Doppelkirche in Schwarzrheindorf, die Beethovenhalle, das Alte Rathaus, das Universitätshauptgebäude, den Langen Eugen, den Post-Tower, die Münsterbasilika, das Poppelsdorfer Schloss – und bei guter Sicht das Siebengebirge und den Kölner Dom. Für die anderthalbstündige Führung »Über den Dächern von Bonn«, die einen Aufstieg auf das sonst nicht zugängliche Stadthausdach beinhaltet, sollten Sie gut gerüstet sein: Nach der Fahrt mit dem Aufzug zum 17. Stockwerk sind etwa 70 Stufen zu Fuß zu bewältigen. Treffpunkt ist die Bonn-Info in der Windeckstraße 1 am Münsterplatz. Die Tour A3 ist bei der Bonn-Information, den Vorverkaufsstellen des General-Anzeigers (GA) und online buchbar.

95 In der Bonngasse 20 erblickte Ludwig van Beethoven im Dezember 1770 im Gartenflügel des Hauses das Licht der Welt. Das Geburtshaus des weltberühmten Komponisten beherbergt eine Dauerausstellung, für die ein Audioführer in dreizehn Sprachen zur Verfügung steht. Eine Version für Kinder in zwei verschiedenen Altersstufen ist ebenfalls erhältlich. Das Museum und das Digitale Beethoven-Haus sind vom 1. April bis 31. Oktober täglich von 10 bis 18 Uhr und vom 1. November bis 31. März Montag bis Samstag von 10 bis 17 Uhr und an Sonn- und Feiertagen von 11 bis 17 Uhr geöffnet. Informationen über Konzerte, Wechselausstellungen und Lesungen finden Sie unter: www.beethoven-haus-bonn.de

96 Die Nachtwächtertour endet nach einem Gang durch die dunklen Seiten der Stadt am Pranger vor dem Bonner Münster. Die historische Stadtführung beginnt in der Rheingasse, Ecke Brassertufer, und dauert rund zwei Stunden. Die Kosten belaufen sich auf 9,50 Euro (ermäßigt 8 Euro) oder für Gruppen auf 160 Euro. Zusätzlich buchbar ist ein Nachtwächter-Schmaus mit einem üppigen 3-Gang-Menü in einem historischen Gasthaus im Anschluss an die Tour. Termine nach Vereinbarung. Die Mindestteilnehmerzahl beträgt 15 Personen, Tour und Essen kosten 38 Euro inklusive ein Glas Kölsch. Unter www.stattreisen-bonn.de können weitere Stadtteil- und Themenführungen wie »Spionage in Bonn« und »Bonn for Beginners« gebucht werden.

97 Jedes Jahr im Herbst lädt der »Förderverein Filmkultur Bonn e.V.« zu den »Internationalen Stummfilmtagen – Bonner Sommerkino« ein. Das Freiluftkino im Arkadenhof der Bonner Universität zeigt an elf Abenden Stummfilmklassiker, Raritäten und restaurierte Produktionen. National und international renommierte Musiker spielen eigens für die Veranstaltung komponierte Werke. Der Eintritt ist frei. Das Programm wird jeweils im Sommer auf www.internationale-stummfilmtage.de veröffentlicht.

98 Die Museumsmeile ist Anziehungspunkt für Kunst- und Kulturinteressierte aus aller Welt. Die fünf Häuser entlang der Bonner Magistrale verzeichnen jedes Jahr rund zwei Millionen Besucherinnen und Besucher. Seit 1995 feiern das Forschungsmuseum König, das Haus der Geschichte, das Kunstmuseum Bonn, die Bundeskunsthalle und das Deutsche Museum Bonn gemeinsam im Frühling das große Museumsmeilenfest. Die Einrichtungen präsentieren sich vier Tage lang mit einer vielfältigen Mischung aus Kunst, Kultur, Technik, Ökologie und Open-Air-Veranstaltungen für die ganze Familie. Das Programm kann unter www.museumsmeilebonn.de heruntergeladen werden.

99 Die Rheinaue wurde 1979 zur Bundesgartenschau fertiggestellt und hat sich seitdem zu einem beliebten Naherholungsgebiet entwickelt. Die grüne Lunge Bonns ist mit einer Fläche von 160 Hektar (125 Hektar linksrheinisch und 35 Hektar rechtsrheinisch) beinahe so groß wie die Innenstadt. Ein

Fußwegenetz von knapp 45 Kilometern erschließt den Freizeitpark. Zu den Attraktionen zählen der Auensee mit seinen sechs Pontonbrücken, der zum Bootfahren einlädt, der Japanische, der Blinden- und der Rosengarten sowie der Totempfahl. Zwischen April und Oktober findet an jedem dritten Samstag im Monat der Rheinauenflohmarkt statt – mit 1.700 Ständen nichtkommerzieller Anbieter einer der größten in Deutschland (www.flohmarkt-rheinaue.de). Zu den jährlichen Veranstaltungen gehören außerdem das Großfeuerwerk »Rhein in Flammen« am ersten Maiwochenende, die »Bierbörse« am letzten Wochenende im Juli und das Familienspielfest. Im Biergarten spielen in den Sommermonaten fast täglich Jazz-, Blues-, Latin-, Schlager- und Rockbands auf einer kleinen Bühne. 2012 wurde die »Rheinkultur« vom »Kunstrasen« abgelöst, der Open-Air-Konzerte mit bekannten Künstlern veranstaltet. www.kunstrasen-bonn.de

100 Der Drachenfels ist mit 321 Metern Höhe nicht der höchste, jedoch der berühmteste Berg im Rheinland. Auf dem Gipfel thront die weithin sichtbare Burgruine, die den Besucher mit einer unverbauten Sicht auf Eifel, Bonn und Köln belohnt. Der Aufstieg erfolgt über den Eselsweg. Wer den Fußweg scheut, nimmt die Drachenfelsbahn, die von der Talstation Königswinter bis zum renovierten und um einen Glaskubus erweiterten Ausflugslokal auf dem Drachenfelsplateau fährt. Die 1883 in Betrieb genommene Zahnradbahn ist die

älteste Deutschlands. Sie überwindet eine Strecke
von rund 1,5 Kilometern mit einem Höhenunterschied von etwa 220 Metern und einer maximalen
Steigung von 20 Prozent. Die Bahn pendelt halb-
stündlich und hält für den Besuch der restaurierten
und prachtvoll ausgestatteten Drachenburg und
der Nibelungenhalle, die von einem Steindrachen
bewacht wird und auf großformatigen Wandge-
mälden Szenen aus Wagners »Ring des Nibelun-
gen« zeigt, auf der Mittelstation. Erwachsene zahlen 10 Euro inklusive Rückfahrt oder 8 Euro für
eine einfache Fahrt, Kinder bis 13 Jahren 5,50 Euro
oder 5 Euro.
www.siebengebirge.com
www.der-drachenfels.de
www.drachenfelsbahn-koenigswinter.de

101 Die Ursprünge des »Pützchens Marktes« gehen
bis ins 14. Jahrhundert zurück. Der Jahrmarkt findet seit Anfang des 18. Jahrhunderts in der Haupt-
sache auf den Marktwiesen des heute zu Bonn
gehörenden Pützchen-Bechlinghoven statt. Das
Volksfest, das jedes Jahr am zweiten Septemberwo-
chenende stattfindet, entstand aus einer Not heraus:
Etwa 1.000 nach Christus herrschte rechts und links
des Mittel- und Niederrheins eine große Dürre.
Sankt Adelheid stieß ihren Stab in die Erde, sodass
ein »Pützchen«, ein kleiner Quell, entstand. Dieser Brunnen wurde zur Wallfahrtsstätte, an der sich
auch Händler und Gaukler einfanden. Die fünftä-
gige Kirmes zählt heute mit einer Zahl von über
1,3 Millionen Gästen zu den meistbesuchten Ver-

anstaltungen im Rheinland. Pützchens Markt wird traditionell am Freitag um 15 Uhr durch den Fassanstich des Stadtoberhaupts im sogenannten »Bayernzelt« eröffnet. Der katholische Festgottesdienst für die Schausteller beginnt am Sonntag um 10 Uhr. Am Montagmorgen laden die Betreiber der Fahrgeschäfte Kinder aus den Waisenhäusern und Flüchtlingsunterkünften der Region zu Freifahrten ein. Dienstags zieht die Musikkapelle der Schausteller über den Platz. Der Jahrmarkt wird an diesem Tag um 22 Uhr mit einem großen Feuerwerk beschlossen. Interessante Hintergrundinformationen und einen Countdown zum nächsten PüMa gibt es hier: www.freundeskreis-puetzchensmarkt.de

102 Der 1644 erbaute Alte Zoll ist Teil des wichtigsten Bonner Gartenensembles aus dem 18. Jahrhundert, zu dem der Hofgarten mit dem Poppelsdorfer Schloss, der Stadtgarten, die Poppelsdorfer Allee und der Botanische Garten sowie das Baumschulwäldchen gehören. Einst wurde hier im kurfürstlichen Zollhaus der Rheinzoll erhoben. Die Eckbastion der ehemaligen Stadtbefestigung am Brassertufer bietet einen reizvollen Blick auf den Rhein und das Siebengebirge. Eine Wiese mit alten Kastanien prägt den Garten, in dem häufig Boulespieler anzutreffen sind. Der Biergarten ist im Sommer ein echter Besuchermagnet (www.alterzoll.de). Im September kann der Alte Zoll am Tag des offenen Denkmals begangen werden (www.tag-des-offenen-denkmals.de). Fußläufig entfernt liegen die Schiffsanlegestellen der »Köln-Düsseldorfer« und »Bonner Personen Schiffahrt« sowie das Opernhaus. Der Skaterlauf »BonnSkating« startet und endet am Alten Zoll, auch Dreikönigen-Bastion genannt. Konzerte und »Silent Partys«, bei denen die Feierwütigen mit Kopfhörern ausgestattet werden, ergänzen das Angebot. Termine für die Kopfhörer-Partys finden Sie unter: www.taxi-mundjal.com

Südlicher Niederrhein –
zwischen Rheinkilometer 660 und 777

ANNE GRIESSER
DIE TASCHEN-LESERIN
Köln

Sanft plätscherten die Wellen gegen das Ufer. Möwen schrien, die Luft roch nach Pinien, Sonnenöl und Kokosmilch. Urlaub!

Mit geschlossenen Augen konnte ich mir gut vorstellen, ich wäre in der Karibik oder zumindest auf Mallorca. Dann rempelte mich ein älterer Mann an, entschuldigte sich umständlich, verzog sich aber nicht, sondern trat neben mir Wasser. Ich konnte seinen lüsternen Blick regelrecht spüren. Genervt öffnete ich die Augen.

Karibik ade.

Das Möwengeschrei entpuppte sich als Kindergeplärre, der Pinienduft als die Bodylotion einer faltigen Dame mit gelber Badekappe, und das zarte Kokosaroma verwandelte sich in weniger zarten Chlorgeruch.

Köln, Neptunbad 103 . Auch nicht schlecht, aber doch nicht mit der Karibik zu vergleichen.

Der Mann grinste mich verlegen und ein bisschen unterwürfig an. »Clarissa Morgenstern?«, hauchte er. »Kann … ich nicht mal wieder vorbeikommen?«

Mist. Da hatte mich wohl einer erkannt. Trotz Badekappe und Bikini. Vielleicht sollte ich einfach hellere

Farben tragen, damit die Typen gar nicht erst auf die Idee kommen, an mich zu denken. Aber ich stehe nun mal auf Schwarz.

Ich musterte ihn desinteressiert. Eine vage Erinnerung keimte in mir: Schwabbelndes rosa Bauchfett, auf dem Kopf eine Schweinsmaske, die nur Augen und Mund freiließ. Ein gefesseltes Ferkel.

»Sie müssen mich verwechseln«, sagte ich kühl und bemühte mich, meine von Natur aus dunkle Stimme heller klingen zu lassen.

»Aber ... Frau Clarissa!«

Ich schwamm ein paar kräftige Züge und stieg auf der anderen Beckenseite aus dem Wasser, ohne mich noch einmal nach dem Typen umzudrehen.

Wieder einmal hatte mich meine Vergangenheit eingeholt.

Unter der Dusche beruhigte ich mich. Es war ja nichts passiert. Ich stehe schließlich zu meinem früheren Leben. Um ganz ehrlich zu sein: Damals ging es mir deutlich besser. Finanziell betrachtet. Und immerhin quält eine Domina nur diejenigen, die auch dafür bezahlen.

Ich seufzte. Als mein Goldstück, meine wunderbare Tochter Lizzy, vor drei Jahren in die Schule kam, hatte ich meinen Beruf an den Nagel gehängt. Damit sie nicht meinen schlechten Ruf ausbaden musste. Und nur deshalb stört es mich, wenn ehemalige Kunden mich wiedererkennen, wie der Typ, der es geliebt hatte, ein Ferkel zu spielen.

Außerdem hat auch eine wie ich Träume. Meine kreisen um Hunde.

Jetzt sind Sie überrascht? Glauben Sie etwa, nur weil ich ein paar Jahre lang die Peitsche geschwungen habe, mag ich keine Tiere? Schon als kleines Mädchen wünschte ich mir einen Hund. Aber meine Mutter war allergisch und unerbittlich. Das Erste, was ich mir von meinem selbst verdienten Geld kaufte, war ein Yorkshireterrier, den ich *Bondage* nannte. Und ich träume von einem eigenen Hundetrimmsalon.

Ich verließ das Bad Punkt halb Drei und musste mich sputen, um pünktlich zu meinem Job zu kommen. Seit ich Lack und Leder aus meinem Leben verbannt habe, kann ich es mir nicht mehr leisten, wählerisch zu sein, was meine Arbeit angeht. Dreimal pro Woche gehe ich sogar putzen.

Um fünf Uhr sollte ich am Schiffsanleger sein, aber vorher musste ich noch schnell nach Hause, um mich umzuziehen. Während ich durch Ehrenfeld fuhr, auf den Ring abbog, am Neumarkt vorbei und schließlich über die Deutzer Brücke, fiel mein Blick auf den Dom **104** und die Hohenzollernbrücke, und mir wurde warm ums Herz. Ich war ein waschechtes »Kölsche Mädche«, und das obwohl ich auf der »schäl Sick«, der »falschen Seite«, also rechtsrheinisch wohnte. Für Lizzy hatte ich mir mal überlegt, die Stadt zu wechseln und meine Vergangenheit damit ganz hinter mir zu lassen, aber das schaffte ich nicht mal ihr zuliebe.

Mein Goldstück war nicht zu Hause, sie besuchte ein paar Tage lang meine Mutter, die ihr versprochen hatte, ganz viel mit ihr zu unternehmen, eine Etappe des Kölnpfades **105** zu erwandern, am Decksteiner Weiher **106** Minigolf zu spielen und abends mit ihr ins Hänneschen-Theater **107** zu gehen.

Ich zog mich so seriös wie möglich an, warf einen prüfenden Blick in den Spiegel und machte mich auf zum Schiff, zu dem Job, den ich derzeit am meisten liebte – obwohl er mich meinem Hundetrimmsalon finanziell nicht wesentlich näherbrachte.

Die »Rheinperle« ging in Köln zwei Tage vor Anker, da nicht alle Fahrgäste die gesamte Route buchten – viele fuhren nur von Basel nach Köln (und umgekehrt), oder von Köln nach Amsterdam (und umgekehrt). So herrschte an Bord an meinen zwei Tagen immer ein aufgeregtes Kommen und Gehen.

»Ah!«, rief Nurso Süßkind, der Alleinunterhalter, als er mich sah. »Die Handtaschen-Psychologin!« Er zwinkerte mir vertraulich zu. »Wie geht's, Clarissa? Wandelst du noch immer auf dem Pfad der Tugend?«

Ja, Sie vermuten richtig. Auch er war ein alter Kunde von mir. Von ihm drohte allerdings keine Gefahr, denn er war selbst daran interessiert, über seine speziellen Vorlieben nichts an die Öffentlichkeit dringen zu lassen.

Die Chefstewardess nahm mich in Empfang. Sie wirkte gestresst. »Eine verrückte Reise ist das«, vertraute sie mir an. »In Mannheim wären wir beinahe in die Luft geflogen!« Dann wurde sie wieder geschäftsmäßig. »Vierzehn Damen haben sich eingetragen. Und ein Herr. Schaffen Sie das?«

Kein Problem. Notfalls überzog ich einfach. Jede Kundin war 45 Euro wert. Das lohnte sich!

Man hatte mir auf dem Gesellschaftsdeck eine kleine Kabine eingerichtet, in der ich meine Dienste anbieten durfte. Handtaschen-Psychologie.

Ich hatte mal in irgendeiner Frauenzeitschrift, die ich

bei einem Arztbesuch aus purer Langeweile durchblätterte, von einer Psychologin in München gelesen, die nichts anderes tat, als in fremden Taschen zu wühlen, den Besitzerinnen zu sagen, welcher Typ Mensch sie waren und welche Lehren sie daraus ziehen sollten.

Das kann ich auch, dachte ich mir und gab schon am nächsten Tag eine Anzeige im »Express« auf. Ganz so einfach, wie ich es mir im ersten Moment vorgestellt hatte, war es dann leider nicht. Vor allem, weil sich erst mal keiner meldete. Also schraubte ich mein Honorar von 240 Euro pro Stunde auf 30 runter, und nach einer Woche klingelte tatsächlich das Telefon.

Die Sitzung war ein Albtraum. Auch die nächsten wurden nicht besser. Frustriert stellte ich fest, dass es nicht genügte, ein paar Plattitüden à la »Sie sind ein ordentlicher Mensch« von sich zu geben. Die Damen wollten es konkreter. Oder spiritueller. Oder beides. Also biss ich die Zähne zusammen, las ein paar schauderhafte psychologische und noch grauenerregendere esoterische Sachbücher und erstellte mir ein ganz persönliches Handtaschenschema mit entsprechendem Vokabular. So gerüstet bewarb ich mich auf der »Rheinperle«. Von Nurso Süßkind wusste ich, dass auf dem Schiff immer Freizeitangebote gefragt waren.

Ich bekam den Job, und er lief richtig gut an. Auf so einem Kreuzer wollen die Leute unterhalten sein. Da sitzt ihnen das Geld lockerer als sonst, so locker, dass ich mein Pro-Kopf-Honorar von 30 auf 45 Euro hochschrauben konnte. Für fünfzehn Minuten Beratung.

Handschellen und Kondome.

Neugierig musterte ich meine erste Kundin. War sie

eine Kollegin von mir? Blondes dauergewelltes Haar, leicht übergewichtig. Nicht mehr taufrisch. Jetzt errötete sie.

»Also … Nicht, dass Sie auf falsche Gedanken kommen! Die Handschellen … Wissen Sie, mein Mann ist Polizist. Polizeiobermeister Lambrecht aus Gailingen. Wir feiern auf dem Schiff unsere Silberhochzeit. Und die Kondome … Naja. In den letzten Jahren war bei uns nicht mehr viel los. Und jetzt … Plötzlich …«

Den Rest ihrer Viertelstunde verbrachte sie damit, mir alles über ihre Beziehung zu erzählen, über die neue Leidenschaft ihres Mannes, und wie sehr sie hoffte, sie möge anhalten.

Es kam gar nicht so selten vor, dass mir die Frauen ihre Lebensgeschichten anvertrauten und sich mit meinem aufmerksamen Zuhören begnügten. Da unterschied sich der neue Job kaum vom alten.

Die zweite Kundin brachte ihren Hund mit. Ein wuscheliger Großer mit schwarz-grauer Musterung und schlabberigen Ohren. Er leckte mir sofort die Hände, und ich war hin und weg. »Du bist aber ein Schöner!«, säuselte ich. »Wenn ich erst meinen Hundetrimmsalon habe, kommst du mich besuchen, nicht wahr? Dann verpasse ich dir eine wunderbare neue Frisur. Was hältst du von einem Irokesenschnitt? Würde dich gleich fünf Jahre jünger machen!«

Ich will ehrlich sein: Der Hund sah nicht sonderlich begeistert aus. Als hätte er meine Worte verstanden, wandte er sich ab und zeigte mir fortan die kalte Schulter.

»Danke«, sagte sein Frauchen. »Wir sind mit Fläckis Frisur eigentlich ganz zufrieden.«

Ihrer Handtasche nach war sie mehr so der nüchterne Typ. Sie trug eine einfache schwarze Tasche à la Kaufhaus. Darin befand sich nur das Notwendigste: Portemonnaie, Schlüssel, Taschentücher und Hundekacktüten. Ich riet ihr, ab und zu mal alle Fünfe gerade sein zu lassen, und sie schien mit diesem Tipp mehr als zufrieden.

Als Nächstes betrat eine Dame um die Siebzig meine Kabine. Pompöses Äußeres. Pelzjacke (echt), Dauerwelle, viel Haarspray. Rosa Lippenstift – intensiv, kurz davor, grell zu wirken, aber gerade noch so an der Grenze. Eine großrandige Brille mit Kette, an den faltigen Fingern zwei riesige Klunker. Die ganze Erscheinung roch schon zwei Meter gegen den Wind nach fetter Kohle.

Ich seufzte. Die reichen Alten sind die schwierigsten Kundinnen überhaupt. Oft hege ich den Verdacht, sie kommen nur, um mich auf die Probe zu stellen. Ob ich mein Handwerk auch verstehe.

Wortlos und ohne ein Lächeln überreichte mir die Pompöse ihre Tasche. Saint Laurent. Sah aus wie echtes Krokodilleder. Dafür blättert man schon mal 25.000 Euro oder mehr auf den Tisch.

»Jetzt bin ich aber neugierig!«, sagte sie. Ihre Stimme klang voll und nicht mal unsympathisch.

Im Gegensatz zur Tasche von Fläckis Frauchen quoll dieses edle Exemplar geradezu über vor Plunder. Puderdosen, Lippenstifte, Zahnstocher, ein Parfumflakon, Erfrischungstücher, Brillenetuis, Hustenbonbons. Dann kamen die interessanteren Dinge: Ein Personalausweis, ausgestellt auf den Namen Sidonia Nierstein, wohnhaft in Köln-Lindenthal. Auf dem Foto eine jüngere, attraktivere Ausgabe der Dame vor mir. Ein paar Ledergurte, wie ich sie früher für Fesselspielchen benutzt hatte. Die bekam man ausschließlich im Sexshop.

Mit neu erwachtem Interesse musterte ich die Kundin.

Auf dem Grund der Handtasche lagen eine Uhr und ein kleines Fläschchen ohne Aufschrift. Die Uhr sah so aus, als wäre sie einen halben Hundetrimmsalon wert: schweres goldenes Armband, auf dem Ziffernblatt keine Zahlen, sondern kleine Diamanten. Einer fehlte. Wo die Zwölf hätte sein sollen, gähnte eine Lücke.

Ich öffnete das Fläschchen und hielt es mir unter die Nase. »Darf ich?«, fragte ich.

»Eigentlich nicht«, antwortete Sidonia Nierstein mit einem Stirnrunzeln.

Schnell schraubte ich es wieder zu. Die drei Atemzüge, die ich genommen hatte, reichten allerdings aus, um den Inhalt zu identifizieren. Es war ein scharf riechendes, hoch effizientes potenzsteigerndes Mittel. Hierzulande streng verboten, denn die Essenz war nicht nur wirksam, sondern leider auch allzu schnell tödlich. In China und Mexico hatte es schon Unfälle damit gegeben. Ein paar Tropfen zu viel – vor allem bei herzkranken Männern – und die ultimative Erektion hielt bis in alle Ewigkeit.

Sidonia Nierstein sah mich prüfend an, und ich beeilte mich, ganz unschuldig zu tun.

»Oh lala«, blubberte ich. »Da ist ja einiges los, in Ihrer Tasche! Ich würde sagen, Sie führen ein aufregendes Leben, meine Dame …«

Sie entspannte sich. Ich hatte offenbar den richtigen Tonfall getroffen. Munter erzählte ich ihr das Blaue vom

Himmel herunter, und am Ende ihrer fünfzehn Minuten wirkte sie gelöst und heiter. »Das war eine nette Abwechslung«, lächelte sie und drückte mir einen Zehneuroschein als Trinkgeld in die Hand. »Besuchen Sie mich mal in meiner Kabine, wenn Sie mögen. Ich würde mich freuen. Es ist die Nummer 77.«

Die Hochzeitssuite. Sieh mal einer an.

Als Sidonia Nierstein weg war, brauchte ich ein paar Minuten, bis ich die nächste Kundin hereinbitten konnte. Die Sitzung hatte mich angestrengt, und ich musste meine Gedanken ordnen. Neugierde gehört nämlich schon immer zu meinen ausgeprägtesten Charaktereigenschaften. Schließlich schadet es nicht, ein bisschen über seine Mitmenschen Bescheid zu wissen.

Was stellte wohl eine alte Schachtel wie die Nierstein mit Lederfesseln und aphrodisierenden Essenzen an?

Ich beschloss, ihre Einladung anzunehmen.

Kurz vor 22 Uhr verabschiedete ich die letzte Kundin, machte mich ein wenig frisch und betrat zögernd den Tanzsaal der »Rheinperle«. Es war mir gestattet, nach Dienstschluss an der Bar ein oder zwei Drinks zum Personalrabatt zu mir zu nehmen und mich unter die Gäste zu mischen, schon allein, um für den Folgetag weitere Kundschaft zu werben.

Es liefen Evergreens vom Band. Auf der Tanzfläche bewegten sich nur wenige Paare, am innigsten schmiegten sich die Handschellen-Lady und ihr Polizisten-Ehegatte aneinander. Das sah gut aus, und ich machte mir um die Zukunft der beiden keine Sorgen.

Sidonia Nierstein saß mit einem blutroten Getränk alleine an der Bar.

Ich zögerte. Sollte ich sie ansprechen? *Entschuldigen Sie, wen fesseln Sie denn üblicherweise mit Ihren Ledergurten? Und welche Schweinereien stellen Sie mit Ihren Liebhabern an?* – Nein. So kam ich sicher nicht weiter.

Hatte mich die Dame nicht in ihre Kabine eingeladen? Na also!

Die Hochzeitssuite war die teuerste Unterkunft an Bord. Doch da nun mal nicht auf jeder Reise jemand heiratete, wurde sie auch an andere betuchte Gäste vermietet. Ein Schlüsselloch, durch das ich hätte spähen können, gab es natürlich nicht. Ich beherrsche zwar den Trick, ein einfaches Schloss mit einer Haarnadel zu öffnen, aber die Kabinentüren der »Rheinperle« hatten keine einfachen Schlösser, sondern Keycards.

Schon wollte ich verdrossen wieder abziehen, zurück zur Bar, da sah ich, dass die Tür zur Suite gar nicht ins Schloss gefallen war. Und schwupp, war ich auch schon drin.

In der Kabine war es zappenduster. Es roch nach süßem Parfum, altem Schweiß und ein bisschen nach Urin. Unangenehm. Ich tastete nach dem Lichtschalter, fand ihn und blinzelte im grellen Lampenlicht.

Mitten im Raum stand ein ausladendes Bett, das alles beherrschte. Darauf lag reglos ein splitternackter Mann mit dem Gesicht nach unten. Kein Atemzug bewegte seinen Körper. Ein Arm hing schlaff herab, das ehemals weiße Laken war blutdurchtränkt. Auf dem Boden hatte sich eine Lache gesammelt. Dass es sich um einen Toten handelte, war mir sofort klar. Es war Nurso Süßkind, der Alleinunterhalter. Ich erkannte ihn an der beginnenden Glatze am braungelockten Hinterkopf.

Ja ich weiß, was Sie jetzt denken. Ich hätte Wiederbelebungsversuche unternehmen sollen. Aber Himmel, waren Sie schon einmal in einer solchen Situation? Standen Sie schon einmal vor einer blutüberströmten Leiche?

Ich war völlig planlos. Keine Ahnung, wie lange ich da stand, aber als meine Starre nachließ, rannte ich sofort zurück in den großen Saal, pflückte mir Polizeiobermeister Lambrecht von der Tanzfläche und zerrte ihn zur Hochzeitssuite. »Nurso Süßkind!«, stammelte ich, und der Polizist starrte mich verständnislos an.

Als er den Alleinunterhalter auf dem Bett liegen sah, wurde er allerdings schnell aktiv. Er tat genau das, was ich hätte tun sollen: Herzmassage. Und bereits nach wenigen Stößen auf den Brustkorb regte sich die Leiche, zappelte herum und hustete.

»Sie haben ihn wiedererweckt!«, heulte ich dankbar. »Das ist ein Wunder!«

»Quatsch«, sagte Benno Lambrecht. »Das ist Erste Hilfe.«

Nurso erholte sich erstaunlich schnell. »Wasser«, röchelte er und setzte sich auf. Ich beeilte mich, ihm welches zu bringen. Als er getrunken hatte, war er sogar stark genug, die Bettdecke über sein Geschlecht zu ziehen. Rührend irgendwie.

»Kein Wort zu niemandem!«, hustete er. »Klar?«

»Erzählen Sie uns, was geschehen ist«, sagte Lambrecht.

»Das geht Sie nichts an.«

Ich traute meinen Ohren nicht. Da hatten wir ihn gerade vom Tod zurück ins Leben befördert, und jetzt weigerte sich diese Trällerbacke, uns eine gute Story zu liefern? Ja hallo, geht's noch?

»Herr Lambrecht ist Polizist«, schaltete ich mich ein. »Er muss ein Protokoll aufnehmen.«

Nurso Süßkind sah uns fragend an, aber zum Glück nickte Lambrecht und widersprach mir nicht.

»Na schön«, seufzte der Alleinunterhalter. »Aber wirklich nur fürs Protokoll! Wenn das hier rauskommt, bin ich geliefert.« Er holte tief Luft. »Es hat sich wohl mittlerweile in bestimmten Kreisen herumgesprochen, dass ich gegen ein … gewisses Honorar an Bord des Schiffes Damen glücklich mache. Also … Sie verstehen schon. Reifere Damen.«

Ich konnte mir ein Grinsen nur schwer verkneifen. Nurso Süßkind – ein Gigolo! Kein Wunder, dass er es in seiner Freizeit ein wenig härter mochte.

»Allerdings …«, fuhr er zögerlich fort, »… dürfen die Damen auch nicht allzu reif sein. Sonst stößt auch ein Mann wie ich an seine Grenzen. Frau Nierstein … nun. Sie ist über Siebzig.« Er schwieg, als sei damit alles gesagt.

»Ja und?« Ich klebte an seinen Lippen. Jetzt kam der spannende Teil.

»Zuerst brachte sie mir eine Bloody Mary. Sie sagte, die hilft.« Er deutete auf die rote Lache am Boden. Jetzt nahm ich auch den süßlichen Geruch wieder wahr. Kein Blut. Nur Wodka und Tomatensaft. Fast war ich enttäuscht.

»Als das nicht funktionierte, holte sie eine kleine Flasche. Sie meinte, das sei ein Zaubermittel. Wirkt hundertpro.«

Aha. Die Essenz aus der Handtasche.

»Und dann?«, fragte Lambrecht.

»Nichts.« Süßkind zuckte die Schultern. »Dann kann ich mich an nichts mehr erinnern.«

»Möchten Sie Anzeige erstatten?«

»Nein!« Nurso blickte gehetzt. »Auf keinen Fall! Warum auch? Es ist ja nichts passiert. Nur ein geplatztes Schäferstündchen. – Ich kann mich doch auf Ihre Diskretion verlassen?«

Mich fragte er gar nicht erst.

Lambrecht nickte, lächelte ein wenig verunsichert und half Nurso Süßkind beim Anziehen. »Meine Lippen sind versiegelt«, sagte er mehrmals. Der Spruch schien ihm zu gefallen.

Zehn Minuten später verließen wir alle gemeinsam die Kabine, noch bevor Sidonia Nierstein zurückkehren und uns bemerken konnte. Ich bedauerte das sehr. Gar zu gern hätte ich mich noch ein wenig umgesehen.

Wenn Sie nun glauben, meine Neugierde wäre nach diesem Vorfall auch nur ansatzweise befriedigt gewesen, dann täuschen Sie sich aber gewaltig! Das pure Gegenteil war der Fall. Zwar ging ich nach der Wiedererweckung des Alleinunterhalters direkt nach Hause, aber schlafen konnte ich lange nicht. Irgendetwas an der ganzen Sache stank zum Himmel. Als Handtaschen-Psychologin habe ich ein feines Näschen für so etwas entwickelt.

Warum hatte die Nierstein Nurso einfach liegen lassen, als ihr Aphrodisiakum übers Ziel hinausschoss? Warum hatte sie nicht wenigstens die Krankenschwester gerufen, die an Bord Dienst tat? Und woher hatte sie überhaupt die Essenz? Da war nicht so leicht ranzukommen, das wusste ich.

Ich wälzte mich im Bett hin und her und fasste dann einen Entschluss: Am kommenden Tag würde ich die reizende Dame nicht aus den Augen lassen, würde sie rund um die Uhr beschatten. Mal sehen, ob ich etwas herausfand.

Erst weit nach Mitternacht kam der Schlaf über mich. Vielleicht, war mein letzter Gedanke vor dem Wegdösen, vielleicht sollte ich es statt mit einem Hundetrimmsalon mit einer Privatdetektei versuchen.

Punkt acht Uhr morgens postierte ich mich an der Anlegestelle in unmittelbarer Nähe zur »Rheinperle«. Ich hoffte sehr, dass die Nierstein nicht schon vor dem Frühstück das Schiff verlassen hatte.

Der Tag war grau, aber trocken, und schon bald gingen die ersten Passagiere von Bord. Rings um mich herum warben die Reiseleiter, die Ausflüge und Führungen anboten: »Altstadt-Spaziergänge« **108** stand auf einem Schild, »Köln unterirdisch« **109** auf einem anderen. Auch einige Museen waren vertreten, das Duftmuseum im Farina-Haus **110**, und natürlich das Schokoladenmuseum **111**. Sogar von der Kölner Seilbahn über den Rhein **112** war jemand da.

Sidonia Nierstein schloss sich keiner dieser Gruppen an. Was ja auch kein Wunder war, als Kölnerin kannte sie die Stadt natürlich. Wenn ich Pech hatte, blieb sie den ganzen Tag an Bord, und ich konnte mir vor dem Schiff die Beine in den Bauch stehen.

Doch das Glück war mir hold. Kurz nach neun erblickte ich das Opfer meiner Begierde, wie es mit vorsichtig trippelnden Schritten die Gangway herunterkam. Ich drehte mich ein wenig zur Seite, obwohl die Gefahr, entdeckt zu werden, nicht allzu groß war. Ich trug eine schwarze Langhaarperücke, außerdem eine Brille, und sah damit deutlich anders aus als am Abend zuvor.

Eilig schien die Alte es nicht zu haben. Langsam schlenderte sie stadteinwärts, und ich hatte meine liebe Mühe, sie nicht versehentlich zu überholen. Am Eigelsteintor 113 machte sie Halt, kehrte in einem Café ein und ließ sich mit ihrem Latte macchiato endlos Zeit.

Ich verwarf die Berufsidee mit der Privatdetektei wieder – die Arbeit war gähnend langweilig. Erst nach einer knappen Stunde tat sich wieder etwas. Die Nierstein zahlte und machte sich, flotter diesmal, auf den Weg zu einem Taxistand.

Mist.

Eigentlich konnte ich mir solche Extravaganzen nicht leisten, aber nun war ich schon so weit gekommen, da wollte ich nicht aufgeben. »Folgen Sie dem Wagen«, wies ich den Fahrer an und kam mir sehr verwegen vor. Ohne zu murren tat er wie geheißen.

Wir folgten dem Ring bis zur Venloer Straße, auf die wir abbogen. Ehrenfeld, Bickendorf, Vogelsang. Mein Fahrer verstand sein Geschäft. Einmal gab er bei Dunkelorange noch richtig Gas, um das Taxi vor uns nicht zu verlieren.

Am Westfriedhof hielt der Wagen, Sidonia Nierstein stieg aus und bat ihren Fahrer zu warten. Schweren Herzens tat ich es ihr gleich. Was immer sie hier vorhatte – hoffentlich dauerte es nicht zu lange! Hatte ich überhaupt genügend Geld dabei?

Die Alte legte nun noch einmal einen Zahn zu. Wenn sie wollte, konnte sie flott zu Fuß sein, das musste man ihr lassen. Zum Spazierengehen war sie offensichtlich nicht hier, sonst hätte sie sich nicht so beeilt. Sie musste ein konkretes Ziel haben.

Und dann sah ich es vor mir.

Der hohe Schornstein war das Erste, was mir ins Auge stach. Himmel! Was wollte die Nierstein im Krematorium?

Zügig marschierte sie weiter, nahm jedoch nicht den Haupteingang, sondern klopfte energisch an eine Seitentür. Schnell versteckte ich mich hinter einem Grabstein – keine Sekunde zu früh, denn zum ersten Mal seit ich hinter ihr her war, blickte sie nun über die Schulter, schaute in alle Richtungen, als ob sie etwas zu verbergen hätte.

Mein Herz schlug schneller, denn mir war sofort klar, dass es jetzt interessant werden würde.

Die Seitentür öffnete sich, Sidonia Nierstein verschwand.

Doppelmist.

Konnte ich es wagen, näher ranzugehen?

Ich konnte mich nicht dazu entschließen, und das war mein Glück. Nach weniger als einer Minute kam die Alte zurück. In der Hand hielt sie ein Gefäß, einen Krug, der von der Form her an einen Pokal erinnerte, den sie nun vorsichtig in einer großen Stofftasche verstaute.

Mir sträubten sich die Nackenhaare. Was mochte sie wohl in einem Krematorium abgeholt haben? Wofür verwendete man üblicherweise solche Krüge?

Bingo!

So zielstrebig, wie sie das Krematorium angesteuert hatte, strebte sie nun zurück zu ihrem Taxi. Es gelang mir, sie auf einem Nebengang zu überholen und schon in meinem Wagen zu sitzen, als sie in ihren einstieg. »Weiter geht's«, strahlte ich den Fahrer an.

»Sind Sie eine Detektivin?«, fragte er mich, neugierig geworden.

»Nein«, gab ich gedankenverloren Auskunft. »Handtaschen-Psychologin.«

Er lachte dröhnend, als hätte ich den besten Witz des Jahrhunderts gerissen.

Es ging zurück bis zum Gürtel, dort bogen wir nach rechts ab. Am Melatenfriedhof **114** legte ihr Taxi eine Vollbremsung hin.

Was sollte das werden? Alle Kölner Friedhöfe in einer Stunde? Ein neuer Rekord fürs Guinnessbuch?

Zu meiner großen Erleichterung schickte sie den Wagen diesmal weg. Ich zahlte ebenfalls. Wow! Hoffentlich war mein kleiner Ausflug diese Summe auch wert!

Sehr langsam spazierte die Alte an den Gräbern vorbei, hatte nun wieder alle Zeit der Welt.

Meine Gedanken gingen auf Wanderschaft. Was hatte ich da beobachtet? Eine Urne holte man doch nicht einfach so an der Hintertür des Krematoriums ab. Zumindest keine legale, denn das war hierzulande verboten. Wessen Asche mochte sich also in diesem Krug befinden? Und was hatte die Nierstein damit vor? Sie wollte das Gefäß doch hoffentlich nicht irgendwo auf dem Melatenfriedhof verbuddeln? Es schüttelte mich bei der Vorstellung.

Endlich blieb sie vor einem Grab stehen. Engel aus Granit. Imposant.

Ich hielt mich in einiger Entfernung und spähte zu ihr hinüber. Erwartete schon fast, dass sie ein Schäufelchen zückte und zu graben begann. Aber nichts dergleichen geschah. Sie stand einfach nur da und starrte ganz still und reglos. Einmal führte sie den Handrücken an die

Wange, als würde sie eine Träne wegwischen. Nach einer gefühlten Ewigkeit wandte sie sich ab und schlenderte den gleichen Weg zurück, den wir gekommen waren.

Nun musste ich mich entscheiden: Hinterhergehen oder erst mal rausfinden, wer unter dem Granitengel lag. Meine Neugierde siegte. Die Alte würde ich sowieso schnell wieder einholen.

Adolf Nierstein, Chemiefabrikant, las ich. *1931-2002*. Ihr Gatte?

Fabrikant, hm. Das erklärte zumindest ihre luxuriöse Erscheinung. Die Klunker, den Pelz, die Saint Laurent Handtasche. Sonst erklärte die Inschrift leider gar nichts.

Ich beschloss, die Verfolgung wieder aufzunehmen. Doch so sehr ich auch suchte, Sidonia Nierstein war spurlos verschwunden.

Wütend auf mich selbst und ärgerlich, weil mein erster Versuch als Privatdetektivin so kläglich gescheitert war, fuhr ich mit der Straßenbahn zurück zur Anlegestelle, wo mein Auto stand.

Friedlich lag die »Rheinperle« da, die Mittagszeit war vorbei, und die meisten Passagiere waren sowieso in der Stadt unterwegs. Ich nagte an meiner Lippe. Konnte ich es wagen, noch einmal in die Hochzeitssuite einzudringen? Wie groß war die Wahrscheinlichkeit, dass die Nierstein schon zurück war?

Kurzerhand stopfte ich meine schwarze Perücke in die Tasche und nahm die Brille ab. Als Handtaschen-Psychologin Clarissa Morgenstern ließ man mich ohne Zögern an Bord.

Ich klopfte an die Tür, aber nichts regte sich. Gut so. Es war ein Kinderspiel gewesen, an die Keycard zu kommen. Ich hatte einfach Nurso Süßkind, der die wenigen Gäste auf dem Gesellschaftsdeck beschallte, erzählt, ich hätte etwas in der Kabine vergessen. Da er sich nicht gern an den gestrigen Abend erinnerte, stellte er keine lästigen Fragen.

Die Bloody-Mary-Lache vor dem Bett war verschwunden, das Laken gegen ein frisches ausgetauscht.

Wo sollte ich beginnen? Ich wusste ja gar nicht, wonach ich eigentlich suchte. Die wertvollen Sachen hatte die Nierstein vermutlich im Safe deponiert. Mein Blick fiel auf die Garderobe und auf vier fein säuberlich nebeneinander aufgereihte Handtaschen – und da wusste ich, wo ich anfangen musste.

Die Saint Laurent kannte ich ja bereits. Eine kurze Inspektion bestätigte, dass sich an ihrem Inhalt nichts geändert hatte. Alles war noch drin, auch die Fesseln, das Fläschchen und die Diamantuhr mit dem fehlenden Stein.

Als Nächstes knöpfte ich mir eine edle schwarze Clutch vor. In ihr entdeckte ich ein schwarzes Seidentaschentuch und eine Visitenkarte vom Krematorium am Westfriedhof, das wir am Morgen besucht hatten. Sonst war nichts drin.

Die dritte Tasche, eine unscheinbare eckige, entpuppte sich als Probenköfferchen mit über zwanzig kleinen Flaschen und Flakons. Ich pfiff durch die Zähne. Das waren keine Parfumfläschchen! Schwefel, Kupfersulfat, Salzsäure und jede Menge Substanzen, die mir nichts sagten. Chemikalien! Die Grabinschrift vom Melatenfriedhof gewann an Bedeutung: *Adolf Nierstein, Chemiefabrikant.* Natürlich! Die Alte mixte sich ihre potenzsteigernden Mittel einfach selbst! An die Rohstoffe kam sie ja problemlos ran. Und das nötige Fachwissen hatte sie sich als Gattin eines Chemiefabrikanten wohl schon während ihrer Ehe angeeignet. Das erklärte auch, warum sie Nurso am Abend zuvor einfach hatte liegen lassen. Eine genauere Untersuchung der Umstände hätte sie in Erklärungsnot gebracht.

Mir fröstelte. Wäre sie wirklich über Leichen gegangen? Hätte sie den Tod des Alleinunterhalters als bedauerlichen Betriebsunfall abgehakt? – Aber was hätte sie mit ihm angestellt? Wie hätte sie Nurso Süßkind entsorgt?

Vor meinem inneren Auge erschien das Krematorium, die Urne, die sie dort abgeholt hatte, und mir wurde schwindlig. War Nurso am Ende gar kein Einzelfall?

Hektisch und ein wenig panisch öffnete ich die letzte Tasche: noch mehr Lederfesseln. Musste die Nierstein ihre jugendlichen Liebhaber festbinden, damit sie ihr nicht davonliefen?

Ich nahm das Bondage-Set heraus, um zum Boden der Tasche vorzudringen. Dort fand ich einen kleinen, zweifach zusammengefalteten Werbeprospekt: *Diamantbestattung. Wenn Sie Ihre Lieben für immer bei sich tragen wollen.* Darunter eine Adresse in Amsterdam.

Diamantbestattung? Davon hatte ich schon mal gehört. Im Ausland konnte man sich aus der Asche seiner Angehörigen einen 0,4-karätigen Rohdiamanten pressen lassen. In Deutschland war das allerdings nicht möglich. Aber ... fuhr die »Rheinperle« nicht nach Amsterdam? Und die Asche aus dem Krematorium ...

Weiter kam ich nicht mit meinen Gedanken. Ich hörte, wie draußen an der Tür herumgespielt wurde, und schaffte es gerade noch, unter das große Bett zu kriechen, bevor Sidonia Nierstein ihre Suite betrat.

Dreifachmist!

Da lag ich nun mit meinem neu erworbenen Wissen, und das Herz klopfte mir bis zum Hals. Wenn die Alte mich erwischte, war es aus mit mir! Die war zu allem fähig. Die schreckte ja nicht einmal vor Mord zurück.

Ich konnte sie nicht sehen, aber ich hörte, wie sie ihre Jacke auszog, ihre Tasche abstellte und darin herumkramte. Dann ein dumpfes Geräusch. Wie wenn ein Krug auf einem Tisch abgestellt wird. Die feinen Härchen auf meinen Unterarmen stellten sich auf.

Plötzlich ein lautes Quietschen, und der Lattenrost über mir bog sich durch. Sidonia Nierstein hatte sich aufs Bett gelegt. Ich wagte kaum zu atmen. Lange würde ich in dieser Lage nicht durchhalten. Ich fühlte schon jetzt einen Hustenreiz in mir aufsteigen, einen Niesanfall und Panik sowieso.

Doch auf einmal ... Wie meine Großmutter schon immer gesagt hatte: »Wenn du glaubst, es geht nicht mehr, kommt irgendwo ein Lichtlein her.« In meinem Falle fand sich das Lichtlein in der Hosentasche. Dorthin hatte ich in der Eile die Lederfesseln aus der großen Tasche gesteckt. Lederfesseln! Wenn irgendjemand geübt ist im schnellen und totsicheren Anlegen dieser Gurte, dann bin wohl ich es. Sidonia Nierstein konnte gar nicht so schnell reagieren, wie sie mit Händen und Füßen an ihrem Luxusbett festgezurrt war.

»Kindchen«, keuchte sie. »Schön, dass Sie meine Einladung angenommen haben. Aber ich hatte es mir etwas gemütlicher vorgestellt.«

»Ich auch«, gab ich zu.

»Und nun?«, wollte sie wissen.

Tja. Das war eine gute Frage. Ich hatte keine Ahnung, wie es weitergehen sollte.

Sie seufzte. »Na schön. Was haben Sie herausgefunden?«

»Alles«, sagte ich. »Sie bringen Männer um.«

»Nana. Das klingt aber grob.« Sie gab sich nicht wirklich Mühe, es zu leugnen. »Es wird eben immer schwieriger«, meinte sie. »Je älter man wird. Das werden Sie auch noch erleben, Kindchen.«

»Was wird schwieriger?«

»Glauben Sie, wenn man alt ist, hat man keine Bedürfnisse mehr? Ich habe jedenfalls noch welche. Und mein Adolf ist schon seit fast fünfzehn Jahren tot.«

»Liebhaber«, nickte ich. »Wie Nurso Süßkind.«

»Anfangs war es noch einfach. Mit Sechzig war ich noch gut in Schuss. Aber im Laufe der Zeit ... Nun ja. Da reichte es nicht mehr aus, mit Geld nachzuhelfen.«

»Sie geben den Männern potenzsteigernde Mittel. Hoch dosiert. So hoch, dass es nicht jeder überlebt.«

»Sie sind ein kluges Mädchen. Es ist ein Glücksspiel, wissen Sie? Ihr Freund, der Alleinunterhalter, gehörte zu den Gewinnern.«

»Und die Verlierer landen im Krematorium!«

»Oh! Das wissen Sie auch? Ja, einer der Mitarbeiter dort schuldet mir eine ganze Menge.«

»Und der da?« Ich wies auf die Urne. »Auch ein Verlierer? Wer war denn das?«

Sie lächelte verklärt. »Das war Gustav. Er hat mir monatelang große Freude bereitet, bevor er Probleme bekam und ein wenig ... nun ja – abschlaffte. Ich werde ihn in guter Erinnerung behalten. Er wird mein zwölfter Stein.«

Ich muss wie ein fleischgewordenes Fragezeichen ausgesehen haben, denn plötzlich lachte sie laut auf. »*Das* haben Sie also noch nicht herausgefunden!« Sie bewegte den Kopf Richtung Saint Laurent Handtasche. »Die Uhr«, lächelte sie.

Ich schnappte nach Luft – und verstand.

Diamantbestattung.

Die Uhr.

»So, Kindchen«, sagte sie. »Und was wollen Sie mit Ihrem Wissen nun anfangen?«

Tja. Diese Frage stellen Sie sich nun vermutlich auch, nicht wahr? Was fing ich mit diesem ungeheuren Wissen an?

Zunächst einmal schnappte ich mir alle Indizien: die Flaschen, den Flyer aus Amsterdam und natürlich die Urne. Dann erfragte ich die Kabinennummer des Polizeiobermeisters Lambrecht. Er lag mit seiner Frau im Bett und schaute mich groß an, als ich einfach so bei ihm reinschneite. »Na?«, grinste er und zwinkerte dabei. »Wieder eine Leiche entdeckt?«

»Elf«, hauchte ich. Dann fiel mir die Urne ein. »Nein, zwölf.«

Er bog sich vor Lachen, und seine Gattin, die zunächst die Stirn gerunzelt hatte, stimmte schließlich mit ein. So kam ich zur Besinnung und kehrte langsam zurück zur Hochzeitssuite, zu Sidonia Nierstein.

Als hätte sie mich schon erwartet, lächelte sie. »Und?«, sagte sie. »Wie viel kostet mich Ihr Schweigen?«

Was soll ich sagen: Wir brauchten nicht lange, um uns über den Betrag zu einigen. Ich will ja nur meinen eigenen kleinen Salon, sonst nichts.

Das Risiko scheint mir kalkulierbar. Ich glaube nicht, dass ich in Lebensgefahr schwebe. Die Alte mag mich, das habe ich gleich bemerkt.

Auf dem Rückweg zum Auto traf ich Fläcki und sein Frauchen. Beide musterten mich misstrauisch. Als hätte ich die Schere schon dabei, um dem armen Hund einen Irokesenschnitt zu verpassen.

Irgendwie verunsicherte mich dieser Blick.

Vielleicht eröffne ich doch keinen Hundetrimmsalon. Vielleicht versuche ich es lieber mit einem exklusiven Handtaschenladen.

103 Das Neptunbad liegt im Kölner Stadtteil Ehrenfeld, der für seine bunte Kulturlandschaft, eine originelle Kneipenszene und eine lebendige multikulturelle Atmosphäre steht. Als »Städtische Badeanstalt« öffnete das Bad im April 1912 erstmals seine Pforten, erlebte in den 20er-Jahren eine Blütezeit, überstand den Zweiten Weltkrieg einigermaßen unbeschadet, verlor danach jedoch an Bedeutung. Seit den 60er-Jahren steht das Gebäude unter Denkmalschutz und wurde kurz nach der Jahrtausendwende in der heutigen (erweiterten) Form neu eröffnet.

Im historischen Gebäude finden sich seither vielfältige Entspannungsmöglichkeiten: eine asiatische Sauna- und Bäderlandschaft, das originalgetreu rekonstruierte Jugendstil-Kaiserbad (mit Unterwasser-Meditationsmusik), ein römisches Schwitzbad, ein orientalischer Hamam, der Zen-Garten mit heißen Quellen, Dachterrassen und vieles mehr. Angegliedert sind ein Fitnessstudio, die Gastronomie im Saunabereich, sowie das Bar-Restaurant »Badenbaden«.

Das Neptunbad bietet einen umfangreichen Veranstaltungskalender und hat täglich geöffnet. www.neptunbad.de

104 Der Kölner Dom ist UNESCO-Weltkulturerbe und *das* Wahrzeichen der Stadt.

Mit dem Bau der gotischen Kathedrale wurde bereits im Jahr 1248 begonnen, doch erst mit der

Fertigstellung der beiden Türme im Jahr 1880 feierte man das Ende der Arbeiten – obwohl der Dom bis heute als »ewige Baustelle« gilt.

Zu den Hauptattraktionen zählen der Altar der Stadtpatrone, der Chor mit seinem Chorgestühl aus dem 14. Jahrhundert, die Mailänder Madonna, das Gerokreuz (10. Jahrhundert) und vor allem der Dreikönigsschrein, ein Meisterwerk der Goldschmiedekunst, in dem die Reliquien der Heiligen drei Könige ruhen sollen.

Wer den Innenraum des Doms nicht auf eigene Faust erkunden möchte, kann an einer ca. 45-minütigen Führung des Domforums teilnehmen: Montag bis Samstag um 11 Uhr, 12.30 Uhr, 14 Uhr und 15.30 Uhr; sonntags und an kirchlichen Feiertagen um 14 Uhr und um 15.30 Uhr. Für diese Führungen ist keine Anmeldung erforderlich.

In den mittelalterlichen Gewölbekellern unter der Kathedrale ist die Schatzkammer untergebracht, in der kostbare Stücke des Domschatzes besichtigt werden können – eine öffentliche Führung findet jeden Donnerstag um 15 Uhr statt.

Wer den 157 Meter hohen Südturm besteigen möchte, muss 533 Treppenstufen einer schmalen Wendeltreppe erklimmen, wird jedoch mit einem grandiosen Ausblick belohnt. Bei der Glockenstube erhascht man einen Blick auf den »Decke Pitter«, die St. Petersglocke, mit 24.000 Kilogramm die größte frei schwingende Kirchenglocke der Welt. Einen schönen Blick auf den Kölner Dom hat man, wenn man über die Hohenzollernbrücke (Eisenbahnbrücke) nach Deutz und zurück spaziert.

www.koelner-dom.de
www.domfuehrungen-koeln.de
www.domforum.de

105 Kölnpfad: Seit 2008 können Wanderlustige in elf Etappen auf 170 Kilometer Wanderwegen die Stadt einmal umrunden und dabei Natur, Geologie, Kultur und Geschichte zu Fuß entdecken.
Als Wegmarkierung dient ein weißer Kreis auf schwarzem Grund.
Auf elf Tafeln werden die Besonderheiten und der Streckenverlauf der Etappen beschrieben.
Umfangreiche Informationen finden sich in dem Buch *Kölnpfad*, herausgegeben vom Kölner Eifelverein. Ergänzend dazu ist eine Wanderkarte im Maßstab 1 : 25.000 erhältlich.
Oder man lädt sich die GPS Dateien herunter: koelnpfad.wordpress.com/gps-daten/gps-dateien

106 Eine der schönsten Parkanlagen und Naherholungsgebiete Kölns ist auf linksrheinischer Seite der im Grüngürtel gelegene Decksteiner Weiher. Auf einer Strecke von knapp sechs Kilometern lässt sich der künstlich angelegte See umrunden. Er ist ungefähr 20 Hektar groß und etwa 1,50 Meter tief. Unter Schatten spendenden Kastanien und Platanen lässt es sich hier auch im Sommer gut spazieren gehen oder joggen. Am Ende des lang gestreckten Weihers befindet sich eine Freizeitanlage mit Minigolf und Tretbootverleih sowie als Einkehrmöglichkeit das »Haus am See« mit einer großen Sonnenterrasse.

Nahe dem Weiher kann man das zwischen 1876 und 1879 erbaute Fort VI besichtigen, ein Rest der gewaltigen ehemaligen Kölner Befestigungsanlage. Das »Haus am See« hat Dienstag bis Sonntag von 10 Uhr bis 23 Uhr geöffnet.
www.hausamseekoeln.de

107 Mitten in der Kölner Altstadt befindet sich seit 1802 das »Hänneschen Theater«, ein Stockpuppentheater für Kinder und Erwachsene. Die Stücke werden in Kölner Mundart aufgeführt, jedes Jahr gibt es sechs neue Produktionen und etwa 270 Vorstellungen. Meistens drehen sich die Geschichten um die beiden liebevoll gestalteten und etwas tollpatschigen Hauptfiguren Hänneschen und Bärbelchen. Alles ist live und selbstgemacht, auch die Musik, die Sprache, der Gesang.
Hänneschen Puppenspiele, Eisenmarkt, Tel. 0221/2581201
www.haenneschen.de

108 Verschiedene Veranstalter bieten Stadt- und Themenführungen durch Köln an. Zu den Klassikern gehört die Altstadttour, die einen guten Einblick in die Geschichte der ältesten Stadtteile bietet. Von den Römern über das Mittelalter, den Dombau bis hin zur Geschichte von Karneval und Kölsch-Braukunst.
Die größten Anbieter sind:
www.koelntourismus.de
www.colonia-prima.de
www.koeln-erlebnistouren.de

www.stadtgeschichten-koeln.de
www.ff-stadtfuehrungen.koeln
Wer auf eigene Faust in zwei bis drei Stunden durch die Altstadt spazieren will, sollte folgende Stationen einplanen: Dom, Domplatte, Rheinpromenade, Fischmarkt, Groß St. Martin (romanische Kirche), Alter Markt, Rathaus (und Rathausturm), Gürzenich, Heumarkt, Heinzelmännchenbrunnen, Brauhaus Früh am Dom.

109 Neben den vielen thematischen Stadtführungen, die überirdisch stattfinden, bieten einige Veranstalter speziell für Archäologie-Interessierte auch Führungen in das unterirdische Köln an.

Reste der Römermauer, ein noch intakter, über tausend Jahre alter Brunnen aus dem Vorgängerbau des heutigen Doms, die Krypta der romanischen Kirche Groß St. Martin, die Ruinen des Praetoriums, des römischen Statthalterpalastes, und ein begehbarer römischer Abwasserkanal stehen auf dem Programm.

Die Ausflüge in die Unterwelt dauern ca. 1,5 bis 2 Stunden.

www.regiocolonia.de
www.colonia-prima.de
www.stadtgeschichten-koeln.de

110 Das Farina-Haus ist das Geburtshaus des Eau de Cologne. Bereits 1709 entwickelte hier der italienische Parfumeur Johann Maria Farina den weltberühmten Duft.

Heute beherbergt das Gebäude gegenüber dem

Kölner Rathaus ein Duftmuseum mit ausführlichen Erläuterungen zur Gewinnung der Essenzen und zur Herstellung des Parfums. Die Ausstellung zeigt historische Gerätschaften, Bilder, Möbel, eine umfangreiche Flakonsammlung und vieles mehr.
Das Duftmuseum hat täglich geöffnet und kann im Rahmen von Führungen besichtigt werden. Diese finden jeweils zur vollen Stunde in verschiedenen Sprachen statt. Die Führung kann telefonisch reserviert oder online gebucht werden:
Tel. 0221/3998994
farina.org
Farina-Haus, Obenmarspforten 21, Öffnungszeiten: Montag bis Samstag 10 bis 19 Uhr, Sonntag 11 bis 17 Uhr.

111 Das Kölner Schokoladenmuseum liegt im Rheinauhafen, direkt vor den Toren der Altstadt.
Gegründet wurde es 1993 von Dr. Hans Imhoff, dem damaligen Aufsichtsratsvorsitzenden der Traditionsfirma Stollwerck. Von der Kakao-Gewinnung über die Kulturgeschichte der Schokolade und ihre Verarbeitungsmethoden bis hin zu modernen Produktionsformen bietet das Museum auf circa 4000 Quadratmetern nicht nur etwas fürs Auge, sondern auch für Geruch, Gefühl und Geschmack. Einer der Höhepunkte des Rundgangs ist der eigens für das Museum errichtete Schokoladenbrunnen. Von der flüssig-warmen Lindt Schokolade, die in die Brunnenschale sprudelt, darf auch genascht werden.
Neben den Führungen bietet das Museum Kurse

(zum Beispiel zur Pralinen- oder Hohlfigurenher-
stellung) sowie Verkostungen an.
Tel. 0221/9318880
www.schokoladenmuseum.de
Öffnungszeiten: Dienstag bis Freitag 10 bis 18 Uhr,
Samstag und Sonntag 11 bis 19 Uhr.

112 Ursprünglich für die Bundesgartenschau
1957 errichtet, ist die Kölner Seilbahn über den
Rhein heute ein beliebtes Transportmittel für Aus-
flügler. Sie verbindet die beiden Ufer etwa auf der
Höhe der Zoobrücke miteinander.
Für die 930 Meter lange Strecke benötigt eine
Kabine ungefähr sechs Minuten. In dieser Zeit
kann man hoch über dem Rhein schwebend das
Panorama bewundern. In den Wintermonaten hat
die Seilbahn Betriebspause. Die Seilbahnfahrt lässt
sich mit diversen anderen Freizeitaktivitäten verbinden, zum Beispiel mit einem Besuch von Zoo
und Aquarium, dafür sind Kombitickets erhältlich.
www.koelner-seilbahn.de

113 »Am Eigelstein es Musik«, heißt ein Karnevals-
klassiker der Gruppe »De Räuber«. Das Viertel
(Veedel) nördlich der Altstadt ist eines der urigs-
ten und traditionellsten der ganzen Stadt. Dort finden sich Kölsche Lebensart, rheinischer Frohsinn,
eine große Menge Kneipen und Brauhäuser. Bei
»Halvem Hahn« (Brötchen mit einer dicken Käse-
scheibe), »Rievekoche« (Kartoffelpuffer), »Himmel
un Äd« (Kartoffeln mit Äpfeln) sowie einem Glas
Kölsch schlägt das Herz höher.

Das Wahrzeichen des Veedels ist die Eigelsteintorburg, eines der drei noch erhaltenen mittelalterlichen Stadttore.

Die bekannteste Gaststätte im Eigelsteinviertel ist das ehemalige Brauhaus »Em Kölsche Boor«, wo heute jedoch nicht mehr selbst gebraut wird.

114 Der Melatenfriedhof im Stadtteil Köln-Lindenthal ist heute der Zentralfriedhof der Stadt.

Doch schon lange vor seiner Einweihung im Jahr 1810 waren Gelände und Hofgut ein Ort des Todes. Der Name geht auf das französische Wort für »krank sein« *malade* zurück. Ab dem 12. Jahrhundert war auf dem Gelände das Siechenhaus untergebracht, wo die Leprakranken weggesperrt wurden, später wurde der Ort zur öffentlichen Hinrichtungsstätte.

Melaten ist, wie die meisten großen Friedhöfe, auch ein Ort für Kultur-, Sozial- und Stadtgeschichte. Viele prominente Kölner haben hier ihre letzte Ruhe gefunden, zum Beispiel die Familie Farina (Eau de Cologne), Maria Clementine Martin (die Klosterfrau mit dem Melissengeist), die Schauspielerfamilie Millowitsch, die Schriftstellerin Irmgard Keun, der Schauspieler Dirk Bach und viele mehr.

Nicht zuletzt ist der Melatenfriedhof auch ein Landschaftsschutzgebiet, wo stattliche alte Bäume wachsen und unzählige Vogel- und Insektenarten, Katzen, Eichhörnchen und Fledermäuse leben. www.melatenfriedhof.de

Nördlicher Niederrhein –
ab Rheinkilometer 777

NADINE BURANASEDA

ENDLICH RUH

Duisburg, Ruhrpott

Es kämpft jeder seine Schlacht allein.

Friedrich von Schiller

(1759–1805)

- Punkt 06.20 Uhr aufgewacht.

Wie jeden Morgen.

- Eine Viertelstunde liegengeblieben, Radio Duisburg gehört.

In den Nachrichten hammse was vonnem Brand auf dieser Achterbahn **115** gesagt. Wie war noch gleich der Name? Dingenskirchen. Irgendwas Ausländisches. Komm nich drauf. Das Feuer is bei Dreharbeiten ausgebrochen. Fürs Fernsehen. Eine Schande is das. Und seit Tagen kein Tropfen Regen. Mir sind fast alle Geranien auf der Fensterbank vertrocknet. Wie die das wohl im Botanischen Garten **116** machen? Das Nachthemd is klatschnass, so heiß isses. Kann nachts nich mal die Fenster aufmachen. Gegröle und Geschrei am laufenden Band. Polizeisirenen. Immer dasselbe Spiel. Tu manchmal bis zum Morgengrauen kein Auge zu. Im Haus isses auch nich ruhiger. Bei den Grabowskis von gegenüber scheppert's regelmäßig. Könnte die Uhr nach stellen.

- *Morgenwäsche. 3 Barthaare ausgezupft.*

Eine Woche bis zum Friseur. Deniz is ein fleißiges Mädchen. Und höflich, nich son Baffken. Türken sind einfach geschickter mit der Schere. Nur die Dauerwelle kostet jetzt 5 Euro mehr. Obwohl Deniz noch inner Lehre is. Alles wird teurer. Die gute alte D-Mark. Kann froh sein, wenn vonner Rente was übrig bleibt. Muss alle acht Wochen in den Salon in der Weseler Straße **117**. Setz andernfalls keinen Fuß nich vor die Tür. Schneiden, färben, waschen, legen.

- *Die WAZ raufgeholt.*

Die Knie zwicken ordentlich. Die Treppenstufen bringen mich noch innet Grab.

- *07.00 Uhr Frühstück: 1 Scheibe Graubrot, Butter, Marmelade. Dazu 2 Tassen Kaffee mit Sahne. 1 Apfel, gerieben.*

Muss meine Verdauung in Gang bekommen. Sitz sonst wieder bei der Frau Doktor. Die guckt mich immer so vorwurfsvoll an. Die muss mir nur inne Augen blicken und weiß, wenn ich meine Medizin nich geschluckt hab. Dann wird sie laut, als hätt ich Kartoffeln auf den Ohren. Aber hören tu ich noch ganz gut.

- *Die Zeitung zur Hälfte durchgeblättert.*

Das Kreuzworträtsel hab ich am liebsten. Die könnten die Buchstaben nur mal größer machen.

- *07.30 Uhr Einkaufszettel geschrieben*: 4 Eier, Mehl, Zucker, Milch, Käse, 2 Flaschen König Pilsener.

Das Bier gibbet zum Abendessen. Hab im Keller noch Äpfel für den Strudel.

- *Sonderangebot vom Penny-Markt ausgeschnitten.*

Waschpulver is diese Woche günstiger. Der letzte Einkauf ... Meine Güte! Hab nächtelang wachgelegen. Die Kunden, die Kassiererinnen – alle hammse geguckt, wie ich mit dem Marktleiter gesprochen hab. Viel zu jung für meine Begriffe. Hab ihm alles haarklein erklärt. War geduldig mit dem, aber das hat den Dämlack nich die Bohne interessiert. Keine Manieren. Nehm diesmal die Werbung mit. Die können mit 'ner alten Frau wie mir nich machen, was sie wollen. Müssense eben wieder warten inner Schlange. Ich für meinen Teil hab keine Eile. Der Kunde is König. Wenn's ein Angebot is, steht's mir auch zu. Kann mir keinen Anwalt erlauben nich. Nu überläuft's mich heiß und kalt. Inner Brust wird's mir eng. Muss mich auf der Stelle hinsetzen.

- *2 Herztabletten genommen.*

Früher hätt's das nich gegeben. Da hat der Kaufmann was obendrauf gelegt, für umsonst. Gehörte zum guten Ton. Kann sich kein Mensch mehr leisten nich. Das is der Lauf der Welt. Ein Scheißspiel.

- *Abwasch erledigt. Spülmittel auf der Einkaufsliste ergänzt.*

Grad in den Kalender auffer Toilette geschaut.

- *Friedels Geburtstag vergessen.*

Wie konnte das passieren? Die Hitze steigt mir innet Gesicht. Soll ich zum Kiosk radeln und 'ne Grußkarte kaufen? Kann direkt 'n paar Bleistifte und Notizblöcke besorgen. DIN A5. Weiß. Kariert. In letzter Zeit geht mir das Schreibzeug schneller aus als sonst. Wenn ich sofort aufbrech, bin ich zu den Zwölf-Uhr-Nachrichten zurück und kann das Essen aufsetzen. Könnte 'n anderes Datum auf die Karte schreiben, aber das wär nich recht. Bin nich mehr die Jüngste. Hab vorgestern nun mal nich dran gedacht. Hätte spätestens dann die Post aufgeben müssen, um dem Friedel pünktlich zu gratulieren. Hatte die Woche nur so viel Zeug zum Tun. Bin immer noch nich fertig mit der Wäsche. Bekomm die Gardinen kaum gehoben, wennse nass sind. Nachher sind die im Schlafzimmer dran. Manchmal denk ich bei mir, ich fall vonner Leiter und brech mir das Halsgenick. Dann wär alles vorbei. Auf einen Schlag. Sone Gedanken sind nich gut für mich. Das Herz! Muss mich beruhigen. Aber was mach ich bloß mit dem Friedel? Der wird gleich am Poststempel erkennen, dass ich die vermaledeite Karte erst heute würd abgeschickt haben. Der hat 'ne Lupe für derartige Gelegenheiten. Das weiß ich. Vor Jahren hat er mir das Ding ganz stolz präsentiert. Wie lang mag das her sein? Trotzdem könnt er glauben, dass ich das Kärtchen früh genug geschrieben, aber nich mehr zur Post hab bringen können. Aber zwei Tage? Das würd ihn stutzig machen.

Noch fünf Minuten. Ach nein. Die Warbruck-straße 118 is gesperrt. Muss 'nen Umweg fahrn. Müsste dann jeden Moment innen Hof und das Fahrrad aufschließen.

- 10.27 Uhr: Lärm aus Nummer 5.

Gegenüber is schon wieder Halligalli. Der Olle is gestern zurückgekommen. Der arbeitet auf sonem mondänen Flusskreuzer, mein ich. Hat mir die Grabowski über Flur erzählt, als ich die Treppe gewischt hab. Der is das halbe Jahr nich zu Hause. Dann kann die den ganzen Schnaps für sich allein trinken. Is kein Kind von Traurigkeit. Manche Mannsbilder fliegen auf sone Wuchtbrummen. Jede Wette, dass die Herrenbesuch hat, wenn der Olle weg is. Vor 'n paar Tagen noch hab ich mitgekriegt, wie denen ihre Tür spät gegangen is. Hab die Uhrzeit aufgeschrieben. Geht mich ja nix an. Aber das Gezeter jetzt is nich zu überhören. Schallt durch den Hausflur bis innen Wäscheboden. Beim letzten Landgang hat der Grabowski den Fernseher ausm Fenster geschmissen. Weil seine Frau ihm kein Abendbrot nich gemacht hat. Stattdessen hat die den lieben langen Tag vor der Flimmerkiste gehockt. Seitdem liegt das gute Stück da unten zwischen all dem anderen Dreck. Komm kaum an die Mülltonnen. Wenn ich Pech hab, fliegt mir irgendwas andres umme Ohren. Kenn doch mein Glück. Halte nich viel von Scheidungen. Ein Versprechen muss man halten. In guten wie in schlechten Zeiten. Auch wenn's schwerfällt.

Könnte den Friedel anrufen. Aber dann würd ihm erst recht auffallen, dass mir sein Geburtstag durchgegangen is. Zu langatmig, ihm die Gründe auseinanderzusetzen. Und der Friedel telefoniert nich gern. Hat der noch nie. Selbst damals, als seine Frau gestorben is. Der hat das Telefonkabel gezogen und sich 'n halbes Jahr eingeschlossen. Dabei is der Friedel an sich ein geselliger Mensch. War nur 'ne Frage der Zeit, bis der sich wieder dem Leben anschließt. Der Friedel is viel auf Reisen. Die letzte Ansichtskarte kam aus Italien. Riccione an der Adria. Mir bleibt nur der Schwelgernpark **119** oder die Sechs-Seen-Platte **120** . Ja, der Friedel is beliebt. Hat viele Glückwünsche erhalten, da zweifel ich keine Sekunde dran. Wenn ich mich nich rühre, wird er's womöglich gar nich merken, dass ich ihn vergessen hab. Das wär das Beste. Noch zwei Minuten, bis ich mich entschieden haben muss.

- Anruf von Friedel.

Wenn man vom Teufel spricht. Ausgerechnet. Kann mich nich erinnern, wann ich den zuletzt gesprochen hab. Der hat son Kratzen inner Stimme, dass ich mich selber räuspern muss. An dem seiner Stelle. Hab mich das ganze Telefonat über bemüht, keinen Ton über den Geburtstag zu verlieren. Hamm übers Wetter und über dem sein Enkel geredet. Der hat vor 'n paar Monaten 'ne Anstellung im Landschaftspark 121 angenommen. Und dann hat der Friedel mich eingeladen. Zum Geburtstag. In son schickes Restaurant im Innenhafen 122 . Lässt sich seinen Ehrentag ordentlich was kosten. Achtzig isser jetzt. Auch noch 'n runder Geburtstag. Wie unangenehm. Meinem Heinz sind nich so viele Jahre vergönnt gewesen. Der hat sich 'ne Staublunge eingefangen. Is lange her. Zwei Jahrzehnte is das gutgegangen. Dann war Schicht im Schacht. Zu der Zeit wusste kein Mensch nich, dass der Kohlenstaub brandgefährlich is. Alles fing mit diesem Husten an. Fürchterlich trocken. Hat mich oft zur Weißglut getrieben mit dem sein Gekeuche. Son gemeiner Ton. Wie 'n kaputter Motor. Der Heinz konnte gar nich aufhören damit. Später hat der kaum noch Luft bekommen. Wenn der sich angestrengt hat, hab ich gedacht: Bumm, gleich fällt er um. Als seine Lippen blau geworden sind, hab ich's mit der Angst zu tun gekriegt. Die hamm richtiggehend geleuchtet. Ganz dürr is der Heinz geworden. War nur noch 'n Schatten seiner selbst. War keine Freude mehr, ihn anzusehen. Der wollte nich mal mehr ausm Fenster gucken. Nich, dass die Aussicht so schön gewesen wär. Am Ende is der elendig erstickt. Bin 'n paarmal ummen Block, bis es vorbei war. Gott hab ihn selig. Mir blieb nix anderes übrig, als dem Friedel zuzusagen. Und die Feier is schon am Samstag.

- Friseurtermin vorverlegt.

Oh Gott! Muss noch 'n Geschenk besorgen. Im Forum **123** oder im CityPalais **124**. War da seit Jahren nich mehr. Diese neumodischen Einkaufszentren sind nix für mich. Und der Spaß darf nich allzu kostspielig sein. Vielleicht son Aftershave? Der Friedel is 'n gepflegter Mann. Is mit dem Heinz zur Volksschule gegangen. Hatte mehr Glück im Leben. Hat andere Leute für sich arbeiten lassen. Hat's weit gebracht. Son Wässerchen is bestimmt das Richtige für den Friedel. Geh am besten in die Drogerie anner Ecke. Hab gesehen, dass die die Sachen hübsch verpacken. Spart mir das Geschenkpapier. Sicher können die auch 'ne Grußkarte dazu tun. Dann kommt der Friedel doch noch zu seiner Karte. Gottseidank.

- Geschenk für Friedel gekauft.

Die Grabowskis bekrabbeln sich wieder. Hat keine fünf Minuten gedauert. Müssen die so rumkrakeelen? Was fürn Kroppzeug. Die fängt sich 'n Fletschauge ein, und gut is. So läuft's immer ab. Die sollte ihren Ollen mal besser so behandeln wie ihren Köter. Das Hündchen betuttelt die mit 'nem Steak, der Grabowski kriegt nur Schappi. Treff die oft im Penny. Der ihr Einkaufswagen is jedes Mal rappelvoll mit Korn. Eierlikör serviert die nur an Feiertagen. Jetzt hat er ihr eine geballert. Mit Schmackes. Dass die Gläser in meinem Schrank klirren. Warum wehrt die sich nich gegen diesen Heiopei? Der is kein kräftiges Kerlchen nich. Gut, wenn der auf sonem Kreuzer malocht, muss der sicher oft mit anpacken. Da bekommt man Muckis. Oder war der nich Kellner? Sieht ihm gar nich ähnlich. Kann ich mir nich vorstellen, wie der mit sone feine Pinkel in einem Raum is. Ist alles recht? Darf's noch etwas mehr sein, die Dame? Dass ich nich lache. Wenn die wüssten, was das für 'ne Knalltüte is. Der kann nich mal ordentlich gradaus gucken.

- *12.30 Uhr Mittagessen: 1 Teller dicke Bohnen mit Speck.*

Die Gardinen müssen warten. Fühl mich nich wohl. Hab's gedreht und gewendet, komm aber nich drum rum: Der Friedel hatte son komischen Unterton inner Stimme. Jetzt wird's mir deutlich. Ob der mich nur eingeladen hat, um mich bloßzustellen? Weil ich ihm nich gratuliert hab? Zuzutrauen isses dem Friedel. Der war schon immer son Mensch, der andere vorführt. Könnte das Aftershave zurückgeben. Die müssen nur die Geschenkverpackung wieder abmachen. Wo hab ich nur den Kassenbon hingetan? Komm kaum durch 'n Flur. Die Zeitungen sind im Weg. Dabei muss ich den Stapel von letzter Woche noch sortieren. Der Bon muss bei dene Quittungen im dritten Schuhkarton von oben sein. Schreib dem Friedel, dass ich 'ne Verabredung übersehen hab. Die nich mehr zu ändern war. Mir fällt schon was ein. Der muss ja nich wissen, dass das nich stimmt. Pack das Geschenk besser selber aus. Wird bestimmt bald wieder 'ne Gelegenheit für das Papier geben. Bügel das mal eben glatt. Das Kräuselband is auch nett anzusehen. Leg mich lieber hin. Die Grabowskis hamm sich wieder eingekriegt. Bekomm vielleicht doch noch 'ne Mütze Schlaf.

- *Geschenk umgetauscht.*

Hab's nich lang auffer Couch ausgehalten. Der Drache anner Kasse wollte mir erst 'nen Gutschein andrehen. Nene, so nich. Hab genug Seife im Schrank. Muss so schnell nich inne Drogerie. Das Klopapier bringt mir der Hüschken ausm Nachbarhaus mit. Der arbeitet inner Metro. Einmal hat der sogar selbstgemachten Senf vom Bauernmarkt 125 dazugelegt. Was ganz was Feines. Is gut, wenn sich die Leute umeinander kümmern. Hab bei den Grabowskis anner Wohnungstür gehorcht. Alles mucksmäuschenstill. Tu nur meine Pflicht. Ob ich nich doch am Samstag zu der Feier von dem Friedel gehen soll? Son gutes Essen. Wär doch schade drum. Wer weiß, wann ich noch mal zu sowas komm. Der Hüschken is 'n lieber Kerl, aber zum Essen wird er mich wohl nich ausführen. Und der Friedel wird nur einmal achtzig. Muss dann doch noch mal losmachen und 'n Geschenk kaufen. Kann mich da unten nich mehr so schnell blicken lassen. Die erklären mich noch für verrückt.

- *14.01 Uhr: Geschrei bei den Grabowskis.*

Eben noch war alles ruhig. Nu geht's wieder richtig zur Sache. War wohl die Ruhe vor dem Sturm. Die andern Parteien im Haus machen nich so viel mit wie ich. Die tun auch besser dran, von morgens bis abends auffer Arbeit zu sein. Grad is 'ne Menge Geschirr zu Bruch gegangen. Da is 'n ganzes Abrisskommando unterwegs. Können die nich mal die Luft anhalten? Könnt dem Friedel doch 'n Taschentuch schenken. Stick dem seine Initialen drauf. Müsste noch so 'n feines von dem Heinz haben. Hab's eingetütet wie all die andern Sachen. Der Friedel wird sich freun. Is auch viel persönlicher so was Selbstgemachtes.

- *14.24 Uhr: Klopfen an der Tür.*

Muss die Grabowski son Lärm machen? Kann mich kaum konzentrieren. Irgendwo muss das Taschentuch von dem Heinz sein. Die Olle haut mir noch die Tür kaputt. Die lallt irgendson Dummzeug. Is wieder sternhagelvoll. Um diese Uhrzeit? Is nich mal Kaffeezeit. Soll bloß machen, dass die davonkommt. Zeig die sonst wegen Ruhestörung an. Bin 'n toleranter Mensch, aber irgendwann muss Schluss sein.

- *Ameisen in der Küche.*

Das Taschentuch is unauffindbar. Nichtsnutziges Dingen. Aber das muss warten. Die fiesen Tierchen sind überall. Wo die nur herkommen? Kann die nich alle tottreten. Muss die Hausverwaltung verständigen. Die brauchen bestimmt wieder 'n halben Monat, bis die sich rühren tun. Bei dem Wasserrohrbruch hamm die sich auch ganz schön bitten lassen. Der Schimmelfleck im Bad is so groß wie 'n Autoreifen. Kann auch nich gesund sein. Die denken sich, die Mühe lohnt nich bei der alten Schachtel. Alles geht vor die Hunde. Was für 'ne Plage.

- *18.00 Uhr Abendbrot: 1 Schwarzbrot mit Salami, 1 Glas Buttermilch.*

Keinen rechten Hunger gehabt. Mich wurmt, dass ich's nich mehr in den Penny geschafft hab. Das schöne Angebot! Ob das morgen auch gilt? Die Drecksameisen wuseln ungehindert vor sich hin. Mir kribbelt's schon am ganzen Körper. Die nagen mir die Nacht noch die Zehen an, wenn ich nich aufpass. Hab wenigstens seit Stunden nix mehr von den Grabowskis gehört. Zwischendurch vielleicht mal son kümmerliches Wimmern. Das war's. Sind es wohl satt geworden, sich anzupflaumen. Morgen is der Knatsch vergessen.

Jetzt is endlich Ruh da draußen.

Horrorfund im Hausflur

Pfannen-Mörder hatte 5,5 Promille

Duisburg – Beziehungsdrama in Marxloh! Dieter G. (53) hat seine Ehefrau totgeprügelt. Er soll so stark auf die 56-Jährige eingeschlagen haben, dass sie an schweren Kopfverletzungen starb. Die Tatwaffe: eine gusseiserne Pfanne. Ein Nachbar alarmierte am Dienstag gegen 23.20 Uhr Polizei und Feuerwehr. Die Einsatzkräfte haben den mutmaßlichen Täter noch in der gemeinsamen Wohnung festgenommen. Ein Bluttest ergab einen Alkoholwert von 5,5 Promille. Dieter G. ist zur Stunde nicht vernehmungsfähig. Makaber: Die Leiche der Frau lehnte blutüberströmt an der Wohnungstür einer Nachbarin. Wie aus Ermittlerkreisen bekannt wurde, muss das Opfer noch mehrere Stunden nach dem tödlichen Schlag gelebt haben. Offenbar hat die Frau versucht, Hilfe zu rufen. Die Nachbarin, eine 75-jährige, zurückgezogen lebende Frau, war für eine Stellungnahme nicht zu erreichen.

Die Hintergründe der Tat waren zunächst unklar. Vor dem schmucklosen Mehrfamilienhaus in der Herrmannstraße haben Anwohner Blumen niedergelegt. Zwischen Kerzen liegt ein Pappschild. Darauf in Kinderhandschrift ein einziges Wort:

WARUM?

115 Die »Tiger and Turtle – Magic Mountain« befindet sich auf der Kuppe eines ehemaligen Schlackehügels im Duisburger Angerpark. Die Großskulptur aus Stahl und Zink der beiden Künstler Heike Mutter und Ulrich Genth ist einer Achterbahn nachempfunden – und damit die einzige begehbare der Welt. Mit ihren 20 Metern Höhe und 85 Metern überm Meeresspiegel bietet das Kunstwerk eine spektakuläre Sicht über die umliegende Industrielandschaft und den Rhein: von den Hochöfen des Hüttenwerks Krupp Mannesmann über die Hafenanlagen von Logport II bis hin zur Halde Rheinpreußen in Moers mit der weltweit größten Grubenlampe des Künstlers Otto Piene. Im Norden zeichnet sich hinter der Brücke der Solidarität die Skyline der Duisburger Innenstadt ab. Besonders nachts, wenn die »Tiger and Turtle« selbst hell erleuchtet ist, sind der Gasometer in Oberhausen und der Flughafentower von Düsseldorf gut erkennbar. Die Landmarke auf der Heinrich-Hildebrand-Höhe im Süden Duisburgs ist mit der Straßenbahnlinie 903 (Haltestelle »Tiger & Turtle«) oder mit dem PKW (Ehinger Straße und Kaiserswerther Straße, 47249 Duisburg) zu erreichen.

116 Duisburg wartet gleich mit zwei Botanischen Gärten auf – kleine Oasen mitten in der Stadt: in Hamborn (Eingänge Hamborner Straße, Beecker Straße oder Am Stadtgarten, 47166 Duisburg) und in Duissem (Schweizer Straße 24, 47058 Duisburg). Der Hamborner Garten liegt in unmittelbarer Nähe des Stadtwalds und verfügt über einen Stauden- und einen Bauerngarten. Im früheren Subtropenhaus ist heute eine Orangerie untergebracht, in der Oliven-, Oleander- und Zitrusbäume überwintern. Neben diversen Zucht- und Aufzuchtbecken kann der Besucher elf Schau-Aquarien bestaunen und sich am Seerosenteich einen Moment der Ruhe gönnen. Von Mai bis September findet einmal jährlich eine Fuchsienausstellung statt. Der Duissemer Garten erstreckt sich am Fuß des Kaiserbergs und beherbergt einen Alpen- und Heidegarten, Arznei- und Gewürzpflanzen, Rosenflächen und einen Naturgarten. Beide Botanischen Gärten sind täglich ab 8 Uhr bis zum Einbruch der Dunkelheit (spätestens bis 21 Uhr) geöffnet.

117 Die Weseler Straße in Marxloh, das mit seinen vielen Schulabbrechern, Arbeitslosen und Migranten als Problemviertel gilt, hat sich nach dem Strukturwandel zu einer Brautmodenmeile entwickelt. Die »Romantischste Straße Deutschlands« im Norden Duisburgs ist die Hauptverkehrsader des Stadtteils. Besonders am Wochenende zieht die Weseler Straße heiratswillige Türkinnen und Türken zum Brautshopping an – aus dem Ruhrpott, aber auch aus den Niederlanden, Belgien und Frankreich. Über fünfzig Geschäfte drängen sich dicht an dicht und bieten eine große Auswahl an Hochzeitskleidern, Abendgarderobe, Goldschmuck und Gastgeschenken. Duisburg-Marxloh ist für viele türkische

Juweliere und Brautmodenhersteller, die expandieren möchten, das Tor zum westeuropäischen Markt geworden.

118 In der Warbruckstraße wurde die DITIB Merkez-Moschee 2008 nach nur vierjähriger Bauzeit eröffnet. Es handelt sich um die größte Moschee im osmanischen Stil in Deutschland. »Urban Rhizome« bietet verschiedene Stadtteilführungen an. Auf der Kieztour »Himmlisches Marxloh« steht nicht nur der Besuch der islamischen Gebetsstätte auf dem Programm, sondern auch ein Abstecher in die katholische Kirche St. Peter und Paul und in die evangelische Kreuzeskirche. stadtteilfuehrung@urban-rhizome.de

119 Der Volkspark Schwelgern wurde zwischen 1923 und 1925 auf einem sumpfigen Bruch errichtet. Das 56 Morgen messende Areal musste trockengelegt und von Morast, Kohlenschlamm und Marxloher Abwässern befreit werden. Die Sport- und Grünanlage beherbergt einen Kindergarten, eine Dirt-Bike-Strecke und die Kiebitzmühle – eine von sechs Windmühlen in Duisburg. Um das denkmalgeschützte, flügellose Backsteingebäude, das vor Kurzem restauriert wurde, rankt sich eine Sage über einen Schatz aus Gold, Silber und Edelsteinen.

120 Die Sechs-Seen-Platte, südlich der Duisburger Innenstadt und in unmittelbarer Nachbarschaft des Sportparks Wedau und des Stadtwalds, gehört mit

dem Wambachsee, Masurensee, Böllertsee, Wolfsee, Wildförstersee und dem Hambachsee zu den
schönsten Naherholungsgebieten des Ruhrgebiets.
Das Wegenetz mit einer Länge von 25 Kilometern
lädt zum Spaziergehen, Joggen, Radfahren und
Reiten ein. Wassersportbegeisterte erwartet ein
reichhaltiges Angebot: ein Tret- und Ruderbootver-
leih, Einlassstellen für Surfer, Sporttaucher, Kanus
und Segelboote sowie einen Modellboothafen. Das
Strandbad Wolfsee ist von Mai bis September täglich von 10 bis 20 Uhr (bei Badewetter) geöffnet.
Ein Grillplatz, Liegewiesen und ein Aussichtsturm
runden die Freizeitmöglichkeiten ab.

121 Der Landschaftspark Duisburg-Nord ist neben
dem Kölner Dom die meistbesuchte Sehenswürdigkeit in Nordrhein-Westfalen. Das Zentrum des
Industriedenkmals mit einer Größe von 230 Hektar bildet ein stillgelegtes Hüttenwerk. Besonders
empfehlenswert ist eine Fackelführung mit einem
Hüttenwerker, die jeden Freitag und Samstag um
18 Uhr (November bis Februar), 18.30 Uhr (März
und Oktober), 20 Uhr (April und September) oder
21 Uhr (Mai bis August) beginnt. Die Führung
durch den illuminierten Park dauert knapp zwei
Stunden. Taschenlampen sowie wetterfeste Kleidung und Schuhwerk sind Pflicht. Sinnvoll ist eine
Reservierung unter:
counter@tour-de-ruhr.de

122 Der Duisburger Innenhafen lockt das ganze Jahr
über Einheimische und Touristen an. Von April bis

Oktober findet dort an jedem zweiten Sonntag im Monat zwischen 11 und 18 Uhr der »Marinamarkt« statt, der Wochenmarktprodukte, Kunsthandwerk und kulinarische Köstlichkeiten zu bieten hat. www.frischekontor.de

123 Das 60.000 Quadratmeter große »Forum Duisburg« im Herzen der Stadt begrüßt seine Besucher mit einer goldenen Leiter, dem Wahrzeichen der Shopping Mall. Die Karstadt-Terrasse bietet eine gute Aussicht über die Duisburger City mit dem König-Heinrich-Platz und dem Theater Duisburg. Das Forum wurde als Deutschlands umweltfreundlichstes Einkaufszentrum ausgezeichnet.

124 Das »CityPalais« in der Innenstadt vereint Genuss, Kultur und Entertainment unter einem Dach: eine Shopping Mall, Restaurants und Bistros, die Mercatorhalle mit der Duisburger Philharmonie, das Kongresszentrum und eines der modernsten deutschen Spielkasinos.

125 Der Historische Bauernmarkt zieht seit 2008 an zwei Tagen im Juli oder August Jung und Alt an. Auf dem Burgplatz zu Füßen des Rathauses und der Salvatorkirche bieten altertümlich gewandete Händler ihre Waren und Speisen feil. Den Besucher erwarten Gaukler, mittelalterliche Klänge und ein Ritterlager. Informationen rund um den Historischen Bauernmarkt erhalten Sie telefonisch unter Tel. 0203/429490.

Deltarhein – Rheinkilometer 985

(statt eines Nachwortes:)
Ende der Reise

Passenger Terminal, Amsterdam

»MS Rheinperle«, auf dem Sonnendeck.

Kapitän: So 'ne wilde Flusskreuzfahrt hab ich noch nie erlebt.

Barkeeperin Sunny: Wem sagen Sie das.

Benjamin (lallt): Einmal warf Chuck Norris eine Granate und tötete zwanzig Menschen.

Barkeeperin Sunny: Benny!

Benjamin (lacht): Dann explodierte die Granate.

Nurso Süßkind: Hören Sie mir auf mit Sprengungen. Die Fahrt war explosiv genug.

Sidonia Nierstein: Schätzchen, auf *deine* Explosion warte ich bis heute.

Nurso Süßkind errötet.

Marianne (kommt dazu): Fläcki? Fläcki? ... Ah, da bist du! Nicht, dass du wegläufst, sonst kommt die böse Frau und verpasst dir einen Irokesenschnitt.

Robert: Wo ist denn hier der nächste Juwelier? Ich hätte da noch was zu erledigen.

Anne Grießer: Halt, stopp! Es reicht! Ihr habt schon genug erlebt. Wir sind die Autorinnen. Ihr seid nur die Figuren und könnt nicht einfach machen, was ihr wollt. Ihr wisst doch, dass wir das Manuskript für dieses Buch heute Abend abgeben müssen.

Benjamin: Übrigens, Chuck Norris hat in Amsterdam …

Nadine Buranaseda: Wenn ihr noch was zu sagen habt, hebt's euch für die Fortsetzung auf – oder schweigt für immer.

Anne Grießer: Wo ist eigentlich der USB-Stick?

Barbara Saladin: Hier.

Fläcki: Grrr. Schnapp!

Barbara Saladin: Neiin, Fläcki, aus!

Fläcki: Schluck!

Benny (lallt): Haha, der Hund hat den Stick gefressen.

Nadine Buranaseda: Wie lange dauert es, bis er ihn wieder ausgeschissen hat?

Anne Grießer: Zu lange.

Barbara Saladin: Wenn ich gewusst hätte, dass du dich so daneben benimmst, hätte ich dich gar nicht erst erfunden!

Anne Grießer: Lass den armen Fläcki in Ruhe. Ich habe noch eine Sicherheitskopie.

Barbara Saladin: Uff!

Nadine Buranaseda: Uff!

Fläcki: Wuff!

Weitere Krimis finden Sie auf den
folgenden Seiten und im Internet:

WWW.GMEINER-SPANNUNG.DE

THOMAS TRCZINKA
Wer mordet schon in Stade
und im alten Land?
. . . .
978-3-8392-1968-3 (Paperback)
978-3-8392-5193-5 (pdf)
978-3-8392-5192-8 (epub)

NORDDEUTSCH-TÖDLICH 11 Monate lang ermittelt
Kriminalist Jörg Ritter in elf verschiedenen Fällen in Stade und im Alten Land. 11 Mal glaubt ein Täter, schlauer
als die Polizei zu sein. 11 spannende Geschichten, in
denen ein Jörg Ritter mit Humor und Köpfchen ermittelt, sich in eine bezaubernde Frau verliebt und durch
diese eine neue Wendung in seinem Leben erfährt …

SPANNUNG

GMEINER

WWW.GMEINER-VERLAG.DE
Wir machen's spannend

REGINA SCHLEHECK
Wer mordet schon in Köln?
. . . .
978-3-8392-1962-1 (Paperback)
978-3-8392-5181-2 (pdf)
978-3-8392-5180-5 (epub)

KRIMINELLES KÖLN Eine Multikulti-Metropole wie Köln eröffnet vielseitige Krimi-Settings, etwa solche mit historischen Bezügen – römischen, französischen, preußischen, jüdischen – oder »et hillije Kölle« in Person der Stadtpatronin Ursula. Neben dem Tatort Rhein bieten sich die Medien-, Museums- und Schwulen-Szenen an. Auch das »Jeföhl« kommt nicht zu kurz: Karneval, Komödiantenkultur, Kölschen Klüngel und den FC Köln verwebt Schleheck in elf bitterbösen und schwarzhumorigen Liebeserklärungen an ihre Heimatstadt.

V. A. GRAGER / J. B. WIND
Wer mordet schon in
Niederösterreich?

978-3-8392-1964-5 (Paperback)
978-3-8392-5185-0 (pdf)
978-3-8392-5184-3 (epub)

MORD IM INDUSTRIEVIERTEL! Von Hainburg bis zum Schneeberg morden in elf Kurzkrimis »Die Triestingtaler Mordsfrauen«, zwei Autorinnen, denen die ausgeklügeltsten Mordfälle nie ausgehen.

Das Industrieviertel wird nicht nur Schauplatz fieser und gewiefter Verbrechen, sondern bietet viele Sehenswürdigkeiten, die in diesem Band vorgestellt werden. Freuen Sie sich auf eine todernste Sightseeing-Tour durch eines der schönsten Viertel Niederösterreichs mit viel rabenschwarzem Humor und einem fulminanten satirischen Showdown im schönsten Casino Österreichs.

SPANNUNG

GMEINER

WWW.GMEINER-VERLAG.DE
Wir machen's spannend

Das Neueste aus der Gmeiner-Bibliothek

Unser Lesermagazin

Bestellen Sie das
kostenlose Krimi-
Journal in Ihrer
Buchhandlung
oder unter
www.gmeiner-verlag.de

Informieren Sie sich ...

www ... auf unserer Homepage:
www.gmeiner-verlag.de

@ ... über unseren Newsletter:
Melden Sie sich für unseren Newsletter an
unter www.gmeiner-verlag.de/newsletter

f ... werden Sie Fan auf Facebook:
www.facebook.com/gmeiner.verlag

Mitmachen und gewinnen!

Schicken Sie uns Ihre Meinung zu unseren Büchern
per Mail an gewinnspiel@gmeiner-verlag.de
und nehmen Sie automatisch an unserem
Jahresgewinnspiel mit »mörderisch guten« Preisen teil!